O LÍDER ÉTICO

MORGEN WITZEL

O LÍDER ÉTICO
POR QUE FAZER O CERTO PODE SER A CHAVE PARA A VANTAGEM COMPETITIVA

TRADUÇÃO
UBK Publishing House

© 2018, Morgen Witzel
Copyright da tradução © 2020, Ubook Editora S.A.

Publicado mediante acordo com Bloomsbury Publishing Plc. Edição original do livro, *The Ethical Leader*, publicada por Bloomsbury Publishing Plc.

Todos os direitos reservados. Nenhuma parte deste livro pode ser utilizada ou reproduzida sob quaisquer meios existentes sem autorização por escrito dos editores.

COPIDESQUE	Vic Sackville
REVISÃO	Sol Coelho e Jaciara Lima
CAPA E PROJETO GRÁFICO	Bruno Santos
IMAGEM DE CAPA	metamorworks/ Istock
DIAGRAMAÇÃO	Abreu's System

Dados Internacionais de Catalogação na Publicação (CIP)
(Câmara Brasileira do Livro, SP, Brasil)

Witzel, Morgen
  O líder ético: por que fazer o certo pode ser a chave para a vantagem competitiva / Morgen Witzel; tradução UBK Publishing House. — Rio de Janeiro: Ubook Editora, 2020.

  Título original: The ethical leader
  Bibliografia
  ISBN 978-65-86032-10-9

  1. Ética nos negócios 2. Liderança – Aspectos morais e éticos 3. Líderes 4. Tomada de decisão (Administração) I. Título.

20-34521   CDD-174

Ubook Editora S.A
Av. das Américas, 500, Bloco 12, Salas 303/304,
Barra da Tijuca, Rio de Janeiro/RJ.
Cep.: 22.640-100
Tel.: (21) 3570-8150

Sumário

1 Criação de valor: por que a liderança ética é o futuro 7

2 Tons de cinza: entendendo a ética 31

3 Propósito e valor: como se faz um líder ético? 57

4 Transformando princípios éticos em valor 77

5 A cadeia de valor ética 103

6 A fonte da nossa prosperidade: funcionários 133

7 Valor e confiança: clientes 145

8 Virtude e riqueza: comunidade 157

9 O valor é o que se ganha: acionistas 171

10 Tomar decisões éticas 177

11 Se não for agora, quando? 211

Apêndice 215
Notas 225
Referências bibliográficas 237

1
CRIAÇÃO DE VALOR: POR QUE A LIDERANÇA ÉTICA É O FUTURO

Ah, não. *Outro* livro sobre ética. Outro autor implorando aos líderes empresariais para serem mais éticos porque, você sabe, é a coisa certa a se fazer e tudo mais. Se fôssemos todos um pouco mais simpáticos uns com os outros, abraçássemos algumas árvores e fizéssemos nosso próprio iogurte, o mundo seria um lugar muito mais agradável e gentil.

Bem, esqueça isso. Quem se importa em ser simpático? Negócios são difíceis e não há lugar para sentimentos. A única razão pela qual estamos todos aqui é para ganhar dinheiro. Não é?

Na verdade, este livro tem tudo a ver com ganhar dinheiro. Ele mostra como comportar-se e agir eticamente, longe de ser uma espécie de luxo dispendioso, é na verdade uma poderosa fonte de vantagem competitiva em longo prazo. Ser ético cria confiança. A confiança constrói relacionamentos fortes e dos relacionamentos vêm o valor. Se conseguirmos construir relações fortes e duradouras e criar valor de forma eficaz e eficiente, dia após dia, ano após ano, vamos ganhar dinheiro. Fim da história.

Ou não exatamente. O processo é simples, no entanto, para parafrasear Clausewitz, tudo na liderança é muito simples, mas isso não significa que tudo na liderança seja muito fácil. Estabelecer padrões de comportamento ético, manter esses padrões e viver de acordo com eles é um trabalho árduo e requer muita coragem. E a ética em si não é uma questão de preto ou branco, certo ou errado. Pode ser difícil, às vezes dolorosamente difícil, saber qual é a coisa eticamente correta a se fazer. Às vezes, de fato, pode ser muito difícil. Às vezes, parece mais fácil aceitar que o mundo é um lugar imperfeito, permitir que os padrões éticos fiquem em segundo plano e simplesmente deixar as coisas acontecerem. Talvez não sejamos descobertos. Se acontecer, levantamos as mãos, pedimos desculpa e prometemos aprender lições para o futuro. Ou dizemos que tudo isso são *fake news* e fingimos que nada está acontecendo.

Pare as pessoas na rua e pergunte o que a ética significa para elas, e a maioria dirá que a ética é uma questão de certo e errado. Ser ético significa seguir as regras, dizer a verdade, manter suas promessas, fazer as coisas certas.

Mas, claro, isso é muito mais fácil de dizer do que de fazer. A maioria de nós não segue todas as regras o tempo todo; quando a pressão está sobre nós, tomamos atalhos. Alguns meses atrás, dirigindo por uma rodovia dupla no West Country, percebi que estava atrasado para uma reunião. A única maneira de chegar lá a tempo era ultrapassar o limite de velocidade. Ironicamente, eu estava a caminho de uma reunião de um comitê de ética policial, do qual sou membro independente. Qual é a ética, eu me perguntei, de infringir a lei para evitar chegar atrasado a um comitê de ética?

Diante das complexidades da ética em um mundo já complexo, os líderes empresariais têm uma tendência infeliz de tentar contornar a questão. Há muitas defesas especiais — as coisas são diferentes nos negócios; você não pode esperar que nós respeitemos os mesmos padrões éticos que o resto da sociedade; às vezes temos que burlar as regras para sobreviver — ou até mesmo declarações categóricas de que a ética não tem lugar nos negócios. O famoso artigo de Luke Johnson no *Financial*

Times, "Lies, Damned Lies and Running a Business", argumentava que as empresas só podem prosperar se os seus líderes forem desonestos, manipuladores e sem medo de usar o engano como estratégia.[1]

UBER: PRECISANDO DE AJUDA DA LIDERANÇA

Em junho de 2017, o carismático CEO da empresa de *ride-hailing* Uber, Travis Kalanick, foi forçado por seus acionistas a renunciar. Um dos cofundadores da Uber, Kalanick tornou-se CEO em 2010 e presidiu a rápida expansão mundial da Uber. Durante esse tempo, Uber tornou-se um nome extremamente familiar em algumas partes do mundo. Acadêmicos de negócios se apressaram para estudar a empresa, descrevendo-a como uma "disruptiva", usando a tecnologia para derrubar as paredes das categorias existentes e transformar uma indústria. Reclamações de empresas de transporte tradicionais de que a Uber estava destruindo seus negócios foram abafadas; a Uber era o futuro.

Mas, nos bastidores, a imagem estava longe de ser saudável. A cultura da Uber era a de ganhar a todo custo, ou, como a própria empresa dizia, "esteja sempre trabalhando".[2] O machismo e a agressividade faziam parte da atmosfera. Outro dos "valores" era chamado de "confronto de princípios". Quando um motorista da Uber se queixou a Kalanick sobre a má remuneração, Kalanick demonstrou como o "confronto de princípios" funcionava, perdendo a calma e gritando com o motorista. Infelizmente para Kalanick, o vídeo do incidente foi publicado na internet, e tornou-se viral. Kalanick pediu desculpas pelo incidente e admitiu que "precisava de ajuda de liderança" para modificar seu estilo e mudar a cultura da empresa.[3]

Supostamente, a intimidação e o assédio sexual eram generalizados e as funcionárias que se queixavam de assédio eram silenciadas. Quando uma passageira apresentou uma acusação de estupro contra um motorista da Uber, um executivo sênior tentou obter seus registros médicos para desacreditá-la. O executivo foi demitido mais tarde, mas apenas quando o caso veio à tona na mídia.[4] Finalmente, uma ex-empregada, Susan Fowler, iniciou um blog detalhando sua experiência e a de outros, e tardiamente a empresa entrou em ação. Vinte funcionários foram demitidos por assédio sexual e mais foram investigados. Externamente, também, a empresa estava com problemas. Autoridades de várias cidades americanas, bem como da França e do Brasil, recusaram-se a conceder licenças para que a Uber operasse. A resposta da empresa foi entrar em alguns desses mercados mesmo sem uma licença, usando uma ferramenta de software chamada Greyball para fazer com que os reguladores acreditassem que ela não estava realmente no mercado. Quando as autoridades de transporte de Portland, no Oregon, tomaram conhecimento da situação, comunicaram a violação ao Departamento de Justiça dos Estados Unidos, que abriu um inquérito oficial.[5]

A esta altura, os investidores da Uber estavam começando a se preocupar. Assim como os executivos seniores, que temiam ficar manchados pelas más ações dos outros. Depois que Kalanick concordou em se juntar ao conselho consultivo econômico do presidente Donald Trump — e renunciou logo em seguida — um fluxo constante de altos gerentes deixou a empresa, dizimando a equipe de liderança. Longe de ser capaz de mudar a empresa e reformar sua cultura agressiva e de bullying, Kalanick estava lutando para manter sua própria credibilidade. Eventualmente, a pressão tornou-se grande demais. Os investidores, temendo um colapso no preço das ações da empresa, caso mais escândalos viessem à tona, exigiram a demissão de Kalanick.

O que Travis Kalanick fez de errado? Ele não mentiu para ninguém, nem quebrou nenhuma promessa. Sim, ele criou uma cultura agressiva, mas isso nunca foi um segredo. A cultura da Uber também não era drasticamente diferente da do Vale do Silício em geral, notória por sua atmosfera altamente competitiva e dominada por homens. Kalanick poderia argumentar com alguma razão que a Uber não era pior do que muitas outras empresas.

O que Kalanick fez foi deixar essa cultura se descontrolar. O *New York Times* mais tarde chamou a Uber de "um exemplo perfeito da cultura startup do Vale do Silício que deu errado" (embora também se possa argumentar que toda a cultura, não apenas da Uber, mas de todo o Vale, é fundamentalmente defeituosa).[6] Quando essa cultura e suas consequências — bullying, assédio sexual, ofensas e abuso de funcionários, roubo de registros médicos, uso de software para enganar reguladores — foi exposta e tornou-se de conhecimento público, a reputação da Uber começou a sofrer. E, para uma empresa como a Uber, que tem apenas ativos físicos limitados, a reputação é tudo. Perder essa reputação tem consequências tóxicas. As pessoas boas não querem mais trabalhar para você, as inovações sofrem, o atendimento ao cliente começa a cair, o preço das ações cai e logo tudo vai por água abaixo. Kalanick estava intimamente associado à cultura da Uber e, quando as ondas de choque do escândalo começaram a se espalhar, os acionistas da Uber não tiveram outra escolha senão livrarem-se dele.

De todas as coisas que deram errado na Uber, foram a cultura interna, a atmosfera de bullying, o assédio e a intimidação provavelmente as mais prejudiciais e que tiveram o potencial de derrubar a Uber. Uma empresa composta por funcionários leais que acreditam em seus líderes pode geralmente surfar a maioria das ondas de choque.

A Uber teria sido diferente se Kalanick tivesse escolhido criar uma cultura mais inclusiva, que valorizasse todos os funcionários igualmente e enfatizasse a harmonia em vez do confronto? Quase certo de que sim. Na verdade, existe um forte argumento para sugerir que essa cultura teria melhorado a empresa, tornando-a mais resistente e dando-lhe uma reputação mais forte, e que os abusos e escândalos que destruíram a reputação e a carreira de Kalanick poderiam ter sido evitados.

A teoria da gestão moderna refugiou-se largamente no paradigma positivista e declarou que a gestão é uma ciência pura e, portanto, qualquer coisa que não possa ser estudada cientificamente está fora do seu âmbito. Você não pode gerenciar o que não pode medir, diz o famoso ditado, e porque a ética é uma daquelas coisas como cultura ou sentimento de mercado que não podem ser medidas com precisão (você pode medir a conformidade ética, mas isso não é a mesma coisa), portanto, temos justificativa para deixá-la de lado. Os teóricos da gestão são apoiados por alguns economistas, que argumentam que os mercados estão além da moralidade; a economia é uma ciência pura e, portanto, os julgamentos éticos não se aplicam.[7] Steven Levitt e Stephen Dubner em seu livro *Freakonomics* resumem eloquentemente o pensamento popular: "A moralidade representa a maneira como gostaríamos que o mundo funcionasse, a economia resume como ele realmente funciona."[8]

Sob a influência positivista, nos últimos cinquenta anos, os líderes empresariais separaram a ética e o comportamento ético dos seus principais modelos de negócio. Claro, existem códigos de ética, e todos tentam (ou fingem tentar) cumpri-los. Mas eles são um assunto separado, não fazem parte da corrente dominante do pensamento empresarial. Isso se reflete fortemente nos currículos das escolas de negócios. A University of Exeter Business School, onde eu ensino em tempo parcial, tem a ética como um módulo central no seu programa de MBA; todos os alunos têm que frequentar aulas de ética. Mas Exeter é uma das poucas escolas de negócios do mundo que o faz. A maioria só oferece ética como disciplina eletiva, o que significa que os estudantes não têm que estudá-la a menos que queiram (e eu sempre argumentei que as pessoas que dizem que não estão interessadas na ética são precisamente as pessoas que deveriam estudá-la). Muitas escolas de negócios não ensinam ética alguma.

POR QUE SER ÉTICO?

Esse desprendimento da ética do núcleo dos negócios mostra uma falta de compreensão fundamental sobre o que a ética realmente é. Em primeiro lugar, a ideia positivista de que a ciência é, de alguma forma, neutra em termos de valor é um disparate. O que os cientistas fazem afeta as vidas de todos nós, às vezes para o bem, às vezes também para o pior. Os próprios cientistas estão plenamente conscientes disso. Os físicos que trabalharam no Projeto Manhattan sabiam que seu trabalho poderia resultar em centenas de milhares de mortes, e muitos deles lutaram com demônios internos. Um deles, J. Robert Oppenheimer, teria dito ao Presidente Harry Truman que sentia que tinha sangue nas mãos. Anos mais tarde, lembrou-se das reações ao ver um dos primeiros testes da bomba atômica:

> Sabíamos que o mundo não seria o mesmo. Algumas pessoas riram, outras choraram. A maioria das pessoas ficou em silêncio. Eu me lembrei da linha da escritura hindu, a *Bhagavad Gita*; Vishnu está tentando persuadir o Príncipe de que deveria cumprir seu dever e, para impressioná-lo, assume sua forma de múltiplos braços e diz: "Agora eu sou a Morte, o destruidor de mundos". Suponho que todos nós pensamos isso, de uma forma ou de outra.[9]

Os cientistas que trabalharam no projeto do genoma humano também tinham plena consciência dos abusos a que o seu trabalho poderia dar lugar.[10] Sir Tim Berners-Lee lutou para manter a internet um espaço público porque estava preocupado com o que poderia acontecer se caísse nas mãos de uma oligarquia controladora. E assim por diante. Pergunte à maioria dos cientistas sobre as dimensões éticas do seu trabalho, especialmente aos que trabalham em disciplinas aplicadas, e eles dirão que a ética, muitas vezes, é protagonista em seu pensamento.

Em negócios não é diferente, ou melhor, não deve ser diferente. Quer reconheçamos ou não, todas as decisões que tomamos têm implicações éticas, e isso inclui as decisões de negócios. Todas as ações têm consequências. Qualquer decisão que tomemos em relação ao nosso negócio terá impacto sobre outros stakeholders do negócio. Isso é um fato, não há como contorná-lo. Nossas ações como líderes empresariais afetam o bem-estar dessas partes interessadas, positiva ou negativamente, e isso tem implicações éticas que não podem ser evitadas.[11]

FACEBOOK: UMA QUEBRA DE CONFIANÇA

"Eu sinto muito", disse Mark Zuckerberg, CEO do Facebook, à mídia em março de 2018.[12] Ele estava se referindo ao escândalo em torno do Facebook e da empresa de consultoria Cambridge Analytica, que acessou os dados pessoais de mais de 50 milhões — possivelmente até 70 milhões — de usuários do Facebook para dar conselhos para a campanha Vote Leave durante o referendo do Brexit, e mais tarde para a campanha bem-sucedida de Donald Trump para a presidência dos EUA.

As histórias variam quanto ao que realmente aconteceu. Houve alegações de que o Facebook sabia que a Cambridge Analytica tinha adquirido e estava usando dados pessoais já em 2015, mas Zuckerberg nega isso. Segundo ele, quando o Facebook soube que a Cambridge Analytica estava com dados pessoais, ele insistiu que os dados deveriam ser destruídos. A Cambridge Analytica (que desde então entrou em processo de falência) disse que tinha feito isso, mas o Facebook não conseguiu verificar. "Isso foi claramente um erro", disse Zuckerberg.[13]

E não apenas um erro qualquer, mas um grande erro, manchando a reputação do Facebook e deixando os usuários imaginando quantas outras organizações tiveram acesso aos seus dados. "Esta foi uma quebra de confiança entre... Cambridge Analytica e Facebook", disse Zuckerberg. "Mas foi também uma quebra de confiança entre o Facebook e as pessoas que compartilham seus dados conosco e esperam que os protejamos. Temos de resolver isso."[14] Em outra entrevista, ele comentou:

> Acho que é um sinal claro de que esta é uma grande questão de confiança para as pessoas, e eu entendo isso. E se as pessoas excluírem seu aplicativo por causa disso ou simplesmente não se sentem bem em usar o Facebook, essa é uma grande questão que eu acho que temos a responsabilidade de corrigir.[15]

Em uma tentativa apressada de recuperar a confiança dos usuários do Facebook, Zuckerberg anunciou uma série de medidas para proteger os dados dos usuários no futuro, reconhecendo enquanto o disse que essas medidas deveriam ter sido tomadas muito mais cedo. No entanto, ainda existiam dúvidas sobre o comportamento do próprio Zuckerberg. O uso de dados não autorizados pela Cambridge Analytica foi notícia de primeira página em ambos os lados do Atlântico por várias semanas, e levou muito tempo para que Zuckerberg e Facebook enfrentassem o problema e fizessem uma declaração pública. Mesmo depois de admitir a responsabilidade, Zuckerberg permaneceu evasivo. Embora tenha concordado em comparecer perante o Congresso dos EUA e, mais tarde, perante o Parlamento Europeu, recusou-se a encontrar-se com legisladores britânicos, apesar de vários milhões de usuários do Facebook no Reino Unido terem sido afetados.

O Facebook é um desses fenômenos únicos em uma geração, uma empresa que muda não apenas o cenário dos negócios, mas o mundo em que vivemos. Tal como a Ford Motors no início do século xx, o Facebook teve um impacto profundo na cultura global; e, tal como a Ford Motors, ficou tão apaixonado pelo seu próprio poder e importância que se esqueceu de que as ações têm consequências. A crença de que a mídia social é uma coisa "boa" porque une as pessoas e as ajuda a construir comunidades cegou não apenas o Facebook, mas também outras plataformas de mídia social, bem como o fato de que há pessoas no mundo que a usam para fins malignos. Por exemplo, as empresas de redes sociais também têm sofrido desgaste por permitirem que as suas plataformas sejam utilizadas para crimes de ódio e por não estarem fazendo o suficiente para impedir isso.[16]

Mais uma vez, é difícil dizer que Mark Zuckerberg agiu de uma forma deliberadamente antiética. O pecado aqui foi de negligência, de não ver para qual direção os ventos estavam soprando e tomar medidas para evitar que os usuários do Facebook fossem explorados. Tendo criado essas comunidades online, o Facebook tem uma responsabilidade moral em relação a elas, da mesma forma que os pais em relação aos filhos e os empregadores em relação aos empregados e clientes. O Facebook deve proteger suas pessoas e mantê-las longe de danos.

E se a empresa o tivesse feito desde o início, o que teria acontecido? O escândalo da Cambridge Analytica nunca teria ocorrido, Zuckerberg não teria que se desculpar em toda a mídia e aparecer no Congresso, e os usuários do Facebook estariam felizes e confiantes na plataforma e leais à empresa. Ainda não é certo quais serão os efeitos colaterais para o Facebook em termos comerciais, nem se os usuários começarão a abandonar a plataforma em números significativos. Mas não há dúvida de que o Facebook está mais fraco e mais vulnerável do que era antes deste escândalo ter ocorrido. Se nada mais, tempo valioso foi perdido ao lidar com o caso da Cambridge Analytica, tempo que teria sido mais bem gasto no desenvolvimento de novas e melhores maneiras de servir aos clientes e melhorar as comunidades, criando assim valor a longo prazo.

Para líderes empresariais, a ética não é uma coisa agradável de se ter. É algo necessário. Há duas razões para isso. Primeiro, a ética ajuda os líderes a projetarem a si próprios e aos seus negócios. Conhecemos as consequências do fracasso ético nos negócios; eles olham para nós a partir das páginas da imprensa financeira todos os meses, às vezes todas as semanas. Falhas éticas são perigosas. Elas destroem reputações, destroem valor e causam danos a pessoas e comunidades.

EMPRESA WEINSTEIN: UMA REAÇÃO IMEDIATA E INTENSA

Assim que o Facebook começou a sair do buraco da Cambridge Analytica, outra empresa outrora poderosa começou a cair. Em 20 de março de 2018, a Weinstein Company, que por meio de suas subsidiárias produziu 277 filmes, gerando mais de 2 bilhões de dólares em receita e ganhando 28 Oscars, declarou falência. Os seus ativos foram adquiridos pouco depois por uma empresa de capitais não abertos à subscrição pública por uma fração do seu valor total.[17]

A queda do império Weinstein pode estar diretamente relacionada à suposta conduta do seu fundador, produtor e magnata do cinema, Harvey Weinstein.

Em outubro de 2017, relatos da mídia dos EUA sobre mais de uma dúzia de alegações de assédio sexual contra Weinstein levaram a que ele fosse demitido de sua própria empresa. Mais alegações surgiram rapidamente, e até hoje mais de oitenta mulheres já acusaram Weinstein de assédio, agressão e estupro. Foram abertas investigações criminais nos Estados Unidos e na Grã-Bretanha.

Se os colegas de Weinstein pensavam que, sacrificando-o, poderiam salvar a empresa, estavam muito enganados. A empresa enfrentou, nas palavras da *Bloomberg News*, "uma reação imediata e intensa". "Mesmo parceiros comerciais de longa data se recusaram a retornar os telefonemas da empresa", disse um executivo sênior da Weinstein.[18] A empresa estava fortemente endividada, mas as fontes de financiamento começaram a secar quando até mesmo os credores que eram amigáveis foram embora. No início de 2018, era evidente que o nome Weinstein se tinha tornado tão tóxico que ninguém queria ser associado a ele, apesar de o próprio Weinstein já não estar na empresa. Incapaz de fazer negócios, incapaz de angariar dinheiro, incapaz de atrair talentos e por agora enfrentar mais de oitenta processos por assédio e agressão — alguns por milhões de dólares — a Empresa Weinstein não teve outra escolha senão declarar falência. Todo o seu negócio tornou-se inviável, tudo graças a uma falha de reputação.

Algumas coisas boas saíram deste caso, claro. A campanha #MeToo encorajou as mulheres — e alguns homens — que tinham sido vítimas de assédio sexual e violência a dar um passo à frente e contar as suas histórias, e, como resultado, muitos abusadores altamente posicionados no mundo do cinema, da moda, dos esportes e da política perderam seus prestígios na mídia. Alguns foram presos pelos seus crimes. Há mais de um bem para este mal em particular.

Até o momento de escrita deste livro, as investigações sobre a conduta de Weinstein ainda estão em curso. Ele próprio tem negado consistentemente as acusações contra ele.[19] Por razões jurídicas, isso torna bastante difícil tirar conclusões sobre este caso específico. Mas podemos fazer algumas observações gerais sobre reputação e conduta pessoal. Se você se comportar de forma imoral para com as pessoas ao seu redor, especialmente os jovens que dependem de você — como alguns dos outros atores, políticos e treinadores esportivos expostos pelo #MeToo e outras campanhas sem dúvida fizeram — então você está arriscando não só a si mesmo e a sua própria reputação, mas a todas as organizações a que você pertence ou com as quais tem algum envolvimento.

O poder corrompe, disse Lord Acton, e o poder absoluto corrompe absolutamente. Muitos líderes se permitem, com demasiada frequência, serem corrompidos pelo poder. Eles se esquecem por que estão no negócio, esquecem as fontes de riqueza da empresa: seus clientes e seus funcionários. Como escrevi em outra obra, *Gerenciando o Sucesso*, a conquista do poder leva muitos líderes a se tornarem arrogantes e começarem a pensar apenas em si mesmos.[20] Eles começam a acreditar na sua própria publicidade. Em seu romance *A fogueira das vaidades*, Tom Wolfe mostrou como os homens poderosos começam a acreditar ser, em suas palavras, "mestres do universo". São à prova de bombas. Incapazes de fazer o mal. Eles também começam a desfrutar do exercício do poder e menosprezar outras pessoas para aumentar o seu próprio poder e reputação. Em muitos dos escândalos que surgiram na sequência das alegações de Weinstein, parece claro que o poder foi um dos principais fatores de motivação. O abuso sexual, onde ocorreu, não foi apenas um ato em si mesmo; foi também uma forma de estabelecer poder e domínio sobre outras pessoas mais fracas.

A humildade é uma parte importante da ética, pelo menos no mundo dos negócios. Lembrar que não somos semideuses, que somos frágeis e vulneráveis, que qualquer erro ou juízo errado que façamos na nossa vida privada podem ser usados como arma contra nós, tudo isso é vital. Como Benjamin Franklin (provavelmente) disse, é preciso

> dez anos para construir uma reputação e dez minutos para perdê-la. Precisamos de um senso de ética, de uma bússola moral forte, para informar nossas vidas cotidianas e garantir que, ao percorrermos os caminhos da liderança, respeitamos as pessoas que encontramos ao longo do caminho. É assim que se constroem reputações fortes. Aja de acordo com suas palavras.

Às vezes, também, os fracassos éticos custam vidas. Os líderes empresariais podem não estar na posição do Destruidor de Mundos de Oppenheimer, mas eles têm o poder da vida e da morte sobre os outros. Todos os dias, no Reino Unido, morre alguém em consequência de uma decisão tomada por alguém no poder. Eles são mortos em acidentes de trabalho, ou morrem como resultado da ingestão de produtos químicos perigosos ou poluentes de automóveis ou fábricas, ou em acidentes criados por produtos defeituosos. Não esqueçamos que, enquanto castigávamos o governo pelos seus fracassos na sequência do desastre da Torre Grenfell em 2017, o incêndio foi efetivamente provocado por um frigorífico avariado. Um incêndio em outro bloco de torres em Shepherd's Bush no ano anterior foi ligado a um secador de roupa defeituoso.[21] Como líderes empresariais, temos responsabilidade por esses incidentes. Não podemos simplesmente lavar as mãos e fingir que são culpa de outra pessoa.

OXFAM: TOTALMENTE INACEITÁVEL

De acordo com qualquer parâmetro, o terremoto que atingiu o Haiti em janeiro de 2010 foi um desastre terrível. As estimativas do número de mortos variam entre 90 mil e 300 mil, e mais de 1,5 milhão de pessoas ficaram desalojadas. Agências internacionais de ajuda humanitária apressaram-se a cuidar dos sobreviventes. Uma dessas agências era a Oxfam, uma instituição de caridade britânica. Fundada em 1942, a Oxfam é uma das mais antigas instituições de caridade do mundo a trabalhar nos campos do alívio de desastres e da pobreza, e sempre teve uma alta reputação, especialmente na Grã-Bretanha.

Em fevereiro de 2018, o jornal *The Times* divulgou a história de que vários trabalhadores da Oxfam no Haiti, incluindo o homem de cargo mais alto da instituição de caridade no local, o diretor de operações, haviam pagado às mulheres locais por serviços sexuais.[22] A própria Oxfam tinha conhecimento das alegações já em 2011. O seu próprio relatório interno concluía que os trabalhadores humanitários tinham se aproveitado das mulheres vulneráveis após o terremoto e chamava isso de "totalmente inaceitável". Foi oferecida ao diretor de operações uma "saída suave e digna" para proteger a reputação da Oxfam.[23] O que parece ter sido um relatório separado foi publicado para o público em 2011, reconhecendo os problemas de bullying e conduta inadequada, mas sem fazer qualquer menção ao abuso sexual. Este último só foi revelado no relatório do *The Times*, sete anos mais tarde.

Isto já era ruim o suficiente, mas quando a história estourou, a Oxfam deixou cair a bola. Numa entrevista à imprensa em defesa da Oxfam, o chefe executivo Mark Goldring acusou a imprensa de lançar uma caça às bruxas. A Oxfam cuidava de centenas de milhares de pessoas vulneráveis; não era isso que era mais importante? "A intensidade e a ferocidade do ataque nos faz pensar", disse ele. "O que fizemos? Assassinamos bebês em seus berços?"[24]

A entrevista de Goldring foi um caso de jogar gasolina em incêndios problemáticos. Em poucos dias, o vice-CEO da Oxfam tinha se demitido e o próprio Goldring tinha sido levado perante uma comissão da Câmara dos Comuns do Reino Unido e forçado a apresentar uma série de desculpas humilhantes. O governo do Haiti suspendeu todas as operações de caridade no país. Mais casos de abuso sexual vieram à tona, no Haiti e em outros países, incluindo a Grã-Bretanha. Outras instituições de caridade foram apanhadas no escândalo; a Save the Children, outra instituição de caridade de ajuda em situações de pobreza e catástrofes, admitiu que também tinha enfrentado uma série de alegações de abuso sexual.

O público em geral é cínico em relação às empresas e tem poucas expectativas em relação aos serviços públicos, mas mantém as instituições de caridade em um nível mais elevado. Sou administrador de duas instituições beneficentes de médio porte no sudoeste da Inglaterra, e vi como outro escândalo no setor das instituições beneficentes — este envolvendo a Kids Company, uma instituição filantrópica para crianças — repercutiu em todo o setor. Quando uma instituição de caridade falha, parece, o público tende a culpar todas elas; se uma pode estar envolvida em abuso ou desvio financeiro, então todas as outras instituições de caridade ficam manchadas também. Os escândalos da Oxfam e da Save the Children tiveram o mesmo efeito. A BBC informou que mais de 7 mil doadores da Oxfam haviam retirado o apoio da instituição de caridade após as revelações do *The Times*, mas um relatório independente da Reuters concluiu que todo o setor de caridade estava sofrendo; a Grã-Bretanha era agora "o país menos favorável da Europa Ocidental para a filantropia".[25]

Como eu disse, o público espera que as instituições de caridade se comportem melhor do que as empresas, mas o exemplo da Oxfam destaca um problema que é importante para os negócios também. Como líderes empresariais, somos responsáveis pelas ações de nossa equipe, e seus lapsos de comportamento ético prejudicam a todos nós. O comportamento de qualquer funcionário prejudicará a reputação de uma organização. Como líderes, cabe a nós não apenas caminharmos sozinhos, mas garantir que o resto da organização o faça também.

De novo, voltamos ao poder. A Oxfam no Haiti estava trabalhando com pessoas vulneráveis, indefesas e traumatizadas. O seu dinheiro e o acesso a recursos salva-vidas deram-lhe poder sobre essas pessoas. O diretor de operações e um pequeno número de outros funcionários escolheram abusar desse poder. Por que a organização não os impediu? E por que razão, quando os abusos vieram à tona, os abusadores não foram tratados de forma mais dura? A noção de que o escândalo pode ser encoberto é absurda. A notícia de algo tão grande iria acabar vazando; a única surpresa é que levou sete anos para isso acontecer.

Outra lição está em como lidar com escândalos quando eles emergem. A tentativa desajeitada de Mark Goldring de desviar a atenção — "assassinamos bebês em seus berços?" — causou indiscutivelmente mais danos do que o próprio escândalo. Quando *qualquer* escândalo estoura, quando qualquer desastre acontece, cabe aos líderes da organização dar um passo adiante, assumir a responsabilidade e, em seguida, tomar medidas rápidas e dignas para corrigir a situação. Essa é a única maneira da reputação ser restaurada.

É muito cedo para dizer quais danos a Oxfam irá sofrer em longo prazo com este incidente. Em curto prazo, porém, ela enfrenta uma montanha difícil de escalar, na medida em que procura restaurar a confiança pública e governamental e persuadir os doadores perdidos a regressarem. A instituição também terá que substituir sua equipe de liderança; o vice-CEO renunciou quando o escândalo estourou, e o próprio Goldring anunciou que partiria no fim de 2018. Tudo isso representa valor perdido, oportunidade desperdiçada. O tempo despendido na reparação dos danos deveria ter sido gasto na procura de mais e melhores formas de ajudar as pessoas vulneráveis e, assim, levar a cabo a missão da Oxfam.

O comportamento ético deve ser algo que todo executivo, todo gerente, todo líder é treinado para fazer. Se colocarmos as pessoas em posições de poder e elas não entenderem as implicações éticas de suas decisões e ações, então estamos colocando essas pessoas, essas organizações e todos ao seu redor em risco.

Mas a ética é mais do que apenas afastar o perigo ou mitigar o risco. Do outro lado da moeda, estabelecer padrões éticos elevados e depois cumprir esses padrões — agir e pôr em prática aquilo que você diz — pode ser uma fonte muito forte e poderosa de valor positivo. Deixe-me dizer isso da forma mais simples e clara possível: **ser ético o ajudará a ganhar mais dinheiro.**

O propósito deste livro é mostrar como isso funciona. Como veremos, colocar a ética no centro do modelo de negócios, garantindo que a empresa e aqueles que trabalham para ela se comportem de forma ética e responsável, tem um forte impacto nas partes interessadas. Uma empresa percebida como ética melhorará sua reputação com todos — funcionários, clientes, governo e reguladores, sociedade em geral — e essa forte reputação, por sua vez, colherá recompensas: melhor atendimento ao cliente, compromisso mais forte com a inovação, clientes mais felizes, lucros maiores e, em última análise, valor de longo prazo para os acionistas. Em termos simples, o negócio ético é um bom negócio. O líder ético também é um líder criador de valor, enquanto o líder que não estabelece um código moral forte e se atém a ele é um destruidor de valores.

Ser ético não é apenas comportar-se corretamente com as pessoas ao nosso redor. Não se trata apenas de dizer a verdade, ou de ser transparente, ou de cumprir promessas, embora essas coisas sejam importantes. Mas a ética é muito mais do que isso. A ética também está no centro da criação de valor.

O TESTE DA CRICKET AUSTRALIA: UMA SITUAÇÃO TERRÍVEL

"Esta é uma situação terrível", disse o CEO da Cricket Australia, James Sutherland, aos repórteres. Sutherland estava se referindo à sua própria investigação sobre um incidente de adulteração de bola que ocorreu em março de 2018, durante a turnê de inverno da Austrália pela África do Sul. Ao admitir que o incidente tinha ocorrido, a Cricket Australia, a administração nacional do esporte, proferiu sentenças severas: uma expulsão por nove meses para Cameron Bancroft, o jovem batedor de abertura que havia tentado — de forma desajeitada — arranhar a superfície de uma bola de críquete com uma lixa, e de um ano para o capitão da equipe, Steve Smith, e o vice-capitão, David Warner.[26]

Smith e Bancroft também foram banidos por dois anos de qualquer posição de liderança na seleção nacional. Warner, identificado como o principal agitador por trás do incidente, foi lançado na escuridão: "David Warner não será considerado para posições de liderança de equipe no futuro."[27] O treinador da equipe, Darren Lehmann, não foi responsabilizado pelo incidente, mas ele também renunciou à sua posição alguns dias depois.

O críquete australiano enfrenta agora um longo processo de reconstrução. A estrutura do críquete já tinha seus problemas, e uma ameaça de greve por jogadores tinha sido evitada logo no ano anterior. Agora, o time masculino australiano de críquete enfrenta um longo processo de reconstrução com um novo técnico e sem vários dos seus melhores jogadores (Smith tinha sido o batedor número um do mundo no momento da sua punição). Como era de se esperar, a Austrália sofreu uma pesada derrota na final contra a África do Sul e perdeu o campeonato.

Mas os danos foram mais profundos do que isso. "O beisebol não é uma questão de vida ou morte", disse uma vez o treinador de beisebol americano Yogi Berra, "é mais importante do que isso." O mesmo acontece com o críquete na Austrália. De todos os esportes, o críquete é o que está mais sintonizado com a psique nacional. Poucas horas depois da notícia do escândalo, o primeiro-ministro da Austrália, Malcolm Turnbull, emitiu uma declaração condenando os jogadores culpados e exigindo uma ação forte. A opinião pública apoiou. Pelo menos um dos patrocinadores da equipe retirou seu apoio, e outros, incluindo a companhia aérea nacional Qantas, ameaçaram fazer o mesmo.[28] A Cricket Australia sofria de problemas financeiros há vários anos. Seus líderes precisavam perder patrocinadores principais agora tanto quanto precisavam de um buraco na cabeça.

Warner, Smith e Bancroft pediram desculpas publicamente pelos seus erros. Talvez nunca saibamos por que o fizeram, mas parece que os jogadores simplesmente perderam a cabeça. O desejo de vencer os fortes rivais da África do Sul, a qualquer custo, superou o senso de jogo justo e o que no críquete é chamado de "o espírito do jogo". Alguns observadores queixaram-se de que a Cricket Australia tinha exagerado as proporções do incidente, e que adulterar bolas não é um crime assim tão grave. Mas o que finalmente importava não era a bola adulterada, mas a reputação da equipe, especialmente entre os torcedores em todo o país, que acreditam muito fortemente no espírito do jogo. Para eles, adulterar a bola para ganhar um jogo era inaceitável. Eles sentiram que a reputação do críquete australiano — até certo ponto, até mesmo a reputação da própria Austrália — tinha sido manchada, e reagiram com fúria. Os jogadores, isolados em sua própria bolha no vestiário e no campo de jogo, não conseguiram antecipar essa reação. Agora, estão pagando por esse fracasso.

LIÇÕES APRENDIDAS

O que podemos aprender com casos como os descritos acima? Três pontos em particular parecem se destacar: a noção de *deriva ética*, a equação de que poder = responsabilidade e a importância da reputação.

Temos de refletir novamente sobre o que significam realmente termos como "ético" e "antiético". Existem alguns comportamentos que são claramente antiéticos, como abuso sexual, bullying, trapacear e corrupção. Há outros que a maioria de nós concordaria que são éticos, como bondade, compaixão e honestidade. No meio, porém, há uma grande área cinzenta onde o que fazemos não é obviamente antiético, mas também não pode ser considerado como ético.

Nesse meio-termo, é muito fácil cair em uma espécie de deriva ética, onde tomamos ações ou exibimos certos comportamentos sem realmente pensar nas consequências dessas ações. A Uber criou uma cultura empresarial agressiva e dura. Isso, por si só, não era antiético, mas essa cultura produziu efeitos secundários desagradáveis que, na opinião de muitos — incluindo, o que é importante, os acionistas da empresa — eram absolutamente antiéticos. O Facebook nunca pretendeu que os dados dos seus usuários fossem recolhidos e utilizados para fins políticos, mas isso aconteceu assim mesmo.

Para sermos líderes éticos, temos de evitar essa deriva ética. Temos de considerar as consequências de todas as decisões que tomamos, grandes ou pequenas. E precisamos pensar quais serão essas consequências para todos, não apenas para nós mesmos ou para nossas próprias organizações, mas para cada pessoa que nossas decisões e ações possam afetar.

Segundo, temos de nos lembrar, sempre, que com o poder vem a responsabilidade. O poder do Facebook vem de seu controle sobre a rede social; ele é o *gatekeeper*, ele define as regras. Esse poder o faz responsável pelas pessoas que utilizam a rede, e a incapacidade de exercer plenamente essa responsabilidade conduz aos tipos de problemas que vimos acima. A Oxfam tinha o controle de recursos escassos que os sem-teto do Haiti precisavam desesperadamente. A instituição de caridade, portanto, tinha a responsabilidade de tratar essas pessoas com justiça e dignidade. Quando alguns funcionários optaram por explorá-los, o resultado foi uma bomba-relógio dentro da organização.

Como líderes, temos poder sobre outras pessoas. Com esse poder vem uma escolha moral. Podemos nos colocar em primeiro lugar, usar nosso poder para nos engrandecer, para conseguir o que queremos à custa dos outros. Ou podemos usar o nosso poder com compaixão e simpatia em benefício de outras pessoas. Em *Kindness in Leadership*, Gay Haskins e Mike Thomas constroem um caso poderoso para fazer o último. Eles argumentam que a bondade não é apenas uma virtude social; é um importante bloco de construção da sociedade. A empatia, a compreensão, a cordialidade para com outras pessoas são partes necessárias da civilização; sem elas, seria cada um por si e a sociedade desmoronaria. Eles também fazem referência a trabalhos científicos recentes que demonstram que um comportamento bondoso e compassivo para com os outros nos faz sentir mais felizes em nós próprios, o que tem consequências para a saúde mental e física.[29]

Essa noção de escolha moral é central para a ideia de ética, e voltaremos a isso no próximo capítulo. Mas, por enquanto, o ponto a lembrar é que não há como escapar dessa escolha. Podemos terceirizar quase tudo nos negócios hoje em dia: produção, marketing, relações públicas, pesquisa e desenvolvimento, design, saúde e segurança, gestão de recursos humanos, folha de pagamento, contabilidade; escolha um, e há uma empresa lá fora que vai fazer isso por nós. Mas não podemos terceirizar a ética. Não podemos pagar a alguém para ser ético para nós, enquanto continuamos a fazer o que queremos fazer sem medo das consequências.

Por último, há a questão da reputação, que surgiu em todos os cinco exemplos acima referidos. Parece bastante claro que a forma como nos comportamos em termos éticos afeta fortemente nossa reputação, e parece igualmente claro que tentar encobrir falhas éticas raramente tem sucesso. Foram necessários oito anos para que as falhas éticas da Oxfam viessem à tona, e ainda mais tempo no caso das alegações contra Harvey Weinstein; por outro lado, o time australiano de críquete foi exposto quase imediatamente, graças a um cinegrafista de televisão que viu Cameron Bancroft tentando mexer na bola. A lição é que, mais cedo ou mais tarde, seremos descobertos. E quando isso acontece, o impacto na reputação pode ser enorme.

Muito depende de como lidamos com as falhas éticas quando elas ocorrem; e outra lição importante é que as falhas ocorrerão. As organizações são formadas por seres humanos, que são falíveis. Em *Gerenciando o sucesso*, sugeri uma série de sinais de alerta que podem mostrar quando existe o risco de fracasso, incluindo o fracasso ético, mas a verdade é que, por mais que tentemos, de vez em quando vamos perder os sinais de alerta e bater nas rochas. Quando isso acontece, o quão bem os líderes da organização respondem é fundamental para determinar a extensão do dano na reputação. Como vimos acima, a Oxfam atrapalhou sua tentativa inicial de lidar com a crise, e o Facebook foi curiosamente lento para reagir, com o resultado de que as pessoas começaram a se perguntar por que eles eram tão lentos e se tinham algo mais a esconder. A Cricket Australia, pelo menos, reagiu com rapidez para resolver a situação.

Os negócios vivem e morrem pela sua reputação. Existe uma forte correlação entre a reputação de uma organização e a força e valor da sua marca. Partes interessadas de todos os tipos — clientes, funcionários, acionistas, governos reguladores, a sociedade em geral — julgam uma organização pelo que sabem da sua conduta. Uma reputação positiva aumenta a capacidade de uma organização de funcionar e prosseguir a sua missão, enquanto uma reputação negativa levanta obstáculos. Vimos como a Weinstein Company foi destruída pela sua incapacidade de encontrar parceiros ou angariar capital, graças à sua má reputação.

E a reputação, por sua vez, depende da ética da organização, de como ela é comunicada e colocada em prática. As pessoas julgam a nossa reputação com base no que fazemos. As boas intenções importam muito pouco; como Henry Ford salientou uma vez, "não se pode construir uma reputação baseada no que se vai fazer". Não há como fugir à necessidade de ser ético. É por isso que defendo que a ética tem de ser incorporada no coração de todos os modelos de negócio. Não tome uma decisão, depois pare e verifique se é ética. Se coloque em uma posição onde o pensamento ético está presente durante todo o processo de tomada de decisão, de modo que cada decisão que você tome seja baseada em princípios éticos.

Claro que isso é mais fácil de dizer do que de fazer, e uma das razões pelas quais as pessoas se afastam das discussões sobre ética é porque tomar decisões éticas pode ser difícil e, por vezes, envolve sacrifícios. Neste livro, vamos tentar mostrar: (a) como o processo pode ser facilitado, e (b) porque, por mais difícil que seja, você ainda tem que fazer isso.

A ESTRUTURA DO LIVRO

Começaremos no próximo capítulo com a análise do conceito de ética. O que significa ser ético? A ética é simplesmente uma questão de certo e errado, ou é mais complicada do que isso? (Alerta de spoiler: sim, é.) Há várias abordagens diferentes para a ética, e vamos compará-las e elaborar a melhor abordagem para os líderes usarem. Então, uma vez que este livro é sobre liderança ética, no Capítulo 3 discutiremos a liderança e como o conceito de ética alimenta a liderança e afeta o que os líderes fazem.

No Capítulo 4, mostraremos como funciona o processo de criação de valor. O comportamento ético da organização leva a percepções positivas e boa reputação. Empresas confiáveis também tendem a ser empregadores de escolha, e as pessoas que trabalham para empresas em que confiam estão mais comprometidas e mais propensas a compartilhar a filosofia e os objetivos da organização. Isso significa que elas trabalham duro e estão preparadas para inovar a fim de oferecer produtos e serviços superiores, o que, por sua vez, significa clientes entusiasmados e satisfeitos. Clientes felizes levam a um forte desempenho empresarial, o que, por sua vez, significa rentabilidade e valor para os acionistas. No Capítulo 5, exploramos como o processo funciona na prática através da *cadeia de valor ética*.

Vou utilizar alguns exemplos de empresas que conheço e com quem trabalhei, nomeadamente o Grupo Tata. Vou me referir com frequência à Tata e suas subsidiárias à medida que avançamos, a fim de demonstrar como a liderança ética é um conceito de 360 graus. A ética tem que se espalhar por toda a organização; você não pode ter um negócio que seja parcialmente ético e parcialmente não. O Grupo Tata sabe disso, abraçou a ética e a fez parte central do seu modelo de negócios.

Defendo também que a cadeia de valor ética é um conceito atemporal. Eu certamente não o inventei, nem é um fenômeno recente. A ideia foi discutida durante séculos, mas nos últimos anos nos afastamos dela. É tempo de as empresas redescobrirem a sua bússola moral, se quiserem permanecer no mercado por muito tempo e prosperar.

Em seguida, analisaremos dois fatores-chave na cadeia de valor, funcionários e clientes, e mostraremos como funciona sua inter-relação e como eles criam valor. Os executivos gostam de pensar em si mesmos como criadores de valor. Na verdade, a maior parte da criação de valor acontece na interação entre a equipe e os clientes, uma arena sobre a qual os executivos muitas vezes têm muito pouco controle. Os executivos são um pouco como os diretores de teatro. Eles planejam a produção, montam o palco, decidem quais são os adereços necessários, dizem a todos o que querem que aconteça. Mas quando a cortina sobe, cabe aos atores, à química e ao relacionamento que eles desenvolvem com o público, determinar se o desempenho é bem-sucedido. Nos negócios, os atores são a equipe e os clientes, e é o seu desempenho que determina se o valor é criado. A ética e a reputação desempenham um papel importante na determinação do sucesso.

O ambiente em geral também desempenha um papel importante. A opinião pública importa. Em todos os casos acima citados, a opinião pública desempenhou um papel importante. Os credores e parceiros se afastaram da Weinstein Company em parte porque tinham medo de que a imagem pública negativa da empresa se espalhasse sobre eles. Os acionistas forçaram Travis Kalanick a se demitir porque estavam preocupados que ele estivesse intimamente associado à reputação cada vez pior da empresa no mundo todo, e assim por diante. Vamos falar sobre a importância da comunidade como parte interessada na reputação de uma organização e por que os líderes éticos prestam muita atenção ao que a sociedade pensa, e depois terminaremos com uma breve discussão sobre o papel desempenhado pelos acionistas e a necessidade de repensar a relação empresa-acionista.

Finalmente, tendo estabelecido algumas definições do que significa ética e explorado a cadeia de valor ética, vamos nos voltar para a forma como os líderes éticos tomam decisões. Vamos analisar os quadros para a tomada de decisões éticas, e vou sugerir um quadro simplificado que possa ser utilizado de forma rápida e fácil. O Apêndice 1 oferece alguns dilemas que você pode usar para a prática e para avaliar a utilidade destes quadros.

Para reiterar um aspecto já referido, ser ético não significa apenas mitigar os riscos associados a comportamentos antiéticos. Não devemos fazer a coisa certa apenas porque temos medo de sermos apanhados se fizermos a coisa errada (na verdade, como o próximo capítulo mostrará, isso poderia ser considerado antiético). Ser ético é uma forma muito poderosa de construir valor. Repetindo mais uma vez, ser ético não é uma sugestão; é um dever.

2
TONS DE CINZA:
ENTENDENDO A ÉTICA

Quando dou aulas de ética em escolas de negócios, a primeira pergunta que faço é: "O que significa ética para você? Como definiria a ética?" Normalmente recebo quase tantas respostas quanto as pessoas na sala. A maioria das pessoas não tem certeza do que significa ética, ou tem, na melhor das hipóteses, uma definição parcial. A resposta mais comum é que a ética nos diz a diferença entre o certo e o errado. Essa é, de fato, uma das coisas que ela deve fazer, mas essa é apenas uma faceta de um assunto complexo.

Neste capítulo, quero tentar ir além das noções simples de certo e errado e explorar um pouco dessa complexidade. O objetivo é tentar desmistificar a ética e conectá-la mais estreitamente com a forma como vivemos nossa vida cotidiana e, em particular, enfatizar o fato de que a ética é uma questão de responsabilidade pessoal. Depois, no Capítulo 3, continuarei a ligar a ética à liderança e tentarei mostrar como a ética impõe responsabilidades aos líderes, mas também abre oportunidades.

O QUE É ÉTICA

O *Oxford English Dictionary* define ética como: "relacionada à moral; tratando de questões morais; moralmente correto, honrado... ciência da moral, princípios morais, regras de conduta, todo o campo das ciências morais". Se nos virarmos para a *moral*, encontramos: "preocupado com a bondade ou maldade de caráter ou disposição, ou com a distinção entre o certo e o errado; preocupado com a regulação da conduta, preocupado com as regras de moralidade, virtuoso em geral... baseado no direito moral, capaz de ação moral."

Não muito útil, então. A única coisa concreta que resulta destas definições é a ideia de regras ou códigos. A ética parece ser um conjunto de princípios que são estabelecidos para nós, e pelos quais se espera que vivamos, como os códigos de ética que quase todas as empresas inserem em seu relatório anual ou posts em seu site.

A ideia de que a ética pode ser codificada em um conjunto de regras ou princípios aos quais se espera que as pessoas possam aderir tem uma longa história.[1] Os Dez Mandamentos são um exemplo de um código moral que também tem a força da lei; assim também é o código de Hamurabi, promulgado na Babilônia no século XVIII a.C. A doutrina chinesa do Legalismo, desenvolvida pelo estudioso Han Fei no século III a.C., é outro exemplo. A premissa desses códigos primitivos de ética e lei era que os legisladores estavam meramente estabelecendo o que o céu havia ordenado.

Os filósofos chamam isso de abordagem do *outro mundo* à ética. Nesta perspectiva, a moralidade é algo que existe independentemente dos seres humanos. Nós não fazemos as regras; elas são impostas a nós por Deus, ou pela lei natural. O que é ético é também o estado desejado do universo. Alguns acreditavam que isso podia ser alcançado naturalmente. Laozi, o autor do *Daodejing*, argumentou que os líderes não devem interferir nos assuntos dos seus seguidores; deixe-os em paz e eles encontrarão o caminho correto e ético por si mesmos.[2] O filósofo do Iluminismo francês Jean-Jacques Rousseau apresentou argumentos semelhantes no século XVIII. Outros, incluindo Platão e Confúcio, concluíram que os líderes têm a responsabilidade de garantir que seus seguidores se comportem de forma ética.

A visão alternativa, a abordagem *deste mundo*, sugere que a ética é, de fato, uma construção social. O comportamento correto não é ordenado por alguma força sobrenatural; em vez disso, nós, como sociedade, escolhemos como queremos viver e quais comportamentos serão e não serão tolerados. Esta visão da ética também argumenta que diferentes sociedades adotarão diferentes códigos de ética em função das suas necessidades; por exemplo, o que é acordado como comportamento ético na China pode não ser considerado ético na Grã-Bretanha. Argumenta-se também que o comportamento ético muda ao longo do tempo; assim, no século XVIII, a escravidão era tolerada na Grã-Bretanha, quando hoje é ilegal. Isso é conhecido como *relativismo moral*. Em contraste, a abordagem do outro mundo tende para o *absolutismo moral*; o que é errado é sempre errado, e o que é certo é sempre certo.

É difícil dizer que qualquer uma dessas abordagens seja totalmente correta ou errada. As pessoas constroem códigos de ética para regular suas sociedades, como mostram os exemplos acima. Mas uma comparação desses códigos, em todo o mundo e ao longo do tempo, mostra uma notável semelhança entre eles. Coisas como assassinato, mentira, roubo, trapaça e fraude financeira são quase sempre considerados errados, enquanto honestidade, compaixão e abnegação são quase sempre consideradas virtudes a serem defendidas. A questão é: as pessoas seguem esses códigos?

A escravidão pode ter sido legal no século XVIII, mas isso não a tornou moralmente correta. Na Grã-Bretanha, a questão dividiu o país com argumentos veementes de ambos os lados. Numerosas tentativas foram feitas para acabar com o comércio de escravizados e a escravidão ao longo do século, muito antes de William Wilberforce entrar em cena. E embora a escravidão possa ser ilegal na Grã-Bretanha hoje em dia, ela ainda existe. O governo britânico acredita que pode haver 13 mil pessoas vivendo e trabalhando em escravidão na Grã-Bretanha hoje, e outras fontes estimam que existam cerca de 30 milhões em todo o mundo.[3] Em comparação, cerca de 12 milhões de pessoas foram traficadas da África para as Américas entre 1600 e o fim do tráfico de escravizados no século XIX.[4] A lei pode proibir a escravidão, mas claramente muitas pessoas ainda acreditam que têm o direito de escravizar os outros.

DUAS ABORDAGENS À ÉTICA

- Abordagem de *outro mundo*: a moralidade existe independente dos humanos. Os valores morais são universais e existem em um reino do tipo espiritual, enraizados numa lei natural.
- Abordagem *deste mundo*: nega o status espiritual dos valores morais. A moral evoluiu dentro de sistemas humanos e reflete as normas e regras da sociedade.

Isso levanta outro ponto importante; dentro de qualquer conjunto de normas éticas da sociedade, haverá indivíduos que rejeitam essas normas e insistem em seguir seu próprio caminho. Os códigos de ética sofrem, portanto, de uma limitação crítica. A menos que também estejam consagrados na lei, podem ser muito difíceis de aplicar; e mesmo assim, como mostra o exemplo da escravidão, a tarefa continua a ser muito difícil. Num contexto organizacional, a mera promulgação de um código de ética e a expectativa de que todos o respeitem não funcionarão, mesmo que haja sanções para comportamentos antiéticos. As pessoas devem *querer* se comportar eticamente, por razões de interesse próprio. Tratar os outros como você quer que eles o tratem — por convicção — Eu vou me comportar eticamente porque acredito que é a coisa certa a fazer — ou ambas.

E isso é complicado, por duas razões. Primeiro, como você motiva as pessoas a se comportarem eticamente? E, segundo, como decidimos o que é um comportamento ético? Os líderes podem sentar-se e escrever um código de ética, mas na realidade estão impondo os seus próprios valores e crenças sobre o que é ético a outras pessoas, que podem ter ideias muito diferentes. Isso é correto? Será ético impor um conjunto de normas éticas às pessoas contra a sua vontade? E se tentarmos obter um consenso sobre o que é ético, o que acontece? Constatamos, como descrevi anteriormente, que as pessoas têm tantas opiniões diferentes sobre o que constitui um comportamento ético que um acordo pode ser quase impossível. O seguinte estudo de caso, que eu tenho usado ao ensinar ética por muitos anos, ilustra o ponto. (Devo acrescentar que diversos detalhes deste caso foram alterados, pois os descendentes de algumas das pessoas envolvidas ainda estão vivos.)

ESTALEIRO BLACKLEY: O QUE VOCÊ FARIA?

O ano é 1931. O lugar é a pequena cidade de Blackley, no nordeste da Inglaterra, com cerca de 10 mil habitantes. A principal indústria em Blackley é um estaleiro naval que constrói e repara navios e emprega diretamente cerca de oitocentas pessoas. O resto da cidade é totalmente dependente economicamente do estaleiro; os empregados do estaleiro gastam dinheiro nos bares e cafés da cidade e nas lavanderias e mercados, permitindo a sobrevivência destes outros negócios.

O estaleiro foi fundado no final do século XIX e prosperou durante a Primeira Guerra Mundial, construindo navios de guerra para a Marinha Real. A recessão do pós-guerra atingiu o estaleiro com muita força, e ele quase foi forçado a fechar em 1922. Isso causou pânico na cidade, pois foi reconhecido que, sem o estaleiro, a própria cidade não era economicamente viável. Naquela época, havia pouco em termos de rede de segurança social e, se o estaleiro fechasse, a população da cidade teria de se dispersar para encontrar trabalho em outro local. Uma pequena e próspera comunidade seria destruída e Blackley se tornaria uma cidade fantasma.

Nesse ínterim, entrou o nosso herói, Arthur Lawrence, um corretor de valores bem-sucedido de Londres, então na casa dos vinte anos. Ele tinha boas lembranças da área, onde ele passava as férias com seus pais e família por muitos anos, e tinha um grande carinho por Blackley. Lawrence tinha se saído muito bem no mercado e tinha dinheiro para gastar. Um jovem bem educado e honrado, ele também estava inquieto e procurava algo para gastar seu dinheiro, algo que faria o bem no mundo. Em Blackley, ele viu a sua oportunidade. Ele comprou o estaleiro, investiu sua própria fortuna nele, e construiu o estaleiro novamente, desta vez, fazendo navios de carga para a marinha mercante. Durante os anos vinte, Blackley prosperou.

Depois veio o crash de Wall Street de 1929 e a Grande Depressão, e o mercado mundial de transporte marítimo desapareceu quase que da noite para o dia. As ordens para novas embarcações foram canceladas. Durante algum tempo, o estaleiro sobreviveu fazendo trabalhos de reparação e remodelação, mas esses trabalhos também começaram a desaparecer. No final de 1931, estava claro que o desastre se aproximava. Lawrence e seus colegas diretores calcularam que tinham dinheiro suficiente para pagar os funcionários até o final de fevereiro de 1932. Depois disso, o dinheiro acabaria. Sem nenhum banco disposto a fazer empréstimos, não teriam alternativa senão encerrar o estaleiro e despedir toda a força de trabalho, com consequências desastrosas para Blackley.

Então, no último minuto, chegou uma mensagem. O Ministério da Marinha da Romênia estava à procura de propostas para construir dois pequenos petroleiros para servir a crescente indústria petrolífera do país. A construção destes petroleiros permitiria manter o estaleiro em funcionamento por mais um ano, período durante o qual a economia poderia melhorar e a procura de transporte marítimo ressuscitaria. Porém havia um problema: o governo romeno era conhecido por ser endemicamente corrupto, mas Lawrence estava disposto a assumir o risco. Ele saltou para a oferta como um homem afogado agarrando uma boia salva-vidas, e pegou o próximo trem para Bucareste. Ao chegar, foi recebido calorosamente pelos funcionários do ministério e foi acolhido. Para sua surpresa, ele descobriu que era o único licitante para o contrato.

Tudo correu bem. Os negociadores romenos aceitaram de bom grado as condições propostas por Lawrence. No final do segundo dia, foi anunciado que os contratos seriam assinados no Ministério da Marinha ao meio-dia do dia seguinte.

Às dez horas daquela noite, dois oficiais do Ministério da Marinha bateram à porta do quarto de hotel do Lawrence. A mensagem deles era simples e direta. A menos que Lawrence fornecesse um suborno de 20 mil libras, metade para o Ministro da Marinha e metade para eles mesmos, antes do meio-dia de amanhã, o contrato não seria assinado. Não haveria acordo nenhum. Uma linha telegráfica seria mantida aberta para Lawrence contatar seu banco e organizar uma transferência bancária, mas não lhe seria permitido fazer uma chamada telefônica ou contatar os seus associados em Blackley. Ele teve apenas algumas horas, sozinho, para decidir. A escolha era sombria. Ele podia pagar o suborno, e esperar que os funcionários mantivessem a palavra e o contrato fosse assinado. Se o fizesse, o estaleiro teria trabalho e o negócio e a cidade sobreviveriam. Mas ele próprio teria violado a lei; naquela época, como agora, a lei britânica proibia o pagamento de subornos no estrangeiro. Se fosse apanhado, iria para a prisão, e seria proibido de voltar a ter um cargo de diretor da empresa. Sua carreira estaria arruinada. E ele mesmo teria de viver com o conhecimento de que tinha violado a lei. Por último, teria contribuído e reforçado a cultura da corrupção na Romênia, onde um pequeno número de funcionários enriquecia enquanto a massa da população se afundava na pobreza.

Alternativamente, Lawrence poderia recusar o pagamento do suborno. O negócio entraria em colapso, e ele voltaria para Blackley de mãos vazias e diria a seus diretores e funcionários que estava tudo acabado. Em dois meses, estariam desempregados e a comunidade desapareceria. Ele teria sacrificado o estaleiro e a cidade para salvar a sua honra.

Qual era a coisa eticamente correta a se fazer nessas circunstâncias? O que você faria? Pense nisso e tome uma decisão sobre o que você faria. (Você pode descobrir o que realmente aconteceu no final deste capítulo.)

ÉTICA INDIVIDUAL

As respostas a esse caso quando o conto são absolutamente fascinantes. As pessoas ficam muito envolvidas emocionalmente e eu já vi estudantes aos prantos. Na última vez que ensinei esse caso aos estudantes de MBA, após um debate vigoroso, cerca de 80% da turma disse que se recusaria a pagar, com os restantes a favor, relutantemente. No ano anterior, com uma turma de tamanho parecido e com antecedentes muito semelhantes, o resultado foi exatamente o oposto, com cerca de 80% a favor do pagamento do suborno.

Na mesma época, também ensinei esse caso a um grupo de oficiais das forças armadas britânicas. Eu esperava que eles tendessem para o lado de pagar o suborno — a cultura das forças armadas enfatiza o autossacrifício e a vontade de se arriscar para salvar os outros — mas, para minha surpresa, esse grupo se dividiu exatamente no meio entre pagadores e não pagadores.

A razão pela qual esse caso desperta emoções e reações tão fortes é que confunde nossa noção do que é ética. Não há preto e branco aqui. Independentemente da decisão que Lawrence tomar, ele estará errado. E, no entanto, em outro nível, também estará certo. Em cada caso, alguém irá se beneficiar, e alguém irá sofrer. E cada indivíduo vê o problema sob uma luz diferente, e faz a sua própria escolha.

Para obter alguma perspectiva sobre esse caso, e sobre a questão do que significa ser ético em geral, vamos olhar para algumas das teorias mais importantes da ética. Mais especificamente para quatro: deontologia, consequencialismo, pragmatismo e ética da virtude.

DEONTOLOGIA: A DIFERENÇA ENTRE O CERTO E O ERRADO

A deontologia é por vezes descrita como a ética do dever. A palavra vem da raiz grega *deon*, que significa dever ou, mais literalmente, "é preciso". O expoente mais proeminente da deontologia foi o estudioso do Iluminismo alemão e escritor Immanuel Kant, mas versões da deontologia também podem ser encontradas no pensamento indiano e chinês; mais uma vez, os mesmos princípios éticos aparecem repetidamente na maioria das culturas ao redor do mundo.

Deontologia é sobre o certo e o errado, ou melhor, sobre o Certo e o Errado. Ela tende ao absolutismo moral, isto é, algumas coisas estão sempre corretas e algo está sempre errado, independente das circunstâncias.[5] O roubo, por exemplo, nunca é justificado, nem mesmo quando se está roubando comida para evitar que os filhos passem fome.

O famoso *imperativo categórico* de Kant afirmou que devemos sempre agir como se os princípios por trás de nossas ações pudessem ser considerados como uma lei universal. Kant também argumentou que há restrições absolutas em nossas ações, cuja quebra nunca é justificada.[6]

A deontologia também não leva em conta a agência. Quem você é não faz diferença; o que está errado é errado, não importa se você é o CEO de uma empresa de um bilhão de libras ou o limpador de janelas.

Kant também não estava interessado nas consequências das ações. Desconfiava de termos como "bom" e "mau", considerando-os relativistas; nada no mundo, declarou ele, poderia ser declarado como bom acima de qualquer dúvida. Embora o imperativo categórico afirme também que devemos tratar as pessoas não apenas como um meio para atingir um fim, mas também como um fim em seu próprio direito, é evidente que ele considera justificado o resultado de qualquer ação moralmente correta. Tudo que precisamos fazer é obedecer à lei natural, e o resultado correto será alcançado.

O mesmo princípio pode ser encontrado no *Bhagavad Gita*, o famoso texto indiano que faz parte de um épico muito maior, o *Mahabharata*.[7] O *Bhagavad Gita* é em grande parte um diálogo entre o rei guerreiro Arjuna e seu condutor de carruagem, na verdade, o deus Krishna disfarçado. Arjuna foi comandado a engendrar uma guerra contra um grupo de rebeldes, mas alguns dos rebeldes também são amigos e membros de sua própria família. Ele está profundamente infeliz com a perspectiva de lutar contra eles e matá-los. Nesta altura, Krishna o lembra de seu dever. Ele é o rei e seus próprios sentimentos são imateriais. O fato de que seus amigos e família irão morrer não importa. Ele deve lutar porque é seu dever fazê-lo de acordo com a lei natural.

DEONTOLOGIA

- Baseado em regras.
- Foco em ações certas e erradas.
- As consequências das ações não são importantes.

O exemplo mais extremo da deontologia vem da escola chinesa de Legalismo, e eu o menciono aqui porque mostra como qualquer teoria, quando levada ao seu extremo lógico, torna-se problemática.[8] Criado pelo estadista e filósofo Han Fei, o Legalismo é construído em torno de dois princípios: *fa*, os padrões aos quais as pessoas devem se encaixar e as regras às quais devem obedecer; e *shi*, ou poder. O exercício do poder está nas mãos do líder, e o seu dever é muito simples: recompensar os que cumprem o *fa* e punir os que não o cumprem.

Han Fei foi inflexível ao afirmar que o líder não fazia as regras; os padrões eram universais e absolutistas, embutidos na lei natural. *Fa* é absoluto e universal; *fa* possui, de fato, um longo, longo caminho a percorrer. O líder está lá para ver que as regras foram obedecidas, combinando os papéis de juiz e executor. Não foi dada qualquer margem de manobra ao líder na interpretação das regras que tiveram de ser observadas com exatidão, independentemente das consequências.

Uma vez no passado, o Marquês Zhao de Han embebedou-se e adormeceu. O guardião do chapéu real, vendo que o marquês estava frio, colocou um manto sobre ele. Quando o marquês acordou, ficou contente e perguntou aos seus assistentes: "Quem me cobriu com um manto?" "O guardião do chapéu", eles responderam. O marquês puniu tanto o guardião do chapéu real como o guardião do manto real. Ele puniu o guardião do manto por não cumprir seu dever, e o guardião do chapéu por ultrapassar seu limite. Não era que ele gostasse do frio, mas considerou que a transgressão de um funcionário sobre os deveres de outro era um perigo maior do que o frio.[9]

Em outro caso, o rei estava recebendo visitantes quando um homem correu para a sala de audiências e tentou assassiná-lo. Um dos guardas reais deu um passo à frente e matou o homem antes que ele pudesse atacar. O rei chamou o guarda e o recompensou por salvar a sua vida; e então ordenou que o executassem por deixar o seu posto sem permissão.

Estas duas anedotas destacam alguns dos problemas com a deontologia. Primeiro, se considerarmos que o certo e o errado são os únicos princípios que importam, corremos o risco de criar injustiça em nome da justiça.[10] A simples humanidade sugeriria que se desse aos líderes alguma margem de manobra na interpretação das regras. No entanto, quando damos essa margem de manobra, todo o edifício começa a vacilar. O certo e o errado já não são absolutos com suas raízes na lei natural, mas interpretações subjetivas. E quem então determina o que é certo e o que é errado? Com base em que critérios o fazem? E é ético que apliquem essas normas a outras pessoas, que não tiveram uma palavra a dizer sobre o que devem ser essas normas?

Em seu livro *A Theory of Justice*, o filósofo americano John Rawls tentou resolver alguns dos problemas com a deontologia, trazendo salvaguardas para os menos poderosos. Rawls argumentou que qualquer sociedade — ou organização — deve operar com base em dois princípios: primeiro, que toda pessoa tem direito à liberdade, mas sua liberdade nunca deve interferir na liberdade dos outros; e segundo, que os membros menos favorecidos da sociedade devem ser protegidos, tanto quanto possível, das desigualdades sociais e econômicas.[11] Este é um lembrete útil de que o certo e o errado têm significados diferentes dependendo da posição de cada um na sociedade.

Do ponto de vista deontológico, o dever de Arthur Lawrence, o proprietário do estaleiro discutido acima, é bastante claro. A lei declara que o suborno é errado e que a lei se baseia num princípio de direito natural, a saber, que ninguém deveria obter uma vantagem injusta sobre outro. Lawrence não deve pensar nas consequências de suas ações; deve obedecer à lei, voltar para casa e, se necessário, fechar o estaleiro e despedir seus trabalhadores. Haverá sofrimento e dificuldades, mas a culpa não será dele. Ele fez a coisa certa.

Mas Kant também nos lembra em seu imperativo categórico que devemos tratar outras pessoas como fins, não como meios. E Rawls diz que não devemos ignorar o princípio da justiça e devemos tratar os outros de maneira justa. Nesta perspectiva, será que abandonar o estaleiro, os trabalhadores e as suas famílias é a coisa certa a se fazer? O líder não tem um dever para com os seus seguidores? Se sim, o pagamento do suborno pode ser considerado moralmente certo, a fim de cumprir esse dever?

E, finalmente, sentado sozinho em um quarto de hotel, no silêncio da noite, você consegue pensar em voltar para casa de mãos vazias e dizer ao seu povo que seus empregos e suas vidas estão prestes a serem destruídos?

CONSEQUENCIALISMO: A DIFERENÇA ENTRE O BEM E O MAU

Em contraste com a deontologia, a ética do Certo e do Errado, o consequencialismo é a ética do Bem e do Mal. O que importa não é a ação em si, mas as suas consequências. A justeza de nossas ações é medida de acordo com a quantidade de bem que dela resulta, e com a extensão com que esse bem é difundido. Um dos primeiros consequencialistas foi Confúcio que, embora insistindo na necessidade de regras e estruturas na sociedade, concentrou-se principalmente nos resultados que essas regras gerariam em termos de maior riqueza e felicidade.[12]

No século xviii, o economista inglês Jeremy Bentham argumentava que os principais motores do comportamento humano eram a dor e o prazer, e que era do melhor interesse das pessoas maximizar o prazer e reduzir a dor. Bentham reconheceu a impossibilidade de fazer todos felizes o tempo todo; portanto, nosso objetivo deveria ser buscar *o maior bem para o maior número*, um princípio que ficou conhecido como utilitarismo, uma espécie de subconjunto do consequencialismo.[13] Mais tarde, John Stuart Mill definiu o utilitarismo como "felicidade geral" e a eliminação de tudo que não produz felicidade.

Mill era um absolutista que argumentava que nada além da felicidade total é desejável. Ele criticou o utilitarismo por sua suposição implícita de que nem todas as necessidades de todos podem ser satisfeitas e algumas pessoas serão abandonadas, e ele acreditava que deliberadamente consignar algumas pessoas, não importa quão poucas, à infelicidade era imoral. A maioria dos consequencialistas e utilitaristas, no entanto, tende a ser relativista em sua visão. O que é considerado Bom irá variar entre sociedades, em função da sua estrutura e dos seus valores, e evoluirá ao longo do tempo à medida que a própria sociedade se transforma.

O puro consequencialismo concentra-se apenas no resultado. As ações não importam; o que importa é o resultado. A doutrina de Maquiavel de que "o fim justifica os meios" é um exemplo famoso. No entanto, quase imediatamente, começam a surgir problemas. Se levarmos esta doutrina ao seu extremo lógico, então enganar, roubar e assassinar pode ser justificado desde que possamos apontar para um resultado desejável. Não há problema em roubar dinheiro, desde que o doemos todo para a caridade. Não há problema em invadir outros países se o nosso objetivo for derrubar ditadores e substituí-los por governos democráticos. É aceitável infringir a lei, desde que estejamos fazendo algo que resulte em benefícios para os outros.

E, às vezes, é. Não é aceitável — ou assim eu enfim decidi — ultrapassar o limite de velocidade para chegar a tempo em uma reunião de um comitê de ética, mas suponhamos que, em vez disso, eu estivesse correndo para levar uma pessoa gravemente ferida para o hospital? Se eu tivesse salvado a vida dessa pessoa ao garantir que ela recebesse ajuda médica a tempo, a violação da lei teria sido justificada?

No cerne da questão está como o Bem e o Mal são determinados. Sabemos sempre como reconhecê-los quando aparecem? Além disso, quem decide o que é Bem e Mal? Esta é uma das coisas que incomodou John Stuart Mill. Que direito tem alguém de determinar o que é bom ou mau para outras pessoas? Que direito temos nós de decidir o que constitui felicidade — ou, por exemplo, dor — para todos menos para nós próprios?

CONSEQUENCIALISMO

- As consequências das ações são mais importantes do que as próprias ações.
- Julgamento de Bem versus Mal.
- Maior bem para o maior número (utilitarismo).
- Os fins justificam os meios.

Durante séculos, pequenas elites de homens brancos, ricos e heterossexuais ditaram ao resto da população o que era considerado bom de acordo com seus próprios valores e crenças. As mulheres foram, e em alguns países ainda são, proibidas de exercer uma vasta gama de atividades — votar, dirigir automóveis, possuir propriedade, participar em esportes, até mesmo viajar sozinhas — das quais os homens podiam desfrutar livremente, alegando que fazer estas coisas não era bom para elas. A homossexualidade foi banida porque era considerada uma Coisa Má. A escravidão era tolerada porque era considerada economicamente uma Coisa Boa.

Bom e Mau são termos altamente subjetivos, e deixar que outras pessoas decidam o que é bom e ruim para nós é sempre arriscado. As pessoas que fazem estes julgamentos têm sempre uma agenda, e precisamos saber qual é essa agenda antes de decidirmos se cumprimos ou não as suas regras. A minha colega de Exeter, Jennifer Board, escreveu sobre o paradoxo da ética, argumentando que, em alguns casos, para reformar uma organização corrupta, pode ser necessário fechar os olhos para alguns exemplos de comportamento antiético para ganhar aliados e estabelecer uma posição. Assim que tivermos o poder de agir, *então* começamos a atacar. Mas precisamos ter esse poder em primeiro lugar, e alcançá-lo muitas vezes exige compromissos éticos.[14]

Voltando ao caso do estaleiro, à primeira vista parece óbvio que, para alcançar um resultado que seja bom para os seus trabalhadores, Lawrence deveria pagar o suborno. O estaleiro terá o contrato, os trabalhadores construirão os navios e serão pagos, e a cidade permanecerá viva.

No entanto, as consequências para o próprio Lawrence podem não ser tão positivas. Se for descoberto, sua carreira será arruinada e ele irá para a prisão. Mesmo que não, ele terá que viver com as consequências de ter cometido um ato ilegal; saberá que fez algo errado, mesmo que ninguém mais o faça. E há também o impacto na própria Romênia. Ao pagar o suborno, Lawrence estará contribuindo para sustentar um governo corrupto e opressivo que mantém seu povo preso na pobreza enquanto os funcionários enriquecem. Os trabalhadores dos estaleiros navais manterão os seus postos de trabalho, mas à custa do povo da Romênia. Isso é Bom?

PRAGMATISMO: A ECOLOGIA MORAL

Certo e Errado, Bem e Mal; ambos nos dão o que pensar ao considerarmos o que é ou não é ético, mas, se levados aos seus extremos, ambos os conjuntos de princípios podem facilmente nos fazer cair num buraco do coelho moral. O pragmatismo, que tem suas raízes no pensamento do início do século xx de John Dewey e William James, argumenta que tentar separar os meios do fim é moralmente falho.[15] Tanto os fins que buscamos como os meios que usamos para chegar lá têm consequências éticas.

Os pragmatistas argumentam que, em vez de aderir a códigos fixos de certo e errado, bem e mal, e tentar aplicá-los a todas as situações que encontramos, precisamos considerar cada situação ética em seus próprios méritos. Aceita-se que nunca poderemos saber com certeza quais serão as consequências das nossas ações e, por conseguinte, é necessária uma certa dose de confiança e fé. Tomamos as decisões que acreditamos que terão os melhores resultados possíveis, sabendo que existe a possibilidade de estarmos errados.

Isso coloca o pragmatismo diretamente no campo relativista; tomamos cada situação como ela se apresenta, sabendo que diferentes fatores estarão em jogo e que o que é certo em uma situação pode muito bem estar errado em outra. John Dewey argumentou que todo comportamento ético era de fato um tipo de experiência prática. Em todas as situações, formulamos uma hipótese sobre a coisa certa a fazer, testamos e, depois, se passar no teste, colocamos em prática.

Um conceito importante na teoria pragmática é a noção de *ecologia moral*. Enquanto a deontologia e o consequencialismo usam uma espécie de abordagem de "um melhor caminho", sugerindo que há apenas um resultado desejável, a ecologia moral sugere que muitas alternativas podem ser possíveis. Em vez de seguir por um caminho estreito e bem definido em direção ao Certo ou ao Bem, podemos avaliar várias alternativas que podem nos dar resultados diferentes.[16] A visão moral da ecologia também argumenta que a presença de múltiplas alternativas nos oferece uma chance maior de chegar à decisão ética correta. Apenas quando a tomada de decisão é limitada pela falta de alternativas, corremos o risco de cair em comportamentos antiéticos.

Uma abordagem pragmática da ética nos oferece escolhas; mas será que ter muitas escolhas pode ser perigoso? Sem princípios maiores como o Certo e o Bem para nos guiar, como determinamos o que é ético? O pragmatismo parece sugerir que já sabemos o que devemos fazer, e cabe a nós encontrar a melhor maneira de o fazer, a maneira de produzir o resultado que mais desejamos, a partir de uma escolha de muitos. Isso pressupõe, no entanto, que temos discernimento e sabedoria suficientes para tomar decisões éticas. E essa sabedoria, como outro colega de Exeter, Ajit Nayak, aponta no seu artigo altamente perceptivo "Wisdom and the Tragic Question" no *Journal of Business Ethics*, é muitas vezes infelizmente inexistente.[17]

Em parte, isso acontece porque o paradigma positivista matou em grande parte qualquer confiança dos líderes na abordagem irracional, emocional e instintiva, e nos deixou com a abordagem "você não pode gerenciar o que não pode medir". A visão de Ajit é que isso deixa os gestores emocionalmente incapacitados e, portanto, menos capazes de tomar decisões éticas. Emoção, ele declara, é central para a sabedoria. E é através da sabedoria que vemos claramente o caminho que nos espera. Um líder sábio é aquele que não tem medo de ir contra as normas e convenções. Numa passagem que poderia ter vindo diretamente de um manual sobre ética pragmática, Ajit declara que "sabedoria é reconhecer que fazer a coisa eticamente responsável pode por vezes levar a agir de forma a violar diferentes normas e valores éticos".[18] Em outras palavras, ser ético é muito mais do que seguir regras. Exige que nos empenhemos e assumamos responsabilidade pessoal pelas nossas decisões e ações.

PRAGMATISMO

- Os fins e os meios não podem ser separados.
- Sem regras fixas.
- Cada situação é diferente.
- Abordagem experimental.

Usar a abordagem pragmática por si só é difícil. Requer que tenhamos a sabedoria e a experiência necessárias para ver o caminho a seguir, e a coragem para tomar decisões sabendo que podemos estar errados. Volte atrás e leia o caso do estaleiro Blackley novamente, e então considere o que você faria sem qualquer referência aos princípios de bem ou mal, certo ou errado. O que você faria?

Mas para aqueles que têm a sabedoria e a coragem, o pragmatismo também tem muito a oferecer. No caso do estaleiro, as opções de Arthur Lawrence parecem ser limitadas; ele pode pagar o suborno, ou não. Claro que isso fazia parte do plano estabelecido pelos funcionários corruptos. Uma tática comum nestes casos é isolar a pessoa que foi visada (sozinho em Bucareste), isolá-la dos seus apoiadores (sem telegrama ou telefone disponíveis), colocá-la sob pressão de tempo (o dinheiro deve estar no banco até ao meio-dia de amanhã) e depois oferecer uma simples escolha limitada a duas alternativas (pagar ou ir embora).

Ao se afastar das definições estreitas de Certo ou Bem, a ética pragmática — pelo menos em teoria — oferece a possibilidade de abrir outras opções. Pense no caso outra vez. Podem ser desenvolvidas alternativas além do simples pagamento ou não pagamento?

ÉTICA DA VIRTUDE: QUE TIPO DE PESSOA VOCÊ QUER SER?

A ideia de responsabilidade pessoal é destacada ainda mais fortemente no conceito de ética da virtude, geralmente associada ao trabalho do antigo filósofo grego Aristóteles, especialmente sua Ética a Nicômaco, embora ideias muito semelhantes também possam ser encontradas no ensino de Confúcio, especialmente no cultivo da virtude.[19] Esta escola de pensamento é geralmente conhecida como ética da virtude.

Aristóteles argumentou que o comportamento ético é uma questão de *escolha deliberada*. Todas as decisões têm um componente ético e, portanto, temos de garantir que tomamos decisões de forma racional, levando em conta todos os fatores e pensando no assunto antes de agir. Agir por impulso significa simplesmente ceder ao desejo e é provável que sejamos vítimas do egoísmo e de outros vícios. A escolha deliberada, por outro lado, requer sabedoria e experiência, o que Aristóteles chama de *phronesis*, ou sabedoria prática. Também requer a posse de tantos fatos quanto forem possíveis para que a decisão certa possa ser tomada.

No entanto, mesmo que tomemos decisões como uma escolha deliberada, como podemos ter a certeza de que essas decisões são éticas e responsáveis? A resposta, diz Aristóteles, está no cultivo da virtude. Ele enumera uma série de virtudes que uma pessoa sábia deve possuir: coragem, moderação, generosidade, honra, doçura, "ser amigável", que eu definiria como simpatia pelos outros, verdade e senso de vergonha (este último, diz Aristóteles, não é uma virtude em si mesmo, mas é uma característica desejável).

As virtudes guiam e moldam a nossa mentalidade. Se possuirmos essas virtudes e nos referirmos a elas ao tomarmos decisões, então essas decisões têm uma chance muito maior de serem eticamente corretas, pois começaremos com uma predisposição a agir de forma virtuosa. Na virtude, a ética, o comportamento e a ação podem ser enganadores; o mais importante é o motivo. Se uma pessoa não trapaceia ou rouba, isso a torna honesta? Não necessariamente; essa pessoa pode simplesmente não ter tido a oportunidade, ou estar disposta a correr o risco por medo de ser apanhada. Só porque eles não trapacearam ou roubaram antes não significa que não vão fazer isso em algum momento no futuro.

Não, diz Aristóteles; uma pessoa verdadeiramente honesta é alguém que nunca vai pensar em trapacear ou roubar porque sabe que é inerentemente errado. Eles não fazem uma escolha sobre roubar ou não roubar. A ideia de roubar nunca lhes passa pela cabeça.

ÉTICA DA VIRTUDE

- Escolha deliberada.
  - Coletar os fatos, depois decidir.
  - Sabedoria prática (*phronesis*).
  - Cultivo da virtude.

Resumindo, então, na virtude da ética, nós paramos, consideramos, coletamos todos os fatos e depois os analisamos com referência às nossas virtudes. Claro, isso assume em primeiro lugar que todos nós temos essas virtudes, e um cínico poderia muito bem argumentar que aqui é onde a teoria falha. As pessoas, argumenta-se, são inerentemente egoístas, gananciosas e preguiçosas; ao tomar decisões, elas olharão para si mesmas primeiro e o resto do mundo que se dane. E, na verdade, algumas pessoas pensam assim.

No entanto, há cada vez mais provas poderosas de que a maioria de nós não é assim, e que as virtudes das quais Aristóteles falou podem, de fato, estar marcadas em nosso cérebro. Em *Kindness in Leadership*, por exemplo, Gay Haskins e seus colegas falam sobre a noção de nossas mentes estarem naturalmente dispostas a atos bondosos e compaixão.[20] Da mesma forma, Paul Zak escreveu extensivamente sobre o papel desempenhado pela ocitocina, um hormônio que atua como um neurotransmissor no cérebro.[21] Em poucas palavras, se estamos em situações em que nos sentimos confortáveis, o cérebro libera mais ocitocina, o que produz uma sensação de prazer e felicidade. Comer chocolate, fazer sexo e usar celulares estão entre as atividades que foram identificadas com a liberação de ocitocina. Por outro lado, se nos sentirmos desconfortáveis, a emissão de ocitocina é reduzida, e começamos a nos sentir infelizes ou mesmo com medo.

O trabalho de Zak também descobriu que quando sentimos que podemos confiar nas pessoas ao nosso redor, os níveis de ocitocina aumentam e há um aumento correspondente na felicidade; de modo inverso, se suspeitarmos ou não soubermos em quem podemos confiar, a ocitocina diminui e a infelicidade se instala. Estudos de comportamento primata sobre os chimpanzés têm mostrado que os animais frequentemente apresentam sintomas de confiança em relação aos outros na esperança de obter uma resposta de confiança.[22] Os humanos se comportam de forma muito semelhante. Confiamos nos outros na esperança de que eles, por sua vez, confiem em nós, e o aumento geral da confiança nos faz felizes.

É possível, portanto, que não optemos por ser virtuosos. Confúcio pensava que as virtudes eram inculcadas nos jovens através da vida familiar e da educação, mas também pode ser que nasçamos com uma predisposição à virtude porque nossa mente subconsciente sabe que o cultivo da virtude nos fará felizes. Esse é praticamente o argumento dos ensinamentos de Buda; que a virtude é sua própria recompensa. Visões muito semelhantes podem ser encontradas nos escritos de Nietzsche, que rejeitou códigos de moralidade ("há algo de imoral na moralidade") e do existencialista Jean-Paul Sartre, que argumentou que visões objetivas de questões como a ética simplesmente não são possíveis, e que devemos confiar em nós mesmos; somente nós podemos decidir o que é verdadeiramente ético.

Se a virtude não é uma escolha deliberada, isso significa que a corrupção e o engano são? Alguns de nós escolhemos deliberadamente ir para o lado do mal? A discussão sobre essa questão continua sem resposta; parece que algumas pessoas fazem uma escolha, mas outras podem ser levadas à destruição por desequilíbrios na composição química dos seus cérebros. Nem todos acham possível ser virtuoso.

Mais uma vez, volte e olhe para o caso do estaleiro Blackley. Pense racionalmente e claramente sobre os fatos que você tem em mãos (eles são tudo o que você vai receber) e, em seguida, pergunte-se o que uma pessoa virtuosa faria. O que cada uma das virtudes, bondade, compaixão, generosidade e assim por diante exigem de nós? Qual é o caminho virtuoso a seguir?

RESPONSABILIDADE MORAL

Tendo olhado para cada uma das quatro escolas de pensamento, há uma tentação de tentar escolher a que é "melhor" e segui-la. Mas, como vimos, cada abordagem à ética tem os seus pontos fortes e fracos; e não é inteiramente possível escapar às exigências que cada uma faz de nós. A conclusão deve ser que todos as quatro são necessárias, e que o pensamento ético deve combinar elementos de cada uma delas.

As definições de certo e errado são subjetivas e potencialmente restritivas, mas também são necessárias. "Quero que o meu pessoal dirija rápido", um executivo de serviços financeiros me disse uma vez, "mas também quero que dirijam em segurança." Estabelecer regras é importante, pelo menos para dar às pessoas uma ideia de onde estão os limites. É por isso que os códigos de conduta e os códigos de ética podem ser úteis. Qualquer um que seja tentado a transgredir saberá quais são as consequências.

Tabela 1 Quatro teorias de ética comparadas

	Deontologia	Consequencialismo	Pragmatismo	Ética da virtude
Princípios definidores	Certo ou Errado; os resultados não importam	Bem ou Mal; o bem maior para o maior número	Ecologia moral; mais de uma solução é possível	Decisões feitas com base na sabedoria e na virtude
Responsabilidade				
Pontos fortes e fracos	As regras dão um forte ponto de referência. Interpretação rigorosa das regras pode levar à injustiça.	O foco nos resultados nos liberta das restrições das regras. O foco nos resultados pode nos levar a burlar as regras para obter o resultado certo.	Prático, enfatiza as necessidades de uma determinada situação. A falta de guia pode tornar difícil saber o que é um comportamento correto.	Foco em si mesmo em vez de depender de regras formuladas pelos outros. Requer pessoas com determinada quantidade de virtude e sabedoria.

Bem e mal são novamente julgamentos morais subjetivos, mas não podemos escapar deles. O propósito de um negócio, afinal, é criar valor, e o valor é criado como consequência de nossas ações e decisões. Como líderes empresariais, somos todos consequencialistas até certo ponto. Ao mesmo tempo, devemos também ser pragmáticos. Temos de abordar cada situação pelos seus próprios méritos e tomar decisões com base no que será melhor naquele momento. E embora possamos zombar da ideia de que a "virtude" é antiquada e ultrapassada, parece cada vez mais claro que os princípios da virtude, como a bondade e a compaixão, podem muito bem estar enraizados na nossa psique, parte da misteriosa combinação eletroquímica do nosso cérebro. Ser virtuoso é natural para a maioria de nós.

O Grupo Tata, que leva a ética extremamente a sério, usa todas as quatro perspectivas descritas acima para construir e fortalecer sua própria posição ética. O Tata tem um código de ética deontológico, um documento que cada membro da organização lê e assina durante seu processo de adaptação. O Tata se refere constantemente a este documento e opera uma política de tolerância zero; com poucas exceções, qualquer pessoa que viole o código de ética é desligada imediatamente. Mas o Tata também enfatiza as consequências. Valoriza muito o bem que faz nos países e comunidades onde atua. Uma subsidiária do Tata, a relojoeira Titan, usa uma medida que chama de "vidas transformadas" para mostrar o efeito de suas políticas de responsabilidade social.

Há também um forte elemento de pragmatismo. Em vez de ter receitas fixas para comportamentos e ações morais e éticas, o Tata incentiva seus funcionários a "pensar eticamente" para que eles saibam o que fazer em qualquer situação. Um jovem contabilista, abordado por dois funcionários aduaneiros por suborno, não hesitou; telefonou imediatamente para a unidade de combate à corrupção da polícia nacional e ajudou os agentes a montar uma operação de emboscada, o que resultou na detenção dos agentes corruptos algumas semanas mais tarde. A primeira vez que o seu chefe soube disso foi quando os jornais locais o telefonaram pedindo comentários. Quanto à ética da virtude, o Tata se refere constantemente à sua própria história e aos princípios de seus fundadores, e procura inspiração e orientação para ajudá-los a permanecer no caminho certo. O resultado é uma organização com um dos mais altos perfis éticos do mundo, e uma marca extremamente poderosa e duradoura.[23]

A lição mais poderosa que se pode tirar do exemplo Tata, e o único fio condutor que atravessa todas as quatro escolas de pensamento, é a *responsabilidade moral*. Ser ético depende de nós. Não podemos passar a responsabilidade para os outros. Nem podemos usar códigos de conduta como muletas. A ideia de que "não há nenhuma lei contra isso, então vamos em frente", ou "se o código de conduta não proíbe, deve estar tudo bem", é um disparate. Os exemplos de fracasso ético que vimos no Capítulo 1 nem sempre envolveram violações legais (embora em alguns casos eles tenham claramente envolvido).

Responsabilidade moral significa avaliar cada decisão, cada ação e olhar para suas consequências morais. É isso que temos de fazer se quisermos colocar a ética no centro dos nossos modelos de negócio.

E DAÍ?

Qual é a importância disso tudo? Quem se importa se existem quatro escolas de pensamento sobre ética, ou quarenta? (Na verdade, provavelmente há perto de quarenta. Eu escolhi apenas algumas das mais importantes e comumente usadas. Agradeça.) Por que isso é importante para os líderes empresariais modernos?

Há dois pontos específicos sobre os quais temos de refletir antes de passarmos a uma discussão sobre liderança. O primeiro, que não será surpresa, é que a ética é muito mais complicada do que muitos de nós pensamos. Situações em preto e branco em que as decisões éticas são fáceis de tomar são, de fato, bastante raras. Muito mais comuns são os dilemas e paradoxos acima citados, como o caso do estaleiro Blackley ou o caso da ajuda externa, em que não existe um certo ou errado óbvio. Muitas vezes, qualquer solução dada ao problema será simultaneamente certa *e* errada. E isso, claro, apresenta problemas para o nosso líder ético. Como contornar estes problemas?

A resposta na maioria dos casos é que você não sabe. Como apontamos em *Leadership Paradoxes*, os paradoxos éticos não são problemas que possam ser resolvidos.[24] Eles simplesmente existem, e nós temos que aceitá-los como parte do cenário. Alguns problemas éticos estarão sempre conosco, e nunca irão embora. Faço esta observação para encorajá-lo a se afastar da ideia de que a "liderança ética" é simplesmente um caminho que podemos seguir ou um exercício que podemos realizar para nos tornarmos "mais éticos". Não é assim. Ser ético exige que compreendamos as diferentes dimensões descritas neste capítulo e aprendamos a pensar em todas elas.

PENSAMENTO ÉTICO

- Em uma dada situação, o que você acredita que constitui uma ação certa e errada? O que dizem as regras sobre o que é e não é permitido? Que ações você mesmo descreveria como morais ou imorais?

- Na mesma situação, o que acha que constitui um bom ou mau resultado? Quem será afetado pelas suas decisões? Qual será o impacto positivo sobre eles? Qual será o negativo?

- Quais alternativas existem? Se não houver alternativas imediatamente óbvias, você pode alterar os parâmetros da situação para desenvolver algumas?

- O que o seu coração te diz para fazer? O que você acredita, instintivamente, que deve ser feito? Ponha de lado suas aspirações e seus desejos pessoais; eles não importam. O que, em um mundo perfeito, você deveria fazer?

Em segundo lugar, há a questão da responsabilidade moral. Para colocar a ética no centro do modelo de negócio, temos que colocá-la primeiro no centro do nosso próprio pensamento. Cada decisão tem consequências éticas, e cada vez que tomamos uma decisão temos de considerar quais seriam essas consequências; se é instintivamente através da sabedoria inata, como gostaria Ajit Nayak, ou através da escolha deliberada, como aconselha Aristóteles, ou mais provavelmente através de uma combinação de ambas. A lição mais importante deste capítulo, então, é focar em si mesmo. Aprenda onde está sua própria bússola moral, estude suas próprias virtudes, saiba o que você acredita ser ético e onde estão seus limites. Marianne Jennings, professora de ética financeira na Universidade Estadual do Arizona, pergunta a seus alunos a cada ano qual é sua própria plataforma ética. Qual é a linha além da qual eles não iriam? Ela os impulsiona a pensar nisso, e a continuar a pensar nisso mais vezes à medida que as suas carreiras progridem. Isso faz parte de conhecer a sua própria bússola moral. Se você é firme em suas convicções morais, então nenhuma ameaça ou demanda por chantagem deve ser capaz de sacudir você. Essa é uma das razões pelas quais empresas como a McKinsey & Company, de consultoria de gestão, colocam tanta ênfase na ética, para que todos estejam cientes da posição ética e saibam o que fazer em qualquer situação. A McKinsey lembra constantemente seus funcionários quais são os seus valores fundamentais, mas ninguém fica sobre seus ombros verificando a toda hora se você está sendo ético. O ônus de ser ético recai sobre você, o consultor, e se você não conseguir cumprir os altos padrões da empresa, ai de você.

O guru da estratégia japonesa Kenichi Ohmae pediu aos líderes que pensassem em estratégia o tempo todo. Não se senta uma vez por ano para fazer um exercício de planejamento estratégico, disse ele; faça da estratégia parte da sua vida. Pensar em estratégia é como exercitar um músculo; quanto mais você se exercita, mais forte o músculo crescerá.[25] Eu diria que isso também se aplica à ética. Quanto mais você pensa sobre princípios éticos, mais fácil se torna incorporá-los em sua tomada de decisão diária. Faça isso com frequência suficiente, e depois de um tempo você pensará eticamente sem sequer ter consciência disso. Será tão natural como respirar.

ESTALEIRO BLACKLEY: O QUE ACONTECEU?

Depois de uma noite sem dormir em seu quarto de hotel, na manhã seguinte, Lawrence decidiu pagar o suborno. Ele transferiu do seu banco no Reino Unido, e o dinheiro foi transferido para Bucareste.

Pouco depois, ele conheceu o Ministro da Marinha e seus funcionários, e o contrato foi assinado como prometido. Lawrence retornou a Blackley e deu a boa notícia aos seus colegas diretores e à força de trabalho, que ficaram radiantes. No entanto, Lawrence não contou a ninguém sobre o suborno. O seu raciocínio era que, se fosse descoberto, assumiria a responsabilidade sozinho e ninguém mais na empresa sofreria.

Seis meses mais tarde, a embaixada britânica na Romênia apanhou um rumor de que uma empresa de construção naval britânica tinha pagado um suborno ao Ministro da Marinha para conseguir um contrato, e comunicou isso a Londres. Pouco depois, dois detetives da Scotland Yard chegaram a Blackley para interrogar Lawrence. Quando perguntado se havia pagado um suborno, Lawrence admitiu imediatamente, enfatizando que essa era sua própria decisão e que ninguém mais estava envolvido. Ele renunciou ao cargo de diretor-geral da empresa e vendeu a sua participação no negócio para os outros diretores, e foi preso e julgado. Como resultado da sua confissão de culpa e boa conduta geral, a sua sentença foi relativamente leve: dois anos de prisão. Ele também foi banido de ser um diretor de empresa para toda a vida. A sua carreira foi arruinada.

O estaleiro Blackley construiu os dois petroleiros e entregou-os dentro do prazo. Quando o trabalho foi concluído, o mercado de transporte marítimo estava se fortalecendo novamente, e novos pedidos começaram a chegar. Poucos anos depois, a expansão da Marinha Real proporcionou ainda mais trabalho. Blackley continuou a prosperar após a guerra até que foi nacionalizado em 1977 e incorporado à British Shipbuilders.

De acordo com o seu próprio testemunho, Lawrence ficou convencido de que tinha feito a coisa certa. Sua opinião era a de que ele era responsável pela empresa, por seu povo e pela cidade, e que, como seu líder, era seu papel se sacrificar por eles, se necessário. Ele sabia que estava infringindo a lei, mas considerou-se justificado. Mas as perguntas permanecem. Será que ele considerou o impacto que as suas ações teriam na Romênia? Como ele tentou desenvolver alternativas? E ele realmente não se arrependeu? Ele estava feliz que o resto do mundo o consideraria um indivíduo corrupto e condenado como criminoso? Isso realmente não deixou cicatrizes?

3
PROPÓSITO E VALOR: COMO SE FAZ UM LÍDER ÉTICO?

Assim como a ética, há muitos pontos de vista concorrentes sobre o que constitui liderança e quase tantas definições de liderança quanto os estudiosos que se dedicam ao assunto. Geralmente, tenho seguido a visão geral de que a tarefa do líder é orientar e direcionar a organização para seus objetivos. Em *Exploring Leadership*, Richard Bolden e seus colegas definem liderança como "um processo de influência social para orientar, estruturar e/ou facilitar comportamentos, atividades e/ ou relacionamentos para a realização de objetivos compartilhados"; um pouco longa, mas uma definição tão precisa quanto qualquer outra que eu tenha sido capaz de encontrar.[1]

A definição de Bolden et al. é construída em torno de duas ideias importantes. A primeira é a noção de liderança como um *processo de influência social*. Os líderes não alcançam os objetivos sozinhos; eles precisam do apoio e dos esforços dos outros. As abordagens tradicionais à liderança assumem que os líderes reúnem seguidores e depois lhes dão ordens, que os seguidores executam mais ou menos de bom grado. Teorias mais recentes sugerem que o processo é mais complexo e sutil, e que os líderes exercem influência sobre seus seguidores em uma variedade de formas, a fim de reuni-los para alcançar as metas. Alfred Sloan, o lendário presidente da General Motors durante seus anos de crescimento nos anos 1920 e 1930, insistiu positivamente que seus colegas debatessem e discutissem suas ideias antes de chegar a uma decisão final. Em uma reunião do conselho, quando parecia que os diretores estavam prontos para acenar positivamente para uma de suas propostas, Sloan ficou levemente irritado. "Imagino que os senhores estão todos de acordo", disse ele. "Portanto, proponho que este ponto volte a ser inscrito na ordem do dia da próxima reunião e, enquanto isso, podemos todos pensar em algumas razões para discordarmos?" Há também formas não verbais de influência, como liderar pelo exemplo.

O segundo ponto é a realização de objetivos compartilhados. Muitos estudiosos de liderança aconselham que é tarefa do líder estabelecer as metas e depois comunicá-las ao resto da organização. Por exemplo, em *Leading Change*, o influente estudioso de liderança John Kotter coloca "desenvolvendo uma visão e uma estratégia" e "comunicando a visão da mudança" no centro da tarefa do líder.[2] Outros discordam, afirmando que é importante que a visão surja da organização e dos seus valores, em vez de ser imposta a partir do topo. Thomas North Whitehead, por exemplo, pinta um quadro de organizações que se unem em torno de um conjunto de metas comumente compartilhadas:

> Os homens [sic] buscam a sociedade de seus semelhantes, mas precisam de algo mais do que mera paridade física. Para serem satisfatórias, as relações sociais devem prover atividades comuns que conduzam a um prazer imediato no exercício das capacidades e dos sentimentos sociais, e que sejam também logicamente ordenadas em termos de uma finalidade ulterior; por estes meios, relações estáveis entre as pessoas se estabelecem. A finalidade ulterior é contribuir para a situação social futura.[3]

Não importa quem define os objetivos e metas da organização, eles devem ser compartilhados e acordados pelos seus membros, que são capazes de identificar os objetivos da organização como seus próprios. Somente então seus funcionários trabalharão voluntariamente para ter os objetivos alcançados.

Claro, alcançar objetivos comuns e a influência social nem sempre são éticas. O conceito de liderança escura, muito discutido hoje em dia, nos lembra que os líderes também podem usar seu poder e influência para fins antiéticos e malignos.[4] Liderança ética, nas palavras de Christian Resick e seus colegas, significa, portanto, "liderar de maneira a respeitar os direitos e a dignidade dos outros".[5] O papel de líderes éticos é garantir que tanto eles próprios como as suas organizações se conduzam de forma ética. O líder tem, portanto, duas tarefas:

- Comportar-se eticamente.
- Convencer os outros a se comportarem eticamente.

Em termos práticos, "comportar-se eticamente" significa construir o pensamento ético em nossas ações e decisões e de negócios e garantir que através de nosso trabalho criamos valor positivo para os outros, enquanto "convencer os outros a se comportarem eticamente" significa aproveitar o poder da equipe para que todos estejam trabalhando com o mesmo objetivo de criar valor positivo.

Isso poderia ser visto como uma abordagem puramente consequencialista; obter o melhor resultado, não importa quais sejam os métodos. Mas a abordagem pragmática nos diz que os métodos e o resultado não podem ser separados. As decisões que tomamos, os comportamentos que exibimos, as coisas que fazemos na busca para alcançar nossos objetivos têm consequências e podem acrescentar ou diminuir o valor que estamos tentando criar. Uma política rigorosa de não tolerância em relação ao suborno aumentará a reputação de uma empresa e as pessoas a perceberão como sendo mais confiável. Em contraste, os usuários de redes sociais agora se perguntam se realmente podem confiar no Facebook, o que prejudica a reputação e destrói o valor.

Qual é, você pode perguntar, a diferença entre isso e a liderança "comum"? A resposta é: não muito. Isso é o que os líderes devem fazer, o dia todo, todos os dias. E se eles não estão fazendo, então deveríamos responsabilizá-los e lhes perguntar por quê.

O PODER DOS RELACIONAMENTOS

Dois outros aspectos da liderança são importantes para esta discussão, a saber:

- A liderança é distribuída.
- A liderança é relacional.

A maioria das pessoas, quando fala de liderança, pensa na C-*suite* (ceo, coo etc.). Líderes são diretores, membros do conselho ou executivos seniores, com grandes escritórios e ternos caros e equipes de pessoas correndo para cumprir suas ordens. Na verdade, a liderança é distribuída por toda a organização. Há líderes por todo lado. Qualquer pessoa que seja chefe de uma equipe, qualquer pessoa que tenha outras pessoas reportando a ela, é um líder. É claro que esses líderes também têm líderes próprios, pessoas mais graduadas e acima na hierarquia a quem se reportam, e até mesmo o chefe executivo de uma empresa pública tem um líder; o presidente do conselho de administração, perante quem ele ou ela é responsável. John Kotter fez uma distinção entre liderança — estabelecendo a visão e os objetivos — e gestão — fazendo as coisas acontecerem —, mas enquanto na teoria estas são tarefas separadas, na prática, geralmente as mesmas pessoas são responsáveis por realizá-las. Lideramos e gerimos ao mesmo tempo.[6]

Isso é importante, porque todos são responsáveis pela ética. Qualquer organização onde, quando questionada sobre ética, as pessoas dos escalões mais baixos encolhem os ombros e dizem, "isso é o trabalho do patrão, não tem nada a ver comigo", está em apuros. Cada um tem de assumir a responsabilidade pelo seu próprio comportamento ético; para seguir Aristóteles, cada um tem de cultivar as suas próprias virtudes e tomar as suas próprias decisões éticas. Encorajar todos a assumir essa responsabilidade e não se esquivar dela é uma parte importante da tarefa do líder ético.

E, em segundo lugar, a liderança é uma questão de relacionamentos. Reiterando a observação feita acima, os líderes isolados conseguem muito pouco. Em *Guerra e Paz*, Leon Tolstói fala sobre a impotência dos líderes sem os esforços de seus apoiadores. Temos uma imagem de líderes como estando no controle, guiando a organização através de grandes crises em direção aos seus objetivos, mas, na realidade, diz ele, a maioria dos líderes tem muito pouca ideia do que está acontecendo ao seu redor e deve confiar que seus apoiadores e seguidores estão fazendo o que devem fazer.[7]

A socióloga e guru da administração Mary Parker Follett fez um comentário semelhante em seu livro *Creative Experience*, argumentando que o "controle" é de fato uma ilusão, e que nós só conseguimos as coisas através da coordenação dos esforços de outros.[8] Mais recentemente, John Lawlor e Jeff Gold explicaram como a maioria dos líderes opera em uma espécie de "nevoeiro" e não controla realmente o que lidera.[9]

Em *Exploring Leadership*, Richard Bolden e seus colegas oferecem a visão de que a liderança, em vez de ser inerente a uma pessoa ou a um grupo, é de fato uma espécie de espaço social que abrange líderes e seguidores. Em vez de ser uma força, traço ou característica, a liderança é um processo. É algo que é feito por pessoas que trabalham juntas, uma espécie de interação entre líderes e seguidores.

Isso também é importante porque também podemos conceber a ética da mesma forma. Se vivêssemos sozinhos em pequenas bolhas, incapazes de afetar outras pessoas ou o ambiente ao nosso redor por meio de nossas ações, talvez não houvesse necessidade de ética alguma, porque não poderíamos fazer bem ou mal a ninguém. A única pessoa que poderia sentir prazer ou dor seríamos nós mesmos. Mas não vivemos em bolhas; vivemos em sociedades onde estamos muito ligados às pessoas à nossa volta e as ações têm consequências. O filósofo francês Emmanuel Levinas argumentou que, assim como o conceito de liderança de Bolden, a ética funciona através de um processo de relacionamentos.[10]

Todos os relacionamentos têm um componente ético, mas os relacionamentos são também o veículo através do qual o nosso comportamento ético — ou antiético — afeta os outros. Os usuários do Facebook foram afetados pela quebra de confiança por meio do relacionamento que tinham com a rede social; os fãs de críquete australiano ficaram chateados porque as notícias de adulteração da bola afetaram o relacionamento que tinham com seu time e assim por diante.

PROPÓSITO E VALOR

Sou uma pessoa bastante pacífica e não atiro coisas na televisão, mas cheguei perto disso há alguns anos, quando um dos membros do painel da série da bbc *Dragon's Den* declarou pomposamente que "o objetivo de um negócio é fazer dinheiro". Isso é um absurdo tão palpável que me perguntei por um momento como o homem que disse isso poderia ser tão bem-sucedido quanto parecia. Cheguei à conclusão de que ele estava (a) bêbado ou (b) dizendo algo que ele não acreditava realmente, talvez para expor algum tipo de pensamento para as pessoas pedindo por seu investimento.

Já falei sobre este assunto em outro lugar, e não pretendo voltar a ele em nenhum detalhe agora.[11] Vou me contentar em reiterar que o verdadeiro objetivo do negócio é criar valor. Se as empresas criarem valor para os seus clientes de forma consistente e gerirem o processo de forma eficiente e eficaz, então ganharão dinheiro. O lucro não é uma meta; é um subproduto do processo de criação de valor, a sua recompensa pelo bom trabalho que fez.

Definir o seu propósito significa examinar o seu negócio para ver que valor você está criando para as partes interessadas. Olhe para ele do ponto de vista deles. O que é que eles pensam de você? Por que eles consideram o seu negócio útil ou valioso para eles? O que faz por eles? Se você puder responder a essas perguntas, então você está a caminho de definir qual é o seu propósito. Como veremos quando discutirmos a cadeia de valor ética, isso é de vital importância.

Essa noção de propósito é muito importante e é central para o conceito de líder ético. O propósito nos diz para que serve o negócio, porque ele existe e que valor ele pretende criar. O que o propósito de um negócio pode ser nem sempre é imediatamente óbvio, e um erro comum é confundir propósito com função. O professor da Harvard Business School, Theodore Levitt, famosamente observou uma vez que as empresas ferroviárias pensavam que estavam no negócio *ferroviário* e competiam entre si. Na realidade, eles eram o negócio de *transporte* e seus verdadeiros concorrentes eram formas alternativas de transporte; companhias aéreas, empresas de transporte rodoviário e assim por diante.[12]

Hoje podemos fazer praticamente a mesma observação sobre as companhias petrolíferas, que continuam a agir como se estivessem na indústria *petrolífera*, quando na realidade estão na indústria de *energia*. Um dia, terão de acordar para o fato de que as fontes alternativas de energia estão emergindo rapidamente como novos concorrentes. (Claro, a maior parte das empresas petrolíferas agora se interessa por energias renováveis, mas esses empreendimentos são uma fração minúscula de seu esforço geral.) Esperemos, para bem deles e da estabilidade dos mercados de ações do mundo, que não acordem demasiado tarde.

Outro erro comum é privilegiar um determinado grupo das partes interessadas, os acionistas, e definir objetivos de acordo com seus desejos e necessidades. A filosofia da maximização do valor dos acionistas, segundo a qual todas as outras necessidades do negócio são consideradas subordinadas ao objetivo de criar riqueza para os acionistas, é particularmente perniciosa nos Estados Unidos, mas também continua a ser comum na Grã-Bretanha, mesmo que esteja desaparecendo em outro lugar. Em seu livro *The Independent Director*, Gerry Brown chama nossa atenção para a pesquisa americana, indicando que a maioria dos diretores estaria disposta a tomar decisões que seriam ruins para o negócio — e por implicação para seus clientes e funcionários — se o resultado também levasse a uma maior riqueza para os acionistas.[13]

É verdade que as empresas têm uma responsabilidade fiduciária de devolver valor aos acionistas, mas a lei insiste que o façam em detrimento dos clientes, dos trabalhadores ou da sociedade em geral. A lógica nos diz que um negócio forte e financeiramente sustentável que goza da lealdade dos seus colaboradores, da confiança dos seus clientes e do respeito da sociedade em geral irá, com o tempo, gerar mais riqueza para os acionistas do que aquele que fica preso no fogo do seu próprio comportamento antiético e queima até apagar (um ponto ao qual voltaremos mais adiante neste livro). Os cinco casos discutidos no Capítulo 1 resultaram em perdas consideráveis de valor potencial para os acionistas. Volto a repetir: ser ético irá ajudá-lo a ganhar mais dinheiro, especialmente em longo prazo.

DE VOLTA PARA O FUTURO

A criação de valor para todas as partes interessadas é — ou deveria ser — o princípio orientador de qualquer negócio. Isso também não é uma ideia nova. Eu certamente não o inventei, nem alguém que vive nos dias de hoje. Nos últimos 2 mil anos ou mais, estudiosos, escritores, filósofos, economistas e empresários têm falado sobre esse mesmo conceito. Voltemos a um texto chinês antigo, o *Daxue*, ou "Grande Aprendizagem":

> O homem superior deve ter cuidado com a sua virtude primeiro. Tendo virtude, haverá o homem. Tendo o homem, haverá a terra. Tendo a terra, haverá riqueza. Tendo a riqueza, haverá o seu uso. *A virtude é a raiz, e a riqueza é apenas o seu resultado* [itálico meu].[14]

No século xiv, o estudioso e escritor tunisino Ibn Khaldun escreveu que "todos os mercados respondem às necessidades do povo" e descreveu os empresários como geradores de riqueza cuja tarefa era assegurar que a prosperidade se espalhasse entre o povo e que este tivesse acesso aos bens e serviços de que necessitava. Uma visão muito semelhante havia sido adotada pelo estudioso religioso São Tomás de Aquino, que elogiava os comerciantes por atenderem às necessidades do povo.[15]

Adam Smith sentia o mesmo. Ao longo das últimas décadas, Smith foi sequestrado por economistas neoliberais que afirmam — com base na má interpretação de algumas passagens de *A Riqueza das Nações* — que Smith acreditava que o egoísmo era uma virtude.

Smith não acreditava nisso. Ele era um professor de filosofia moral que pensava e escrevia muito sobre ética. Ele é lembrado hoje por *A Riqueza das Nações*, mas em sua própria época ele era provavelmente mais conhecido por seu livro pensativo e inteligente *A Teoria dos Sentimentos Morais*.[16] "O homem é dotado de um desejo de bem-estar e preservação da sociedade", ele declarou, acrescentando que "as pessoas sempre precisam umas das outras". Ele escreveu extensivamente sobre o princípio da "simpatia", a necessidade de entender as outras pessoas e seus sentimentos, desejos e necessidades, e muito antes da neurociência confirmar isso, ele argumentou que as pessoas são motivadas a agir de forma a conquistar a aprovação dos outros.

Smith acreditava que os proprietários de empresas deveriam desejar fazer o bem, em parte para obter aprovação e reconhecimento na sociedade como pessoas boas, e em parte por interesse próprio; se tratarmos os outros de forma justa e honrada, eles farão o mesmo conosco, ou, como diz o velho ditado, tudo que vai, volta. Independentemente de qual motivo seja mais importante, o propósito do negócio ainda é o mesmo: criar valor através do atendimento às necessidades das pessoas.

ROWNTREE-ISMO

Uma das maiores e mais sistemáticas tentativas de conectar negócios mais fortemente com a sociedade foi empreendida pelas Conferências de Gestão Rowntree, mencionadas acima. Organizadas por Benjamin Seebohm Rowntree, chefe do epônimo chocolateiro de York, as conferências foram realizadas entre 1919 e 1939, principalmente no Balliol College, em Oxford, e reuniram um amplo espectro da vida intelectual britânica: líderes empresariais, políticos, líderes trabalhistas, cientistas naturais, psicólogos, economistas, educadores, líderes religiosos, artistas e designers. Centenas de trabalhos foram apresentados nas conferências ao longo de vinte anos, e a maioria teve um tema em comum: estamos todos juntos nisto.

"A velha ideia de que uma empresa é inteiramente dominada por e deve ser gerida inteiramente para atender aos interesses daqueles que contribuem com o capital deve ser abandonada", diz Arthur Lowes--Dickinson, contabilista sênior da Price Waterhouse,

> e o fato admitido, de que para alcançar um sucesso real e duradouro, sem atritos e disputas, uma empresa é realmente uma parceria entre aqueles que se comprometem com o capital sob qualquer forma, aqueles que gerenciam a empresa nos seus diferentes departamentos, e aqueles por cujo trabalho, sob a orientação da administração, os produtos são produzidos e descartados.[17]

Outro palestrante, o piloto-de-corrida-que-virou-homem-de-negócios Gordon England, disse que "a indústria é a força vital da civilização, sem a qual seria impossível para a humanidade seguir em frente".

> Gostaria de sugerir que o propósito máximo da indústria... é criar paz na Terra entre homens de boa vontade. A boa vontade é a base de todo o esforço humano construtivo; não há nada realmente construtivo que possamos realizar sem boa vontade... Toda a indústria se torna algo muito nobre, algo que vale muito a pena e com o qual podemos nos orgulhar de estarmos conectados. Não se trata de um esforço sórdido, ganancioso e egoísta, mas de uma tarefa para o reformador, o profeta e o pioneiro — uma tarefa que precisa tanto de santos e heróis como de "homens de negócios sólidos".[18]

John Lee, ex-executivo sênior da Post Office e consultor altamente respeitado na Europa e na América, apresentou sua própria visão da ética. A indústria enfatiza a interdependência de todos os homens e assume o desenvolvimento constante do homem, disse ele. "A indústria é o que proporciona o desenvolvimento extensivo e intensivo da humanidade na sua relação com a utilização dos produtos da natureza." A indústria faz de nós pessoas melhores; eleva o nosso nível de vida, nos faz mais ricos, produz coisas boas que beneficiam a sociedade, e tanto o ato de trabalhar como o ato de consumir fazem de nós pessoas melhores. "O que me parece certo é que houve uma expansão do caráter humano, um crescimento na bondade da visão, um desejo de justiça em recompensa, e que nas comodidades da vida para todas as classes como um todo houve um avanço."[19]

Esses são apenas alguns exemplos de centenas de estudos. As ideias da conferência foram destiladas por dois de seus organizadores e ex-funcionários da Rowntree, Oliver Sheldon e Lyndall Urwick. Em seu livro *The Philosophy of Industry*, Sheldon deixa clara a posição ética: a indústria existe apenas para o serviço da comunidade. Tanto a produção como o consumo são, em última análise, guiados pelas necessidades da comunidade. Os bens não podem ser produzidos ou vendidos sem que haja procura por parte da sociedade. Há, portanto, uma dimensão ética embutida no cerne de cada empresa; cada empresa existe principalmente, se não exclusivamente, para satisfazer necessidades humanas e sociais. Sheldon refere-se ao a isso como a "doutrina do serviço", o que significa que as empresas existem principalmente para servir sua comunidade. A ética e a responsabilidade social, na opinião de Sheldon, não são um complemento ao negócio e à gestão. Fazem parte da filosofia central.[20]

Lyndall Urwick, que se tornou um dos fundadores da consultoria de gestão e a figura intelectual mais importante da história da administração britânica, pensou que as conferências pressagiaram uma nova era nos negócios, com velhas atitudes ultrapassadas varridas para longe e substituídas por um novo paradigma mais cooperativo e colaborativo baseado com solidez na ética empresarial:

Ainda é muito cedo para dizer quais serão as novas formas desenvolvidas pelas empresas e pela ciência trabalhando em cooperação. O conhecimento dos fatos é insuficiente. O pensamento e a experiência são igualmente dificultados por convenções e práticas tradicionais ultrapassadas. Uma coisa é certa. Eles terão pouca semelhança com as formas do passado ou com as estruturas imaginativas que os teóricos tentaram forçar sobre o mundo.[21]

Chamei essa coleção de ideias de "Rowntree-ismo" porque, depois de estudar esses artigos nos últimos dois anos, parece claro que Seebohm Rowntree, Urwick, Sheldon e os seus colegas estavam realmente tentando criar uma forma de olhar para o mundo e conectar as empresas mais fortemente à sociedade. Até certo ponto, eles estavam agindo contra o advento da era das máquinas, que eles viram como desumanizante, desligando os negócios das pessoas e transformando-os em uma questão de engrenagens, rodas e números. Eles não estavam sozinhos; outros escreviam na mesma linha. Mary Parker Follett alertou para os perigos de esquecer que as empresas eram organizações sociais, intimamente ligadas a uma sociedade maior. O escritor francês Georges Duhamel ficou alarmado com a erosão do sentimento e da emoção humana nos negócios e na sociedade em geral, e com a ascensão de uma visão cada vez mais mecânica da vida.[22]

PESSOAS DE PRINCÍPIOS

Estas não eram apenas ideias teóricas. Muitos líderes empresariais levaram esses princípios a sério e tentaram empregá-los em seus próprios negócios.

Associamos o final do século XIX e início do século XX com uma era sombria de chaminés e *workhouses*, extremos de riqueza e pobreza, autoridades brutais e barões ladrões. Esta foi, naturalmente, a era dos Rockefellers e Vanderbilts, Andrew Carnegie e J.P. Morgan, homens que usaram seu poder impiedosamente para alcançar seus objetivos. Mas esses homens nem sempre foram populares, e a punição chegou para alguns deles, pelo menos. A opinião pública se virou violentamente contra os Rockefellers; o seu império empresarial foi destruído pelo governo e eles foram forçados a doar metade da sua fortuna de um bilhão de dólares à caridade, numa tentativa de restaurar a sua reputação devastada.

Mas muitos outros líderes empresariais trabalharam arduamente para melhorar a vida de seus trabalhadores e mudar o mundo ao seu redor. Vou dar apenas alguns exemplos.

CADBURY: COLABORAÇÃO EM AÇÃO

George Cadbury e seu filho Edward, fabricantes de chocolate Quaker de Birmingham, estabeleceram o que ainda é talvez o padrão de ouro. Hoje associamos o chocolate à cárie dentária e à obesidade, mas no século xix o chocolate era visto como um alimento saudável e nutritivo; o leite achocolatado, em particular, era visto como uma forma eficaz de levar as crianças a consumir leite, ingerir cálcio e outros nutrientes vitais.

Os Cadburys são lembrados hoje principalmente por sua filantropia, incluindo a provisão de moradia, educação e assistência médica a seus trabalhadores, mas a filantropia era apenas a ponta do iceberg. Os Cadburys consideravam a sua empresa como parte da comunidade, uma colaboração entre eles, seus trabalhadores e seus clientes. A ligação entre os trabalhadores e os proprietários em particular era muito próxima. O próprio George Cadbury lecionava todas as semanas na escola que estabeleceu para os filhos dos seus trabalhadores. Edward trabalhou de perto com os próprios funcionários, consultando-os e ouvindo suas opiniões.

A empresa criou duas comissões de trabalhadores — uma para os trabalhadores homens e outra para as mulheres — com representação da direção, dos chefes das seções e dos funcionários do chão da fábrica. Os membros da comissão foram eleitos pelos seus pares, e eles tinham controle total sobre todas as decisões importantes tomadas pela empresa, com o poder de rejeitar decisões que não consideravam benéficas para a empresa.

A ideia de um comitê segregado de mulheres pode parecer anátema hoje, mas as coisas eram diferentes naquela época; lembre-se de que as mulheres na Inglaterra não tinham sequer o direito de votar até 1918, e então apenas em uma franquia limitada. Edward Cadbury sabia perfeitamente que as mulheres trabalhadoras não tinham o mesmo poder que os homens, e sabia que, se homens e mulheres servissem juntos numa comissão, os homens simplesmente falariam por cima das mulheres, interrompendo-as, e estas não teriam voz. O objetivo do comitê de mulheres era assegurar que suas vozes fossem ouvidas; e para garantir que o comitê fosse levado a sério, ele mesmo atuou como seu presidente desde a fundação do comitê até se aposentar.[23]

JOHN LEWIS: COMPARTILHANDO CONHECIMENTO E PODER

John Spedan Lewis, dono de uma loja de departamentos, deu um passo além. Herdando de seu pai uma empresa relativamente pequena sediada em Londres, Lewis dedicou-se à construção da empresa, mas em 1927 sofreu um grave acidente que o manteve afastado do trabalho durante meses. Convalescendo em casa, ele fez uma observação interessante. Durante a sua ausência, os lucros e as vendas continuaram a aumentar e o negócio funcionou eficientemente e bem sem ele. Em um momento de epifania, Lewis percebeu que as pessoas que realmente fizeram o negócio funcionar, a sala de máquinas da sua prosperidade, não eram ele mesmo e a equipe executiva, mas os trabalhadores no chão da fábrica; trabalhadores que eram pagos uma pequena ninharia em comparação com o que ele próprio ganhava do negócio.

Lewis resolveu que as pessoas que faziam o negócio também deveriam compartilhar de sua prosperidade. Naquela época, os planos de participação nos lucros eram comuns, mas Lewis achou que isso não era suficiente. Assim como o dinheiro, argumentou ele, a verdadeira felicidade requer que as pessoas tenham acesso ao conhecimento e tenham um grau de controle sobre suas próprias vidas. Os trabalhadores não devem apenas ter participação nos lucros, mas também nos benefícios da propriedade. O resultado foi a John Lewis Partnership, através da qual as ações foram entregues a trabalhadores que, através de uma série de comitês locais, regionais e nacionais, supervisionavam o conselho de administração e influenciavam a estratégia e a política empresarial. A Partnership existe até hoje.

Um dos elementos-chave da filosofia de Lewis era o compartilhamento do poder e, especialmente, do conhecimento. "O compartilhamento dos conhecimentos de gestão é indispensável", escreveu mais tarde, "não apenas para compartilhar do poder, mas também da felicidade."[24] Na opinião de Lewis, a felicidade era o objetivo principal. Os negócios existem apenas para promover a felicidade humana, entre funcionários e clientes e na comunidade.

SINCERE: TRADIÇÃO E VALORES

O empresário chinês Ma Ying-piao, também dono de uma loja de departamentos, tinha uma visão semelhante. Fundou a loja de departamentos Sincere em Hong Kong em 1899, onde existe até hoje. Na sua opinião, a melhor forma de promover a felicidade era, em parte, através do fornecimento de bens e serviços de alta qualidade para difundir a riqueza e, em parte, através da educação. Como Cadbury, Sincere tinha uma escola de trabalho para os funcionários e seus filhos, e Ma saía de seu escritório várias vezes por semana para ensinar na escola. O negócio era ao mesmo tempo muito tradicional e muito moderno, uma mistura de paternalismo confucionista, valores cristãos, métodos de contabilidade e organização ocidentais e uma profunda ligação à cultura tradicional chinesa. A combinação revelou-se potente, resultando numa profunda fidelização por parte dos clientes e colaboradores.[25]

TATA: O QUE VEM DAS PESSOAS VOLTA PARA AS PESSOAS

Na Índia, Jamsetji Nusserwanji Tata fundou seu primeiro negócio, Empire Mills, com os mesmos princípios. Tata pagava bem seus empregados e, muito antes de seu tempo, também oferecia benefícios como falta abonada, férias remuneradas e licença maternidade. Mais tarde, ao estabelecer a Tata Iron and Steel Company (a precursora da atual Tata Steel), construiu uma cidade planejada para seus empregados, influenciada por exemplos como Saltaire e o movimento Garden City, assegurando que os trabalhadores e suas famílias estavam confortáveis e tinham acesso a saúde, educação, locais de culto e instalações recreativas.

Tata fez tudo isso não porque fosse um patrono benevolente ou porque a caridade o fazia sentir-se bem, mas porque reconhecia, em suas próprias palavras, que os trabalhadores "eram a fundação segura de toda a nossa prosperidade". O seu lema, e na verdade um dos lemas do Grupo Tata hoje, é: "o que vem das pessoas, volta para as pessoas".[26]

> Continuamos a gozar de prosperidade, mesmo com tempos adversos para combater. As nossas relações com todos os interessados são as mais amigáveis. Mantivemos o caráter para lidar diretamente com nossos eleitores e clientes. As nossas produções continuam sendo da mesma qualidade alta e, por isso, têm a melhor reputação e os preços mais elevados... Menciono esses fatos apenas para salientar que, com princípios honestos e diretos de negócios, atenção cuidadosa aos detalhes e a capacidade de aproveitar as oportunidades e circunstâncias favoráveis, há espaço para o sucesso.
>
> — Jamsetji N. Tata[27]

Tata, Ma, Lewis e os Cadburys eram fonte de inspiração e admiração. E não estavam sozinhos; muitos outros seguiram o seu exemplo na época. Na verdade, alguns continuam a fazê-lo hoje em dia. Paul Polman, CEO da Unilever, foi elogiado por seu compromisso com o crescimento sustentável e seus planos para aumentar a presença da empresa em mercados emergentes como forma de auxiliar o desenvolvimento. Ricardo Semler, proprietário da empresa brasileira de indústria leve Semco, chegou à mesma conclusão que John Spedan Lewis; seus trabalhadores eram capazes de administrar a empresa sem ele. Sua resposta foi quebrar a hierarquia e tornar todos na empresa responsáveis por seus próprios planos de trabalho e orçamentos. No Reino Unido, em abril de 2018, Guy Watson, proprietário da altamente bem-sucedida produtora de vegetais orgânicos Riverford Farms, anunciou planos para entregar a propriedade da empresa a seus funcionários, novamente com o argumento de que eram eles que criavam o valor e, portanto, deveriam participar dos lucros.[28]

O conceito de ecologia moral sugere que há muitas maneiras de ser um líder ético. Qual caminho escolher é decisão sua. Seus próprios princípios éticos e prioridades irão entrar na decisão, assim como o objetivo principal e as necessidades do negócio. Como veremos, os diferentes grupos de partes interessadas têm prioridades diferentes, e suas necessidades também têm de ser equilibradas. Você não tem que dar o negócio para os seus funcionários, ou devolver a responsabilidade aos trabalhadores, ou comprometer-se com a sustentabilidade; estas são apenas algumas das maneiras pelas quais os líderes éticos podem colocar seus princípios em prática.

CORAGEM MORAL

Nem todos aprovam. Algumas pessoas aplaudem Paul Polman, mas outras, incluindo alguns dos seus acionistas, preferem jogar tijolos. Sua maneira de pensar sobre negócios é contrária ao princípio da maximização do valor do acionista (embora ao longo de seu mandato, a Unilever tenha obtido bons lucros e o preço das ações tenha melhorado constantemente). Polman está desafiando a ortodoxia dominante sobre como e por que os negócios devem ser administrados, e muitas pessoas ficam profundamente desconfortáveis com isso.

Quando Guy Watson anunciou seu plano de dar ações da empresa para seus funcionários, alguns ficaram surpresos e francamente intrigados; por que Guy iria querer fazer isso? O que é que ele ganharia com isso?[29] Ricardo Semler foi apelidado de rebelde por seu colega líder empresarial — um título que ele carrega com muito orgulho — e a ideia de autogestão dos empregados foi ridicularizada como inoperável e impraticável.[30] Apenas nos últimos anos algumas empresas de tecnologia começaram a seguir o exemplo da Semler. Houve várias tentativas de desmantelar a John Lewis Partnership e de tornar a empresa pública, alegando que o modelo de participação dos trabalhadores no capital da empresa é antiquado e desatualizado.[31]

Ser um líder ético requer coragem moral. Nem todos vão aprovar o que você faz. Quando Robert Owen descobriu que cortar as horas dos seus operários de catorze horas por dia para dez e meia resultou em redução da fadiga e melhora da saúde e, portanto, em um aumento na produtividade, ele escreveu para seus colegas fabricantes e os aconselhou a seguir seu exemplo e reduzir as horas. Os outros donos de moinhos responderam com fúria. Como Owen se atreve a reduzir as horas dos operários? Como ele se atreve a tratá-los com bondade e compaixão? Os trabalhadores eram as camadas inferiores da humanidade, e seu propósito na vida era serem explorados e sobrecarregados até a morte prematura. Alguns anos mais tarde, os colegas diretores de Owen tentaram removê-lo de sua própria empresa com o argumento de que ele estava gastando muito dinheiro na educação dos filhos dos trabalhadores. Não é de se admirar que, mais tarde, Owen tenha se tornado um socialista.

Há riscos e custos em ser ético, e haverá momentos em que os negócios vão azedar ou os contratos não serão adjudicados porque não estamos dispostos a comportar-nos de forma antiética. O empresário indiano N.R. Narayana Murthy, fundador da Infosys, deu de ombros: "Prefiro perder cem milhões de dólares do que uma noite de sono", disse ele.

O falecido Ian Rae, que dirigiu uma empresa de impressão e publicação em Hong Kong por muitos anos, me disse uma vez que sabia que tinha perdido negócios por não pagar subornos, mas que tinha ganhado negócios também; as pessoas respeitavam um homem honesto e queriam fazer negócios com ele. Se ele tivesse pagado subornos, a palavra teria sido espalhada e ele teria sido marcado como um homem corrupto. Ser ético, disse ele, era arriscado, mas era muito menos arriscado do que ser antiético.

PRINCÍPIOS DA LIDERANÇA ÉTICA

- Defina seu propósito de acordo com o valor criado para os outros.
- Os fins e os meios são inseparáveis em termos éticos; o valor é criado através de ações.
- Lidere pelo exemplo; faça o que diz.
- Incentive os outros a assumir a responsabilidade por seu próprio comportamento ético.
- Use relacionamentos para transmitir padrões éticos e definir o tom.
- Há mais de uma maneira de liderar eticamente; a forma como você lidera depende do propósito da organização e das necessidades de suas partes interessadas.
- A coragem moral será necessária.

Em suma, o líder ético é alguém que exerce a liderança de forma ética, equilibrando as necessidades das partes interessadas para criar a maior quantidade possível de valor e entregar o máximo de bem possível. Vejamos a seguir como esse valor é criado e fornecido.

4

TRANSFORMANDO PRINCÍPIOS ÉTICOS EM VALOR

A Figura 1 mostra o *processo de criação de valor*, descrevendo as etapas através das quais o valor é criado para vários grupos das partes interessadas. Como tal, representa metade do nosso modelo de liderança ética. A outra metade, a *cadeia de valor ética*, mostra o que os líderes éticos fazem para liderar e gerenciar esse processo. Chegaremos à cadeia de valor no próximo capítulo. Por enquanto, vamos desmontar o processo de criação de valor e ver como ele funciona.

O processo tem origem em um estudo sobre a marca corporativa do Grupo Tata que eu realizei há cerca de dez anos.[1] Ele foi aperfeiçoado e desenvolvido através do estudo de outras corporações que têm um forte propósito ético, incluindo McKinsey e John Lewis e exemplos históricos como os irmãos Cadbury e H.J. Heinz. Vou me referir a algumas dessas empresas à medida que avançamos, bem como a outros exemplos menos éticos para mostrar o que acontece quando o processo é interrompido.

É importante lembrar que cada passo neste processo deve funcionar. O processo em si é um todo orgânico. Se um elemento dá errado ou é omitido, então todo o processo entra em colapso e o valor positivo começa a se transformar em externalidades negativas.

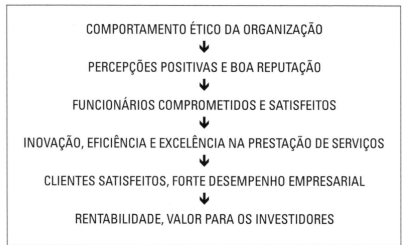

Figura 1: *Como o valor é criado.*

COMO O VALOR É CRIADO

COMPORTAMENTO ÉTICO DA ORGANIZAÇÃO

Nos dois capítulos anteriores, discutimos os princípios éticos dos líderes e de suas organizações. No entanto, esses princípios também precisam estar em conformidade com os princípios éticos das partes interessadas. Em poucas palavras, os líderes e as organizações precisam se comportar da maneira que os outros esperam deles. No Capítulo 1, observei como o público tende a manter as instituições de caridade com um padrão de comportamento mais elevado, porque são instituições de caridade. Da mesma forma, as organizações que têm boa reputação estão, até certo ponto, de acordo com essas reputações; se ocorrer um lapso ético, este terá mais impacto porque as pessoas esperavam o melhor.

A cadeia americana de fast-food Chick-fil-A há muito se orgulha dos seus fortes princípios éticos e é altamente respeitada pelos clientes e colaboradores. Um dos compromissos da empresa é tratar todos — colaboradores, clientes e outras partes interessadas — de forma igual e com dignidade e respeito.

Os princípios da empresa são em grande parte derivados dos valores do fundador da cadeia, S. Truett Cathy, um devoto Batista do Sul. Quando veio à tona, em 2011, que uma fundação de caridade ligada à família Cathy tinha doado dinheiro a grupos de pressão contra o casamento entre pessoas do mesmo gênero, houve protestos.

Os Cathys defenderam sua posição no início, que estava em linha com seus próprios princípios cristãos conservadores, mas ficou claro que grandes segmentos da sociedade americana não aceitaram isso. Duas cidades, Boston e Chicago, anunciaram planos para bloquear a expansão da rede, e um importante parceiro de negócios encerrou seu relacionamento com a empresa.[2]

A Chick-fil-A inverteu a sua posição e reiterou publicamente o seu compromisso de tratar todos legalmente. A empresa sacrificou a sua própria ética em nome dos seus negócios? Ou será que ela de fato percebeu que tinha cometido um erro e se movido de maneira consistente com os princípios éticos para corrigir o erro? Sua resposta depende, sem dúvida, de seu próprio ponto de vista ético pessoal; mais uma vez, há tons de cinza. A questão é que as expectativas são tudo. Se fizermos algo que acreditamos estar certo, mas todos à nossa volta acham que está errado, temos escolha. Podemos tentar justificar a nossa posição e esperar que acreditem, ou podemos ter a humildade de aceitar que talvez aquilo que acreditamos está errado e que precisamos repensar. (Para deixar claro o meu próprio viés, eu deplorei a posição original de Chick-fil-A sobre este assunto e pensei que foi altamente antiético e não estava de acordo com os valores declarados da empresa de tratar todos igualmente e com respeito. Fiquei contente por eles terem mudado de ideia. Você é livre para discordar de mim, se quiser.)

Isso não quer dizer que líderes e organizações devam adotar uma falsa posição na esperança de ganhar o afeto do público — isso raramente funciona, pelo menos não em longo prazo; as pessoas geralmente são muito boas em ver através dos charlatões — nem que devam se curvar a toda tendência efêmera que emerge das mídias sociais. Mas precisam se lembrar de que fazem parte de uma comunidade. A reputação não é só quem somos. É também como os outros nos percebem.

Isso significa que a comunicação é importante e, portanto, a ética deve fazer parte da história da nossa marca. A imagem que apresentamos às partes interessadas, ao mundo, deve ter a ética e o comportamento ético imbuídos nela. A ética deve estar no coração da marca. Só se isso acontecer é que teremos a reputação que desejamos, e só então seremos capazes de criar valor.

PERCEPÇÕES POSITIVAS E BOA REPUTAÇÃO

Ao longo do tempo, o comportamento e as ações éticas serão notados. As comunidades que servimos e nas quais operamos terão um comportamento mais favorável conosco, e nossa reputação de confiabilidade, compaixão, generosidade e quaisquer outras virtudes aristotélicas que demonstremos crescerão.

H.J. Heinz

Henry J. Heinz foi um empresário que iniciou seu primeiro negócio vendendo comida aos oito anos de idade. Fundou a H.J. Heinz Company (hoje parte do conglomerado Kraft Heinz) em 1876. Em 1900 era uma das maiores empresas produtoras de alimentos do mundo.

Os valores de Heinz estavam centrados na pureza e limpeza dos alimentos. Ele argumentou que bons ingredientes, devidamente processados, se manteriam sem a adição de conservantes. As suas linhas de produção eram caras e, para a época, de alta tecnologia, com ênfase na eliminação de impurezas e na garantia de que os alimentos eram seguros e aptos para comer. Como resultado, os produtos da Heinz eram mais caros, mas ele acreditava — corretamente — que as pessoas pagariam um valor superior pela garantia de boa qualidade. Heinz concentrou-se em oferecer valor aos seus clientes, mas tratava seus funcionários de forma justa e pagava bons salários, e estava muito consciente do papel de sua empresa como cidadã da comunidade. "Humanize o sistema empresarial de hoje", ele escreveu uma vez, "e você terá o remédio para o descontentamento atual que caracteriza o mundo comercial e promove um espírito de inimizade entre o capital e o trabalho."[3]

A adulteração de alimentos e bebidas por produtores sem escrúpulos era comum no final do século XIX. O sal poderia ser misturado com areia, ou folhas de chá com serragem para engrossar. Brandy e gin eram frequentemente adulterados com álcool metílico barato e perigoso. A carne e o peixe eram vendidos meio podres. Surtos de intoxicação alimentar eram comuns. Um grupo de lobby, o Pure Food Movement, foi criado em 1890 para pressionar o governo a mudar. A maioria dos produtores de alimentos se opôs ao movimento, mas Heinz deu-lhe o seu apoio público. Os outros produtores de alimentos ficaram indignados e acusaram Heinz de traição. Heinz respondeu que os padrões que o Pure Food Movement estava pedindo eram o que sua empresa já estava fazendo. (O movimento ganhou, e a Lei sobre a Pureza dos Alimentos e Medicamentos foi aprovada pelo Congresso dos Estados Unidos em 1906.)

O apoio de Heinz ao Pure Food Movement e o compromisso de sua empresa com uma alimentação boa e saudável, em um momento em que isso nem sempre era de fácil acesso, fizeram com que ele e sua empresa ganhassem muitos amigos. Heinz foi um dos líderes empresariais mais respeitados na América, e sua empresa foi amplamente considerada como uma "boa" empresa. Como resultado, os jovens vinham até ele em busca de emprego, os acionistas estavam sempre dispostos a investir nele e seus clientes eram fiéis à sua marca.

Lehman Brothers

O banco Lehman Brothers começou com uma missão semelhante de serviço à comunidade, emprestando dinheiro a agricultores que não tinham outra fonte de crédito para atendê-los entre as colheitas.[4] Enquanto a família Lehman permaneceu no comando, a missão e o propósito foram mantidos. O Lehman Brothers tinha a reputação de ser um banco "bom", que apoiava os empresários e tratava os seus clientes com justiça e dignidade. Ao apoiar empresas como a United Fruit e a Pan Am, o Lehman Brothers estava fazendo uma contribuição positiva para a economia e a sociedade americanas. Bobby Lehman, o último da dinastia a liderar o banco, trabalhou em estreita parceria com os reguladores governamentais e acreditava fortemente na regulação para conter a ganância e o excesso.

Bobby Lehman morreu em 1969 e a liderança do banco passou para uma série de executivos corporativos, incluindo um que tinha servido no gabinete de Richard Nixon na época do escândalo de Watergate. Gradualmente, a missão de serviço do Lehman erodiu e a empresa tornou-se apenas mais uma máquina de fazer dinheiro. "Já não há mais Lehman", lamentou um executivo sênior.[5] Sob a liderança de seu último CEO, Richard Fuld, o nome dos irmãos Lehman tornou-se sinônimo de arrogância, agressão e ganância. O lucro tornou-se um fim em si mesmo. Os clientes estavam lá para serem ordenhados. Mesmo outros bancos de Wall Street olhavam com desconfiança para a cultura do Lehman Brothers. Havia uma admiração relutante pelo fato do banco, pelo menos, fazer muito dinheiro — até que veio à tona que ele tinha se sobredimensionado e estava muito endividado. Em setembro de 2008, o Lehman Brothers foi forçado a fechar suas portas, arrastando consigo várias outras instituições e provocando uma crise financeira mundial.

Richard Fuld declarou publicamente que ele não sabe por que o governo dos EUA interveio para resgatar o Lehman Brothers como fez com várias outras casas de financiamento. A cultura de arrogância e reputação tóxica do Lehman Brothers pode ter tido muito a ver com isso. Quem iria querer desperdiçar dinheiro salvando pessoas cujo único objetivo declarado era enriquecer?

As histórias que os outros contam

Isso é justo com o Lehman Brothers? Todos no banco eram assim tão gananciosos? Essa reputação foi justificada? Talvez não. Mas essa era a reputação assim mesmo, e o Lehman Brothers pouco fez para contrariar as histórias que circulavam.[6] Essas histórias constituíram a reputação do banco.

E aqui, penso eu, está uma lição importante. Nossa reputação, nossa marca, não é determinada por nós mesmos, ou pelo menos não somente por nós mesmos. Somos a soma total das histórias que outras pessoas contam sobre nós. Se contarem boas histórias, a nossa reputação é positiva. Se eles começarem a contar histórias sobre nossas iniquidades e nossos erros, então nossa reputação começará a cair no buraco.

Podemos tentar influenciar nossa reputação contando histórias positivas sobre nós mesmos, mas seremos acreditados? Este é um caso em que as ações falam mais alto do que as palavras. Fazer o bem, viver os nossos valores, agir, ser autêntico; essas são as coisas que as pessoas procuram, e é através das nossas ações que medirão o nosso valor. Uma história de marca é apenas isso, uma história; a história de quem somos e o que fazemos.

Isso é particularmente verdadeiro quando se trata de empregados. Como Mary Jo Hatch e Majken Schultz apontam em seu livro *Taking Brand Initiative*, a marca do empregador é fortemente influenciada pela reputação mais ampla da empresa na comunidade.[7] Os alunos de MBA que eu ensino em várias escolas de negócios em toda a Europa confirmam isso. Eles querem trabalhar para empresas que sejam éticas e moralmente sólidas, que estejam empenhadas em fazer do mundo um lugar melhor e que, se sentirem satisfação, estão dispostos a trabalhar por salários mais baixos. Eles me contam com frequência sobre como estão frustrados por não conseguirem encontrar empregadores cujos padrões éticos correspondam aos seus. Talvez essa seja uma razão pela qual tantos graduados da escola de negócios estão escolhendo ser autônomos.[8]

Pesquisas realizadas há 25 anos mostram que empresas com uma reputação de conduta ética atraem um maior número de recrutas, e que esses recrutas são mais propensos a se comprometerem com a empresa e permanecerem com ela.[9] E como observamos acima, funcionários comprometidos geralmente significam clientes satisfeitos.

EMPREGADOS COMPROMETIDOS E SATISFEITOS

Para uma empresa, uma das consequências mais importantes de ter uma boa reputação é que ela se torna um empregador de escolha. A Ford Motors, nos primeiros dias após a sua fundação, atraiu os melhores talentos da indústria automobilística porque tinha a reputação de pagar bons salários, tratar as pessoas de forma justa e ser um lugar excitante para trabalhar, na vanguarda da inovação na indústria. Mais tarde, quando a Ford perdeu a sua reputação de empregador atencioso e começou a apertar o seu pessoal para obter mais mão de obra e reduzir os salários e benefícios, os melhores talentos começaram a migrar para outro local.

Mas, posso ouvir alguém perguntar, por que estamos falando de empregados agora? Certamente a coisa mais importante é a reputação que temos com os nossos clientes? O cliente é rei, e esse papo todo.

Sim e não. É verdade que a satisfação do cliente tem uma enorme influência no rendimento e na rentabilidade, como veremos daqui a pouco. Mas quem cria a satisfação do cliente? Os líderes, o CEO e o CFO e a sua equipe na sede da empresa? Ou os empregados comuns? Claro que, como John Spedan Lewis e Ricardo Semler perceberam, é o último.

A noção de "cliente em primeiro lugar" está enraizada na maioria dos nossos modelos de negócio, mas foi desafiada pelo empresário indiano Vineet Nayar no seu livro *Employees First, Customers Second*. A lógica de Nayar é simples: se você investir em seus funcionários, trata-los bem, tornar seu trabalho significativo e mostrar-lhes o valor que estão criando, você não precisa se preocupar com seus clientes. Os seus empregados cuidarão deles por você. Se eles amam seus trabalhos e querem se destacar, eles vão a extremos para criar valor e agradar os clientes.[10]

O princípio de que, se você tratar bem os seus trabalhadores, eles irão prestar um serviço superior ao cliente não é incomum na Índia (embora não tão comum como poderia ser). Na minha opinião, esta é uma das lições que as empresas indianas têm para oferecer ao resto do mundo.

Titan

Titan é o maior fabricante de relógios de marca da Índia, e é dono da cadeia de joias Tanishq. A empresa é uma joint venture entre a Tata Industries e a Tamil Nadu State Development Corporation, uma entidade pública no estado de Tamil Nadu, no sul da Índia.

Titan foi fundada com base em princípios não ortodoxos. Embora a lógica empresarial sugerisse que a empresa deveria estabelecer operações em uma cidade como Bangalore, então o centro da indústria relojoeira indiana, para aproveitar o conjunto de trabalhadores qualificados, o presidente Xerxes Desai decretou o contrário. De acordo com o princípio de contribuir para o desenvolvimento econômico, a empresa criou a sua primeira fábrica na pequena cidade de Hosur, recrutou jovens brilhantes das aldeias vizinhas e os treinou para serem relojoeiros.

O investimento em formação era caro. Além de ensinar habilidades técnicas, a empresa também teve de ensinar habilidades para a vida, pois muitas das aldeias eram remotas e empobrecidas; nenhum dos jovens tinha vivido longe de casa antes, ninguém sabia como abrir uma conta bancária, alguns nunca tinham usado um vaso sanitário com descarga.

Mas o investimento valeu a pena. A Titan se expandiu rapidamente e agora tem fábricas em vários locais na Índia, e está planejando estender suas operações no exterior. Seu presidente, Bhaskar Bhat, me disse que ele tem certeza de que o sucesso da Titan é devido à forte lealdade de seus funcionários.

Por que é que os empregados são tão leais? Porque, para muitos deles, a Titan transformou as suas vidas. "Nunca fui à universidade", disse um empregado. "Mas graças ao meu trabalho aqui na Titan, todos os meus irmãos e irmãs foram." Outros abandonaram a empresa e continuaram a criar os seus próprios negócios, muitas vezes com a assistência financeira da Titan. Os trabalhadores das fábricas da Titan estão totalmente orgulhosos de si próprios e do seu trabalho. Chamam-se "Titanians" e protegem essa identidade com um orgulho ciumento. Consideram-se guardiões dos valores da empresa; quando, há alguns anos, um gestor excessivamente zeloso alterou, sem consulta, os termos do plano de pensões da empresa, os trabalhadores abandonaram seus postos de trabalho em greve por considerarem que esta mudança não correspondia ao ethos da Titan.[11]

Sports Direct

E depois, do outro lado da moeda, há o varejista de moda Sports Direct. Em 2013, começaram a surgir rumores de más condições de trabalho no centro de distribuição da Sports Direct, que empregava cerca de 3 mil pessoas. Em dezembro de 2015, repórteres infiltrados do jornal *The Guardian* descobriram uma série de infrações, incluindo pagamento abaixo do salário mínimo e não pagamento de horas extras.[12] Funcionários e ex-funcionários quase fizeram fila para contar histórias de suas experiências, incluindo abuso, humilhação pessoais e demissões por terem faltado ao trabalho quando estavam doentes. Por medo de perderem o emprego, as pessoas vinham trabalhar mesmo quando estavam gravemente doentes. De acordo com testemunhos prestados perante uma comissão da Câmara dos Comuns em 2016, 110 ambulâncias e carros paramédicos foram enviados para o centro de despacho ao longo de pouco mais de dois anos; em cinquenta casos, as doenças que trataram foram descritas como potencialmente fatais. Vários dos casos eram mulheres em trabalho de parto com dificuldades, incluindo uma que deu à luz num banheiro dos funcionários.[13] O diretor executivo, David Forsey, foi acusado criminalmente por não ter cumprido as regras de demissão.[14]

Como tantas vezes acontece nesses casos, a Sports Direct no início tentou ignorar o assunto e fingir que não era tão sério como parecia. Só quando começou a ver a sua reputação em chamas despencando para o abismo é que a empresa fez alguma coisa O proprietário e presidente Mike Ashley foi forçado a apresentar uma série de desculpas humilhantes, a maioria das quais foram tratadas com ceticismo pela imprensa. Foram prometidas reformas nas práticas de trabalho, mas, mesmo depois de dois anos, o nome Sports Direct continua a ser considerado uma marca tóxica para os empregadores. É seguro dizer que as únicas pessoas que se candidatariam a trabalhar no seu centro de distribuição são provavelmente as que não conseguiriam arranjar outro emprego em outro local.

O empregado feliz

Curiosamente, não há nenhuma evidência empírica que sugira que trabalhadores felizes e satisfeitos são mais produtivos, mas paradoxalmente há muitas evidências de que trabalhadores infelizes se envolverão em todos os tipos de comportamentos desde a negligência e o absentismo até o roubo e a sabotagem. Eles também tendem a não ficar muito tempo nos seus empregos. As pessoas mais motivadas e com as melhores habilidades — precisamente aquelas que devemos manter — são geralmente as primeiras a ir embora. Enquanto isso, os que ficam são frequentemente os que são muito letárgicos para pensar em sair, ou que não têm as habilidades e experiência para torná-los empregáveis em outros lugares.

Assim que os escândalos começaram a se desenrolar em torno da Uber, houve um fluxo constante de saídas dos postos mais altos da empresa. Ninguém queria estar associado a uma empresa cuja reputação estava se tornando cada vez mais tóxica. A equipe de liderança de Kalanick tinha sido privada de recursos até mesmo antes de ele próprio ser expulso. Os novos líderes da empresa tiveram que reconstruir sua equipe superior quase que do zero, um processo demorado e caro.

É muito mais barato manter um trabalhador do que recrutar constantemente novos trabalhadores. Ao longo do tempo, os funcionários também constroem bancos de conhecimento sobre a empresa e sua indústria que são altamente valiosos. Se eles próprios se sentirem valorizados, e se estiverem trabalhando para uma empresa cuja reputação os faça orgulhosos de estarem associados a ela, é mais provável que fiquem. A reputação desempenha um papel muito poderoso na atração e manutenção de talentos.

E quando podemos empregar os melhores talentos e gerenciá-los de forma eficaz, praticamente tudo é possível.

INOVAÇÃO, EFICIÊNCIA E EXCELÊNCIA

Funcionários comprometidos e satisfeitos compartilham a visão da liderança sobre o propósito da empresa e o valor que ela cria para as partes interessadas. Eles sabem por que se levantam da cama para ir trabalhar todas as manhãs; para fazer do mundo um lugar melhor. Eles acreditam que o seu trabalho tem significado.

E isso, por sua vez, significa que eles estão comprometidos em fazer o seu melhor, não apenas para os clientes, mas também para outras partes interessadas. Eles acreditam na excelência do serviço, e o fornecem sem serem solicitados. Compreendem a necessidade de eficiência e de evitar a produção de resíduos e tomam medidas para eliminar os resíduos e as externalidades nocivas, sem que seja necessário dizer-lhes que o façam. Eles impulsionam o desempenho corporativo. Todos os líderes e gerentes precisam dar a eles as ferramentas de que precisam e o espaço para trabalhar.

Funcionários comprometidos e satisfeitos são inovadores. Eles criam formas de trabalho, novos produtos e serviços, no próprio local de trabalho, sem a necessidade de instalações caras de pesquisa e desenvolvimento. Kaizen, o conceito japonês de melhoria contínua, veio do chão de fábrica da Toyota. Após a Segunda Guerra Mundial, os funcionários foram impulsionados pelo desejo de reconstruir a economia do Japão e tornar o país próspero mais uma vez. O país empobrecido não tinha muitos dos recursos necessários para a inovação, então os trabalhadores do chão de fábrica desenvolveram seu próprio sistema. Em vez de buscar grandes inovações revolucionárias, eles deram pequenos passos incrementais, buscando constantemente seguir em frente. Este processo barato, nascido da necessidade, ajudou a impulsionar o Japão à grandeza econômica.[15]

Isso igualmente se aplica a uma das mais recentes tendências em inovação, *jugaad* ou inovação frugal, vinda de economias em desenvolvimento. Uma vez mais, sem os recursos e o apoio do setor de P&D das grandes empresas, os trabalhadores estão utilizando seus próprios recursos para inovar e criar valor. O processo é barato e os resultados aparecem rápido.[16] Mas o *kaizen* e o *jugaad* não aconteceriam sem funcionários motivados a inovar e com liberdade para isso.

Cadbury Brothers

Já analisamos a cultura de colaboração na Cadbury Brothers e como os proprietários e líderes da empresa utilizaram os comitês de trabalho para examinar as decisões e garantir a participação dos trabalhadores. Os comitês de trabalho também foram motores de inovação. Qualquer pessoa na firma poderia se dirigir a um membro de um dos comitês e fazer uma sugestão para melhorar os processos ou produtos.

A Cadbury Brothers também operava um esquema de sugestões dos funcionários, caixas onde os funcionários podiam escrever suas ideias sobre melhorias e enviá-las diretamente para a liderança. Muitas empresas utilizam sistemas de sugestão, mas nem todas os levam a sério. Os funcionários fazem sugestões que desaparecem no éter, e suas ideias nunca são seguidas ou mesmo reconhecidas. Não surpreendentemente, há muito cinismo sobre esses esquemas.

A Cadbury, no entanto, levou muito a sério o seu esquema de sugestões. Foram concedidas recompensas aos funcionários que apresentaram ideias promissoras e a sua contribuição foi publicamente reconhecida. Nem todas as ideias boas poderiam ser postas em prática, por uma variedade de razões, mas Edward Cadbury mais tarde estimou que cerca de 20% de todas as sugestões foram recompensadas, e cerca de 10% foram postas em prática.[17]

Como a Cadbury Brothers se comportava de maneira ética e transparente e levava o esquema a sério, os funcionários se comprometeram. Edward Cadbury enfatizou que as contribuições dos trabalhadores ao longo dos anos melhoraram muito a reputação da empresa e a tornaram muito mais eficiente, resultando em grande economia de custos. Havia uma fome de inovação na empresa, uma paixão por fazer as coisas do jeito certo e fazê-las bem. O consultor Herbert Casson resumiu a cultura dominante: "Na Cadbury's, todos pensam."

IBM

Na IBM na década de 1970, os líderes estavam igualmente convencidos de que seus funcionários eram as pessoas mais inteligentes da sala. Eles apontaram para um histórico de inovação sem precedentes e argumentaram que seus funcionários eram responsáveis. Particularmente importante na visão da IBM de si mesma foram os "patos selvagens", espíritos livres que pensavam fora da caixa, sonhando com novas ideias e conceitos e impulsionando a inovação e serviço ao cliente.

Mas era tudo ficção. Essa cultura tinha existido na IBM, mas tinha morrido há muito tempo. A liderança superior da IBM tinha perdido o controle da cultura e o contato com seus funcionários. A nova cultura na IBM era de bullying, intimidação e conformidade a todo custo. Novos pensamentos e novas ideias já não eram tolerados; tudo o que importava agora era atingir os alvos. "O que aconteceu com os patos selvagens?", era a piada amarga entre os setores mais baixos. "Foram todos alvejados."

A cultura da conformidade e do cumprimento dos objetivos permitiu que os interesses dos clientes deixassem de ser importantes. Ninguém se preocupava com o atendimento ao cliente e a qualidade porque não havia incentivo para isso. Incapaz de lidar com novas tecnologias, como microcomputadores, a IBM começou a perder clientes e lucros. De repente, a alta liderança percebeu que a empresa que eles pensavam que estavam dirigindo estava à beira da falência. Foram precisos três anos, milhares de demissões e muito dinheiro para a empresa dar a volta por cima, e mais tempo ainda para ela recuperar sua reputação perdida e a sua característica inovadora.[18]

Adaptar ou morrer

O exemplo da IBM nos lembra o que já sabemos, que as empresas devem continuar a inovar e avançar. Não existe isso de ficar parado. Há apenas dois estados: crescimento ou decadência.

Há muitas maneiras diferentes de olhar para a inovação. Há a abordagem ousada e inovadora defendida por Chan Kim e Renée Mauborgne em *Blue Ocean Strategy*, ou há a abordagem incremental diária defendida por Patrick Barwise e Seán Meehan em *Beyond the Familiar*.[19] Há a abordagem de grandes investimentos em alta tecnologia usada em indústrias como a farmacêutica, ou há o *kaizen* e o *jugaad* vindo do chão de fábrica. A forma como inovamos é muito menos importante do que a ação de inovar.

E, no entanto, a maioria das empresas não é particularmente boa em inovar. Um artigo publicado na *McKinsey Quarterly* em 2008 concluiu que 65% dos executivos não estavam confiantes quanto à sua capacidade de liderar a inovação. Os autores do artigo ofereceram três recomendações para impulsionar a inovação:

1. Integrar formalmente a inovação na agenda de gestão estratégica e no plano de negócios.
2. Aproveitar melhor o talento existente dentro da organização.
3. Fomentar uma cultura de inovação entre os empregados.

"Numa cultura desse tipo", dizem eles, "as pessoas compreendem que as suas ideias são valorizadas, confiam que é seguro expressar essas ideias e supervisionam o risco coletivamente, juntamente com os seus gestores. Um ambiente como este pode ser mais eficaz do que incentivos monetários para sustentar a inovação."[20]

Gerenciar as pessoas de forma ética, tratando-as com confiança e respeito, é uma das chaves para destravar o talento inovador e criar uma cultura de inovação. Uma vez que tal cultura esteja implementada e focada nos objetivos da organização, o resultado será refletido na satisfação do cliente e, por meio disso, no desempenho do negócio.

CLIENTES SATISFEITOS E FORTE DESEMPENHO EMPRESARIAL

Quando Paul Polman assumiu o cargo de CEO da Unilever e anunciou que a empresa avançaria para produtos e operações mais sustentáveis, muitos analistas previram um desastre. As novas medidas seriam caras e não trariam benefícios nem para os clientes nem para os acionistas. Nunca funcionaria.

Os analistas estavam errados. O caminho não tem sido fácil, mas a Unilever tem prosseguido com firmeza em direção aos seus objetivos, eliminando os microplásticos de seus produtos, estabelecendo uma fonte ética para seus produtos, trabalhando com organizações como a Fairtrade e a Rainforest Alliance para proteger o meio ambiente e as comunidades locais. As vendas e os lucros estão aumentando e, como observado anteriormente, a empresa lutou com sucesso contra uma oferta pública de aquisição da Kraft Heinz.[21] Cada vez mais, há sinais de que o público está respondendo às iniciativas da Unilever, como o Plano de Vida Sustentável, e está levando seus produtos e seu ethos ao coração.

A Unilever emprega cerca de 170 mil pessoas em todo o mundo, e é claro que elas são o verdadeiro motor da inovação. Paul Polman define a direção, mas são os próprios trabalhadores que geram a grande maioria das inovações e as realizam. Isso também se aplica a qualquer grande organização. O líder declara a intenção de inovar; os funcionários são os que realmente fazem isso acontecer. Quanto mais eles estiverem comprometidos com a organização e seus valores, mais se esforçarão.

O mesmo se aplica ao atendimento ao cliente. Como salientaram estudiosos de marketing como John Bateson e Valarie Zeithaml, a satisfação do cliente é gerada pela interação entre a equipe de serviço e os clientes, e pelos relacionamentos que eles constroem. A capacidade de intervenção da liderança nesta relação é limitada.[22] Na maior parte do tempo, o líder dá o tom e dirige onde a troca acontecerá, e então os deixa ir em frente com ela.

IBM 2.0

A IBM hoje é uma organização muito diferente daquela que quase caiu no final dos anos 1970. A empresa, que não é mais uma fabricante de computadores, agora se autodenomina uma "solucionadora inteligente de problemas". O seu programa Smarter Planet visa a "ajudar as empresas e os sistemas a tornarem-se muito mais eficientes, inteligentes, resilientes e confiáveis". No passado, trabalhou com a cidade de Estocolmo na concepção de um programa para reduzir o congestionamento do tráfego e a poluição, construiu um "centro de dados verde" na Universidade de Syracuse que consome metade da energia de um centro de dados convencional (com as correspondentes economias de custos para a universidade) e desenvolveu uma iniciativa de telemedicina na América rural que reduz os tempos de espera e resulta em diagnósticos mais rápidos e precisos e em melhores cuidados aos doentes.[23]

Como resultado desta abordagem, a IBM tornou-se um empregador de escolha para pessoas jovens e talentosas. Muitos dos meus próprios alunos preferem trabalhar para a IBM do que para qualquer instituição financeira. O acesso ao talento é o que dá à IBM sua vantagem em inovação e serviço, e significa que está cada vez mais se tornando um dos primeiros portos de escala para qualquer empresa ou organização que procura construir sistemas mais inteligentes e mais resilientes. E essa reputação, por sua vez, resultou em receitas globais de 79 bilhões de dólares em 2017.

Preciso dizer mais?

British Home Stores

O colapso da British Home Stores foi um dos escândalos das empresas britânicas em 2016, em parte devido à forma como aconteceu. Vendida pelo Grupo Arcadia de Sir Philip Green em 2015 por apenas uma libra, a empresa já era um zumbi, um dos mortos-vivos. Os novos proprietários, as Retail Acquisitions, não fazia ideia de como inverter a situação. Descobriu-se que o plano de pensões tinha agora um déficit de 571 milhões de libras, e ninguém sabia para onde tinha ido o dinheiro (embora todos soubéssemos que poderíamos adivinhar). Green recusou toda a responsabilidade pelo que aconteceu com a empresa, mas acabou sendo convencido, por vergonha, a ajudar a compensar o déficit do plano de pensão.[24]

A raiva sobre a percepção de ganância e arrogância por parte dos gerentes da BHS obscureceu o fato de que a empresa estava moribunda há muitos anos. "A BHS falhou porque lhe faltava significado e propósito", disse um comentarista. "Quando uma marca é significativa, a força de trabalho é galvanizada... Significado e relevância inspiram investimento e confiança. Instila a aceitação e a lealdade nas comunidades e nas famílias e fornece razões contínuas para confiar nos seus produtos e serviços."[25]

Mas quando a liderança da BHS perdeu o rumo, os funcionários também perderam. A sala de máquinas da inovação ficou escura e fria. As pessoas apareciam para trabalhar, faziam o seu trabalho e voltavam para casa. O atendimento ao cliente diminuiu e a gama de produtos em oferta nunca mudou. Simplesmente não havia nenhuma razão para alguém fazer compras na BHS. A venda para a Retail Acquisitions apenas apressou a queda da empresa.

A BHS poderia ter dado a volta por cima? É difícil dizer; os tempos são difíceis nas vias britânicas mais caras, e muitas marcas famosas estão em apuros. Dado o compromisso, dada a liderança e os valores e aspirações, dada uma força de trabalho comprometida e dedicada à inovação e ao serviço ao cliente e à construção de valor real, possivelmente. Mas uma coisa é certa. Sem estas coisas, a empresa não tinha qualquer esperança.

Clientes felizes

Conseguir clientes, e ainda mais importante, mantê-los uma vez que você tenha sua atenção, é o objetivo final. Os clientes levam a vendas, que levam a lucros. Não há como escapar desse fato, por mais que tentemos. Os clientes são a principal fonte de valor em longo prazo para a empresa. Em troca, devemos oferecer algo de igual valor. A forma como criamos valor e o entregamos determina se a própria empresa irá sobreviver e prosperar.

Ser ético, não apenas na maneira como tratamos os clientes, mas na maneira como tratamos a todos, é crucial. Os clientes não gostam de fazer negócios com empresas em que não confiam. Mesmo que sejam forçados a fazê-lo por um curto período, não se manterão leais e sairão assim que uma alternativa melhor aparecer. A confiança é essencial para construir relacionamentos, e os relacionamentos com os clientes são, como sabe qualquer pessoa de marketing que entende do que faz, a chave para a rentabilidade em longo prazo.

Seja ético e os clientes confiarão em você. Mostre-se pouco ético e eles irão embora. É simples assim.

RENTABILIDADE E VALOR PARA INVESTIDORES

E, claro, rentabilidade significa valor para os investidores. Nem todos os acionistas são inteligentes o suficiente para reconhecer isso, embora um dos mais inteligentes deles, Warren Buffett, liste "demonstrou poder de ganho *consistente*'" entre seus principais critérios para fazer um investimento. Os tubarões, os investidores gananciosos que preferem o dinheiro de curto prazo na mão ao valor de longo prazo, ainda estão circulando por aí, mas há um sentimento furtivo de que seu tempo pode acabar em breve. À medida que os lucros nas grandes multinacionais diminuem e a concorrência nos mercados dos países desenvolvidos se torna cada vez mais um jogo de cartas, estamos começando a ver o surgimento de um novo paradigma focado na incorporação nas comunidades e na criação de riqueza de longo prazo.

Não vou insistir mais no assunto. Você já deve ter entendido como o processo funciona. Comportamento e ações baseadas no compromisso ético levam a uma forte reputação na comunidade. Quando as pessoas respeitam uma empresa e acham que ela compartilha dos seus próprios valores, estão mais dispostas a trabalhar para ela, e essa vontade de trabalhar se transmite numa paixão pela inovação e pelo serviço ao cliente. Estes, por sua vez, conduzem à satisfação dos clientes, a uma maior fidelização dos clientes, à repetição do negócio e a uma maior rentabilidade, que, por sua vez, devolvem valor aos acionistas.

Banco Triodos

Fundado em 1980 na Holanda, Triodos é um banco com uma diferença. Longe de abraçar a maximização do valor dos acionistas, o ethos do banco é fortemente influenciado pelo filósofo e reformador social austríaco do início do século xx, Rudolf Steiner. Começando originalmente como um fundo de investimento verde, o Triodos cresceu de forma constante e se ramificou em outras atividades bancárias, incluindo a poupança e o banco de varejo na Bélgica, Alemanha e Espanha. Estão em curso planos para a abertura de operações bancárias de varejo na Grã-Bretanha.

O Triodos ainda é minúsculo em comparação com os grandes gigantes bancários, mas seu crescimento tem sido constante e impressionante. A empresa tem fortes princípios éticos, continua a investir fortemente em negócios sustentáveis e recusa-se a investir naqueles cujas atividades são consideradas prejudiciais para o público ou para o meio ambiente. Ao contrário de outros bancos, também publica listas anuais de empréstimos concedidos e de empresas em que investiu, para que as pessoas possam ver que se mantém fiel aos seus princípios.[26]

No Triodos, a ética traduziu-se em rentabilidade. O banco parece certo de ter um futuro estável e próspero, baseado em uma fundação sólida de compromisso ético com seus clientes, seus funcionários e as comunidades em que atua.

Royal Bank of Scotland

Não se pode dizer o mesmo do Royal Bank of Scotland (RBS) no período que antecedeu a crise financeira de 2008. Sob o seu famoso CEO Sir Fred "the Shred" Goodwin, o RBS iniciou uma série de aquisições, incluindo o banco holandês ABN Amro e a American Charter One Financial. Muitas dessas aquisições foram criticadas por serem muito caras e não oferecerem valor pelo dinheiro. O RBS também ficou fortemente exposto ao mercado de crédito hipotecário de alto risco (*subprime*).[27]

Assim como no Lehman Brothers, a ganância e o crescimento tornaram-se o ethos orientador da empresa. Numa época em que as preocupações sobre o consumo de combustíveis fósseis e as emissões de carbono estavam aumentando, o RBS decidiu se posicionar como "o banco do petróleo e do gás", concedendo empréstimos a empresas petroquímicas e financiando novas centrais elétricas alimentadas a carvão. A empresa também gastou dinheiro generosamente em si mesma, incluindo 350 milhões de libras num novo edifício da sede perto de Edimburgo e um jato privado para uso da equipe de liderança do topo. Dentro do banco, a cultura era de conformidade estabelecida pelo medo. Os escritórios tinham de parecer arrumados; foram comprados armários de arquivo especiais com topos inclinados para que os funcionários não pudessem colocar nada em cima deles. Pessoas de dentro da empresa falavam de bullying e lutas internas entre os gerentes e a moral dos funcionários em queda acelerada.

Não podia durar, e não durou. A crise financeira de 2008 derrubou o castelo de cartas. O governo britânico interveio e resgatou o RBS em outubro daquele ano, e Goodwin renunciou. Posteriormente, ele foi exposto ao ridículo na imprensa britânica e por políticos de todos os partidos e, mais tarde, despojado da sua condição de cavaleiro. Ele continua a ser uma das figuras mais infames do setor bancário britânico, e seu nome é sinônimo de crash bancário na imaginação popular.

É claro que Goodwin não é totalmente responsável pelo desastre, assim como Fuld não causou sozinho a queda do Lehman Brothers. Como líderes, eles assumem a responsabilidade pelo fracasso, e seu próprio papel deve, naturalmente, ser analisado. Mas uma cultura de ganância e expansão imprudente tinha existido no RBS antes de Goodwin chegar ao poder. Os acionistas não controlaram essa cultura, nem agiram de forma decisiva para mudar o rumo do banco antes que fosse tarde demais. Uma das lições do RBS é a seguinte: as empresas têm uma responsabilidade ética para com os acionistas, mas os acionistas têm uma responsabilidade ética recíproca para com as empresas cujo capital possuem, a fim de garantir que são geridas de forma sensata e correta.

ÉTICA E LUCRO

A noção de lucrar com o comportamento ético deixa algumas pessoas desconfortáveis. Quando propus esta ideia a um colega acadêmico, há alguns anos, ele ficou bastante irritado. As pessoas não devem ser éticas com o objetivo de lucrar, ele insistiu, elas devem ser éticas porque é a coisa certa a se fazer. O lucro e a ética devem ser mantidos completamente separados, e não devem sequer ser discutidos na mesma frase.

Em parte, esta visão está enraizada na visão religiosa antiquada de que o "lucro" é, em si mesmo, imoral, e que, ao lucrar, estamos tirando algo de outras pessoas que não é nosso por direito. Na verdade, há uma forte linha do ensino religioso que contraria esta visão. São Tomás de Aquino pensava que o lucro era a recompensa de um comerciante por correr riscos, e o estudioso muçulmano sírio Abu Fadl al-Dimashqi argumentou que o lucro, desde que legalmente obtido, era agradável aos olhos de Deus. O lucro *é* imoral se mentirmos, roubarmos ou enganarmos os outros para obtê-lo, mas enquanto estivermos criando valor para outras pessoas em troca, então temos direito a um lucro justo. Como nos recorda Aquino, cabe a nós, então, gastar ou usar esse lucro de uma forma moral e honesta.

COMO FUNCIONA O PROCESSO

Para mim, a empresa que melhor demonstra como funciona o processo é o Grupo Tata. Como eu mencionei acima, a base para este modelo vem do meu trabalho com o Tata há alguns anos, e parece apropriado usá-lo como um exemplo agora.

Como dito anteriormente, o Grupo Tata foi fundado em 1868 com a criação da Mills pelo empresário Jamsetji N. Tata. Vieram outros negócios envolvidos na produção de aço, geração de energia, hotéis e, mais tarde, automóveis, companhias aéreas, varejo e bens de consumo, comunicações, produtos químicos e consultoria. Hoje o Grupo conta com mais de cem negócios separados, todos reunidos sob o guarda-chuva da Tata Sons, com sede em Mumbai. A Tata Sons, por sua vez, é propriedade de dois terços de um grupo de fundos de caridade criados por vários membros da família Tata ao longo dos anos. A própria família Tata possui apenas uma pequena participação na Tata Sons.

Novamente como observado, o Tata tem consistentemente aderido aos seus valores e missão. Jamsetji Tata favoreceu a independência indiana da Grã-Bretanha, e argumentou que para ser forte, uma Índia livre precisaria de uma economia forte. Os seus empreendimentos comerciais foram feitos com esse objetivo. Por exemplo, sua decisão de fundar o famoso Taj Mahal Palace Hotel em Mumbai foi tomada com o objetivo de atrair investimento estrangeiro direto. Os industriais e banqueiros estrangeiros seriam mais propensos a viajar para a Índia, argumentou ele, se tivessem uma acomodação confortável quando chegassem.

Ao longo do século e meio de sua existência, o Tata estabeleceu uma reputação baseada em três valores: confiança, confiabilidade e compromisso com a comunidade. O compromisso público do Tata com a integridade, sua política de tolerância zero em relação à corrupção em um país onde a corrupção continua sendo um problema sério e o fato de seus líderes realmente cumprirem com sua palavra significa que a empresa é amplamente admirada. Possui uma reputação de ser confiável e manter seus compromissos. Os seus produtos são de boa qualidade e quaisquer defeitos ou lapsos são reparados ou substituídos imediatamente e sem problemas. O serviço nos seus hotéis é de um padrão extremamente elevado.

E, finalmente, a missão original de serviço de Jamsetji Tata, para a Índia e outros países onde o grupo opera, permanece muito forte. O Tata obtém lucros com suas operações comerciais, mas gasta muito deles ajudando os outros. Em Jamshedpur, lar da siderúrgica original, a Tata Steel oferece assistência médica e educação gratuitas aos moradores de mais de seiscentas comunidades rurais próximas. Em Pune, sede da Tata Motors, a empresa está envolvida em numerosos programas de extensão, incluindo um grande investimento para ajudar as mulheres a iniciarem seus próprios negócios e se tornarem economicamente autossuficientes. Essa reputação é uma fonte de orgulho na Índia, e você pode vê-la onde quer que vá. Uma vez, no almoço em um hotel de propriedade de um dos rivais do Tata, eu mencionei ao *maître* que eu estava escrevendo um livro sobre o Tata. Os olhos dele se arregalaram. "Que empresa incrível", ele se entusiasmou. Ele deve ter dito a todos na cozinha, porque o garçom que trouxe meu almoço alguns minutos depois perguntou se era verdade que eu estava escrevendo sobre o Tata. Sim, eu disse. "Ah, senhor", ele disse calmamente. "Deve ser uma grande honra."

Poucos dias depois, trocando de avião em Calcutá, um segurança muito severo e sério pegou meu passaporte e perguntou meu destino. Jamshedpur, disse eu, referindo-me à casa da Tata Steel. O comportamento dele mudou imediatamente. "Ah, Jamshedpur!" disse ele, devolvendo o meu passaporte com um sorriso. "Tenha uma boa viagem."

Essa reputação significa que a Tata é um empregador de escolha na Índia. Em Jamshedpur, conheci pessoas cujas famílias trabalhavam para a empresa há cinco gerações. Eles não tinham desejo de trabalhar em qualquer outro lugar; Tata era a sua casa. Jovens graduados de escolas de negócios e institutos de gestão correm para se candidatar a empregos na Tata, embora saibam que os salários gerenciais são significativamente mais baixos do que em algumas outras empresas. As pessoas que vêm trabalhar para o Tata querem mesmo trabalhar lá. Eles acreditam no Tata, graças a essa reputação brilhante.

Isso significa que são dedicados aos seus trabalhos. Em todo o meu tempo estudando o Grupo Tata, nunca conheci ninguém que não estivesse cem por cento comprometido com seu trabalho. Eles acreditam apaixonadamente no atendimento ao cliente. E em 2008, o Tata foi nomeado uma das dez empresas mais inovadoras do mundo. Seja o relógio mais fino do mundo, ou o microcarro que pode ser fabricado e vendido por menos de 2 mil libras, ou outro carro movido a ar comprimido, ou um novo e inovador modelo de preços para telefones celulares — ou uma dramática campanha anticorrupção dirigida por uma de suas subsidiárias produtoras de chá — Tata está cheio de inovadores.

O esforço de inovação é liderado e orientado a partir do topo. Os prêmios anuais de inovação reconhecem aqueles que tiveram grandes ideias. Dentro desses prêmios há uma categoria especial chamada "Atreva-se a Tentar". Todos os anos, três pessoas são recompensadas publicamente por tentarem algo que não funcionou. Sabemos que falhou, a empresa lhes diz, mas gostamos muito da sua maneira de pensar. Continue, e tente outra vez.

Paixão pelo serviço, inovação, confiança e confiabilidade, tudo isso leva à satisfação do cliente. O Tata supera confortavelmente seus rivais nas pesquisas de satisfação, não apenas entre os clientes, mas entre todas as partes interessadas. Quanto ao desempenho financeiro, o grupo Tata em todo o mundo agora fatura mais de 100 bilhões de dólares por ano. Se o desempenho em algumas áreas como o aço é rochoso, o desempenho em outras, como automóveis e serviços de consultoria, têm sido excelentes. A quantidade de dinheiro que a Tata Sons envia aos seus acionistas caritativos saltou muitas vezes nos últimos vinte anos, o que significa que os acionistas estão muito satisfeitos.

Empregados satisfeitos, compromisso com a inovação, clientes satisfeitos, lucro. É claro que há mais do que apenas colocar estes blocos de construção no lugar. A tarefa do líder é colocar o processo em movimento, alinhando os elementos e orientando e focando no objetivo final. Para ver isso feito, é hora de voltar à segunda metade da equação, a cadeia de valor ética.

5

A CADEIA DE VALOR ÉTICA

O processo de criação de valor através da ética não acontece por si só. Nenhuma alquimia está envolvida, nenhuma varinha mágica é acenada e, a menos que Hogwarts decida abrir uma escola de negócios, isso não vai mudar. O processo pode ser longo e requer um investimento considerável de tempo e esforço.

Há algumas evidências de que as mídias sociais estão começando a ter um impacto positivo. Em fevereiro de 2018, a British Boxers, uma empresa sediada em Staffordshire que fabrica roupas íntimas e de dormir e se orgulha de suas políticas éticas de emprego e compras, foi abordada por um vendedor de publicidade do *Daily Mail* e perguntou se desejava comprar um anúncio. A resposta foi obrigado, mas não. A notícia espalhou-se como um incêndio nas redes sociais, e a empresa foi subitamente inundada com pedidos de pessoas que queriam apoiar a sua política. Em um tweet, a British Boxers disse que fez mais negócios em dois dias do que na semana anterior ao Natal.

> **BRITISH BOXERS** @GrandpaJem
>
> Fizemos mais vendas nos últimos dois dias do que fizemos na semana anterior ao Natal só porque dissemos "Não, obrigado" à publicidade no The Mail e vocês nos retweetaram. VOCÊS SÃO INCRÍVEIS! Esse é o seu poder. Vocês que fizeram isso. Muito, muito obrigado.

Como disse Philip Crosby, "a qualidade é gratuita", o que significa que o dinheiro investido na gestão da qualidade será devolvido muitas vezes na forma de produtos melhores, clientes satisfeitos e lucros mais elevados.[1] Isso também se aplica à ética. Quando a ética estiver totalmente incorporada no modelo de negócios e as partes interessadas começarem a perceber que você honra o que a empresa promete e pode ser confiado, então o tempo e o esforço gastos resultarão em funcionários e clientes leais, lucros maiores e, por sua vez, acionistas felizes.

Vale reiterar que o negócio ético não é apenas uma questão de deixar de lado o risco, de evitar os problemas que atingiram organizações como a Uber e a Oxfam e que derrubaram a Weinstein Company. Como disse Aristóteles, não fazer o mal porque temos medo de sermos descobertos não nos torna éticos. O verdadeiro propósito do negócio ético é criar valor. É por isso que os negócios existem; é por isso que todo o conceito de negócio evoluiu em primeiro lugar, como uma forma de satisfazer as necessidades e desejos da sociedade. Isso nos leva à cadeia de valor ética.

O conceito de cadeia de valor foi popularizado pelo professor Michael Porter na década de 1980 em seu livro *Competitive Advantage*, embora ao contrário da crença popular, ele não tenha inventado a ideia.[2] Ele produziu uma codificação muito bem-sucedida do conceito que ainda hoje é amplamente utilizado. Para benefício daqueles que não leram *Competitive Advantage*, muito brevemente, Porter define a cadeia de valor como um conjunto de atividades que um negócio realiza para entregar produtos ou serviços ao mercado. Ele divide essas atividades em cinco atividades principais — logística *inbound*, operações, logística *outbound*, marketing e vendas e serviços — e quatro atividades secundárias — aquisições, gestão de recursos humanos, desenvolvimento tecnológico e infraestrutura.

A análise da cadeia de valor envolve analisar cada uma das atividades por vez, descrever o que a empresa faz atualmente e, em seguida, analisar essa atividade para ver que valor está sendo agregado e como. Áreas de subdesempenho, onde a atividade não agrega valor suficiente, podem ser destacadas e medidas corretivas podem ser tomadas.

A cadeia de valor ética é um pouco diferente. Em vez de considerar diferentes partes do modelo de negócio, analisa as atividades genéricas que *atravessam* o modelo de negócio e abrangem todas as funções e atividades. Além disso, a cadeia de valor ética não considera apenas o valor criado para a empresa. Também considera a criação de valor para todas as partes interessadas, todos aqueles que de alguma forma são afetados pelas operações da empresa. O código de conduta do Grupo Tata lista as seguintes partes interessadas que são consideradas importantes:

- Empregados.
- Clientes.
- Comunidades e meio ambiente.
- Parceiros da cadeia de valor, incluindo fornecedores, prestadores de serviços, distribuidores, representantes de vendas, contratantes, consultores, intermediários e agentes.
- Parceiros de joint ventures e outros parceiros de negócios.
- Intervenientes financeiros.
- Governos.
- Empresas individuais dentro do Grupo Tata.[3]

É importante garantir que todas as partes interessadas sejam tratadas de forma equitativa. Só porque tratamos bem nossos clientes e garantimos que eles sejam bem cuidados não significa que podemos maltratar nossos funcionários com impunidade. A Delta Airlines, uma vez famosa por seu serviço ao cliente, descobriu isso da pior maneira quando cortou seu orçamento de treinamento de pessoal e apertou os salários. A equipe da Delta era famosa por seus sorrisos, mas quando as novas medidas chegaram, eles pararam de sorrir. Os clientes notaram que os funcionários estavam descontentes e rabugentos, e mudaram para outras companhias aéreas. Em poucos anos, a Delta pediu proteção contra a falência.

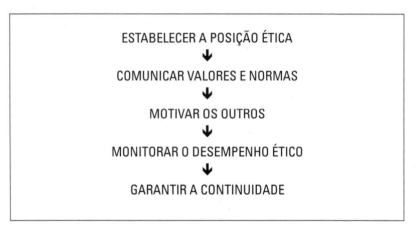

Figura 2: *A cadeia de valor ética.*

Há também um argumento a favor da inclusão de concorrentes e rivais nesta lista. É claro que devemos competir duramente, mas também devemos competir de forma justa. John Patterson, o homem que transformou a National Cash Register (NCR) em uma empresa de classe mundial, era um empregador atencioso e compassivo que cuidava de seus trabalhadores. A NCR também era famosa por seu atendimento ao cliente de alta qualidade. No entanto, quando se tratava de rivais no mercado, Patterson era impiedoso, utilizando todos os meios, legais ou ilegais, para os expulsar do mercado. Eventualmente, a opinião pública virou-se contra Patterson e as autoridades do governo dos EUA apresentaram acusações contra ele. A NCR teve que pagar uma multa muito pesada e reduzir suas atividades, e o próprio Patterson só escapou da prisão graças ao seu extenso histórico como filantropo.

As principais atividades do código de conduta ético são apresentadas na Figura 1. Vamos olhar para cada uma delas por vez.

ESTABELECER A POSIÇÃO ÉTICA

A organização precisa estabelecer, da forma mais clara e precisa possível, quais são seus valores, o que ela representa e acredita, quais atividades ela está disposta a tolerar e o que é inaceitável. Deontologicamente, isto significa estabelecer princípios de certo e errado, começando com a conformidade com a lei e quaisquer códigos de prática estabelecidos pela indústria. Questões como comportamento desrespeitoso para com outros funcionários e clientes, privacidade e proteção de dados, conflito de interesses etc., também precisam ser discutidas e normas estabelecidas.

Estas normas podem ser incorporadas num código de conduta ou num código de ética, mas, idealmente, esse código deveria ser muito mais do que uma simples lista de "você-não-deve". O Código de Conduta Tata estabelece uma série de princípios fundamentais positivos que refletem a missão do Grupo Tata, incluindo pontos como "buscamos contribuir para o desenvolvimento econômico das comunidades dos países e regiões em que operamos", "devemos agir com profissionalismo, honestidade e integridade, e em conformidade com os mais altos padrões morais e éticos" e "devemos nos esforçar para equilibrar os interesses de nossas partes interessadas, tratando cada uma delas de forma justa".[4]

A forma como esses princípios devem ser estabelecidos depende em grande medida do tamanho da organização. Se você estiver liderando uma pequena equipe ou dirigindo uma pequena empresa com um punhado de pessoas, pode não haver necessidade de um documento escrito, desde que todos falem e discutam sobre padrões éticos e estejam cientes do que é necessário. Em organizações maiores, um documento escrito é uma boa ideia, pois dá a todos um único ponto de referência. Um documento escrito também pode ser útil por razões legais caso ocorra uma violação ética; pode ser importante ter evidência de que todos estavam cientes dos padrões éticos exigidos e que a ignorância não é uma defesa.

Em seguida, a organização precisa assumir uma posição consequencialista e examinar o valor que ela cria para cada um dos grupos de partes interessadas acima. Por valor, entendemos a utilidade ou satisfação que cada stakeholder deriva da sua relação conosco. O que os nossos empregados ganham? Salários, satisfação no trabalho, habilidades, a sociedade de outras pessoas de mentalidade semelhante? O que os nossos clientes ganham? Bens e serviços úteis que melhoram o seu bem-estar e sua autoestima? O que a comunidade como um todo ganha? Prosperidade através da criação de emprego? Padrões de vida mais altos através de bens e serviços que melhoram a vida? Um aumento geral da felicidade através do consumo?

Responder essas perguntas para cada grupo de partes interessadas pode consumir muito tempo. A lei das consequências não intencionais tem de ser considerada: será que o impacto que estamos tendo de fato sobre estes grupos é o impacto que esperávamos? Os economistas falam de *externalidades*, impactos da atividade empresarial que são sentidos por pessoas que não escolheram pagar por elas. Externalidades negativas ou prejudiciais incluem coisas como ser fumante passivo, respirar ar poluído com fumaça de diesel ou danos causados por inundações e erosão causada pelo desmatamento. Também pode haver externalidades positivas, por exemplo, respirar um ar mais limpo à medida que mais veículos elétricos entram no mercado. De um ponto de vista ético, é de vital importância considerar todas essas externalidades e garantir que estamos cientes delas. Consultores como os auditores ambientais podem ser úteis para ajudar o processo a avançar.

Quando estivermos cientes do valor e das consequências das atividades de nosso negócio, poderemos analisar as opções para o negócio. O que resultará na quantidade máxima de bem e na quantidade mínima de dano? Quem, se preferirmos adotar a abordagem utilitarista, produzirá o maior bem para o maior número de pessoas? De uma perspectiva ética, precisamos considerar como cada opção afetará *todos* os grupos de partes interessadas e não privilegiar um ou dois em relação aos outros. Se até mesmo um grupo de partes interessadas estiver insatisfeito, isso pode prejudicar a reputação da empresa e dificultar o alcance de nossa meta.

Lembre-se, também, da posição pragmática: os fins são inseparáveis dos meios. As ações têm consequências. A maneira *como* fazemos as coisas é tão importante como *o que* fazemos, ou qual é o nosso objetivo.

Finalmente, temos de considerar a ética da virtude. Que tipo de organização queremos ser? Que tipo de reputação queremos ter? Quais são as principais virtudes — coragem, generosidade, autenticidade, compaixão — que serão necessárias para fazer desta uma organização verdadeiramente ética? Como fazemos para cultivar essas virtudes em nós mesmos e espalhá-las pelo resto da organização? Se pudermos tornar a organização inteira virtuosa, então a necessidade de um código deontológico muda. Ainda é importante ter o código, mas agora ele se torna um lembrete, um sinal para o caminho a seguir, em vez de um instrumento de controle para conter o comportamento. Os melhores códigos de conduta são aqueles a que as pessoas aderem voluntariamente, sem necessidade de coação.

ESTABELECER A POSIÇÃO

- Deontologia: definir as normas necessárias e criar um código de conduta.
- Consequencialismo: descrever o valor que o negócio cria e o seu impacto nas partes interessadas, incluindo externalidades.
- Pragmatismo: lembrar que os fins são inseparáveis dos meios, e escolher ações com consequências positivas.
- Ética da virtude: decidir que tipo de organização queremos ser.

É importante que o processo de estabelecimento da posição ética envolva o maior número possível de pessoas de todos os grupos de partes interessadas. Os líderes são responsáveis por garantir que o processo ocorra, que uma posição *seja* estabelecida e que todos tenham voz. Mas é perigoso que os líderes decidam unilateralmente o que é certo e o que é errado, o que é bom e o que é mau em termos de resultados e consequências para cada grupo de partes interessadas. Seria necessário que alguém com poderes de empatia muito formidáveis se colocasse nas mentes de cada grupo e pensasse como as partes interessadas pensam. É muito mais fácil e menos arriscado se comunicar com estes outros grupos, ouvi-los e levar suas opiniões em consideração, e depois criar uma síntese que satisfaça, se não todos, então o maior número possível de pessoas.

Poderão existir algumas questões em preto e branco em que não é necessária uma consulta extensiva. Não pode haver discussão para estabelecer uma regra que diz que os funcionários não darão ou receberão subornos, não quando tal atividade é claramente ilegal. Em muitos outros casos, haverá tons de cinza. Em vez de impormos os nossos próprios pontos de vista e valores éticos aos outros, o que, por si só, tem implicações éticas, é quase certamente melhor descobrir quais são os valores que os outros defendem e depois buscar um entendimento em comum.

CORPORAÇÃO MONDRAGÓN

Em 1943, um padre chamado José Maria Arizmendiarrieta fundou um colégio técnico na cidade espanhola de Mondragón em um esforço para restaurar a prosperidade na empobrecida região basca. Em 1956, o colégio criou uma pequena cooperativa chamada Ulgor. Mais cooperativas se seguiram ao longo dos anos e, até o momento de escrita deste livro, mais de uma centena de empresas cooperativas existem como parte da Corporação Mondragón. A Mondragón opera a nível internacional e, em 2017, registrou receitas de cerca de 13 bilhões de euros, o que a torna um dos maiores grupos empresariais da Espanha.

O ethos fundador da Mondragón foi de cooperação e colaboração, comunidades se unindo em face da adversidade para trabalhar pela prosperidade mútua e tornarem-se autossuficientes. O negócio permaneceu notavelmente robusto, apesar da falência e venda de um de seus maiores sócios, o fabricante de eletrodomésticos Fagor, em 2013. O resto do grupo sobreviveu à forte recessão econômica na Espanha após 2008 e, em parte graças aos seus esforços, a região basca continua a ser uma das partes mais prósperas da Espanha.

Mondragón tem um conjunto estabelecido de valores e princípios que são revistos e atualizados regularmente, mas permanecem consistentes com o ethos fundador do grupo de cooperação e difusão de riqueza através da comunidade. Seu atual código de valores inclui os seguintes pontos-chave, todos incorporados em seus princípios fundadores:

- Organização democrática.
- Soberania do trabalho.
- A natureza instrumental e subordinada do capital.
- Gestão participativa.
- Intercooperação entre as empresas do grupo.
- Transformação social.
- Educação.[5]

COMUNICAR VALORES E NORMAS

"Espalhar virtudes através da organização?" Fácil o suficiente, talvez, se você está liderando uma equipe de cinco ou seis, onde você conhece todos pessoalmente. Você pode conversar com as pessoas frente a frente, ver suas reações, participar de discussões e debater. Se você está liderando uma organização de centenas de milhares espalhados pelo mundo, fica mais difícil. Será necessária a paciência de Madre Teresa e a força de Hércules (ou, talvez, o contrário).

Conseguir passar a mensagem não é apenas uma questão de dizer as palavras. As pessoas têm que acreditar que você realmente quer dizer isso, que você realmente está comunicando um conjunto de valores éticos profundamente honesto e verdadeiro, e não pregando uma mensagem enquanto pratica algo bem diferente. Antes de acreditar em você, eles devem primeiro confiar em você, e é por isso que os líderes éticos falam tanto sobre liderar pelo exemplo.

LIDERAR PELO EXEMPLO

Como vimos acima, o primeiro passo para persuadir os outros a serem éticos é comportar-se de forma ética. Os líderes seniores da Tata falam muito sobre "fazer o necessário", ou, às vezes, de forma confusa, "fazer o prometido". (Ambos significam a mesma coisa; lembre-se apenas de acenar com a cabeça se você ouvir qualquer um deles, e não se sinta tentado, em nenhuma circunstância, a entrar em uma discussão sobre o que está correto. Os gerentes da Tata adoram discussões filosóficas profundas. Você ficará lá durante dias.) Ratan Tata, quando era presidente do grupo, atribuiu grande importância a isso, pondo em prática suas próprias crenças éticas e vivendo sua vida profissional e pessoal de forma coerente com seus valores profundamente enraizados. Sua equipe de gestão seguiu o exemplo, seus próprios seguidores, e assim por diante através da hierarquia.

A maioria de nós, quando vemos pessoas comportando-se eticamente, as admiramos por isso. Sentimos uma atração por eles e, se fizermos parte da mesma organização, tenderemos a apoiá-los e a nos aproximarmos deles. Também tendemos, ainda que apenas subconscientemente, a modelar o nosso comportamento a partir do deles. Michael Brown e colegas veem isso como uma forma de aprendizagem social.[6] Assim como os filhos imitam os hábitos de seus pais, adaptamos nosso próprio estilo e formas de fazer as coisas aos dos líderes que respeitamos e admiramos. Se um líder respeitado e admirado se comporta de forma ética, é muito mais provável que o resto da organização também se comporte de forma ética.

Naturalmente, liderar pelo exemplo por si só não é suficiente. As pessoas precisam ver você e estar conscientes do seu exemplo, para começar, portanto habilidades de comunicação e de construção de relações são também de grande importância. Mas estes, por sua vez, têm muito pouco valor, a menos que nós mesmos sejamos considerados indivíduos de confiança, cuja mensagem deve ser acreditada. De importância vital é o conceito de autenticidade, discutido por escritores como Inma Adarves-Yorno e Herminia Ibarra.[7] Para quem não está familiarizado com o termo, autenticidade significa simplesmente ser genuíno e comunicar quem você realmente é, em vez de tentar fingir ser algo que você não é. A autenticidade, viver de acordo com seus próprios valores, está intimamente ligada ao comportamento ético.

Isso pode parecer mais complicado do que realmente é. Muito de liderar pelo exemplo remete às virtudes aristotélicas: generosidade, bondade, empatia pelos outros. Madre Teresa, que mencionamos acima, tinha um ditado: "Seja fiel nas pequenas coisas, porque é nelas que reside a sua força." Descobri que dizer "obrigado" às pessoas num contexto profissional é extremamente poderoso. As pessoas se lembram de você por agradecê-las; elas sentem que podem confiar em você, a ocitocina é liberada e elas se sentem felizes. Um colega, um consultor que trabalha com pequenas empresas, diz que sorrir e cumprimentar o recepcionista quando você entra pela porta da frente também tem um efeito muito forte. Os recepcionistas conhecem todo mundo, e as notícias se espalham rapidamente.

Deve-se acrescentar também que autenticidade e liderar pelo exemplo são igualmente importantes quando se lida com *todas* as partes interessadas, dentro e fora da organização. Fiquei particularmente impressionado com a forma com a qual Paul Polman apresenta uma imagem e uma mensagem muito consistentes, independentemente de falar com funcionários, clientes e acionistas. Por meio de suas palavras e ações, ele comunica os valores éticos que consagra na Unilever, e todas as partes interessadas estão cientes de suas intenções. Como Mary Jo Hatch e Majken Schultz apontam em seu livro *Taking Brand Initiative*, a consistência da mensagem é extremamente importante em todas as formas de comunicação. Cada parte interessada deve receber a mesma mensagem, mesmo que ela seja expressa em termos diferentes. Uma vez que grupos diferentes de partes interessadas começam a receber mensagens diferentes, a imagem e os valores começam a ficar embaralhados, e isso, com o tempo, irá afetar e corroer a confiança.[8]

PROMULGAR O CÓDIGO DE CONDUTA

A comunicação do código de conduta é igualmente importante, podendo também servir de sinal para as partes interessadas externas, bem como para os funcionários. É importante que as pessoas saibam o que você defende, o que você acredita ser certo e errado. Isso estabelece expectativas.

Promulgar todo o código de conduta nem sempre é prático. Alguns códigos de conduta possuem muitas páginas e incluem exemplos de comportamentos desejados e proibidos, perguntas frequentes e muito mais. Mas versões condensadas da seção de ética e valores podem ser usadas como parte do *branding* externo. Os valores da McKinsey são frequentemente compartilhados com os clientes em um esforço para deixar claro o que a McKinsey acredita sobre si mesma e os padrões que ela tentará manter durante um compromisso com o cliente.

FALAR E OUVIR

A comunicação de valores e princípios éticos deve assumir a forma de um diálogo. Uma abordagem do tipo "eu falo, você escuta" dificilmente vai gerar muito entusiasmo. Na pior das hipóteses, poderia ser visto como uma tentativa da liderança de empurrar seus próprios valores e crenças para os seguidores sem consentimento, e então esperar que os seguidores desempenhem de acordo. Isso pode gerar ressentimento e resistência passiva.

Como líderes, temos de nos lembrar que não é só a nossa ética que importa. As partes interessadas também têm seus próprios códigos de ética e crenças. Podemos discordar do que eles consideram ser ético, podemos até, em alguns casos, considerar as suas crenças repugnantes, mas não temos o direito de enfiar as nossas opiniões goela abaixo dos outros sob a mira de uma arma.

Em vez disso, expomos a nossa posição e defendemos o nosso caso de maneira lógica, com dignidade e respeito por pontos de vista opostos. Ao persuadir outros a reconhecerem e seguirem a nossa abordagem empresarial ética, temos de explicar por que razão estamos adotando esta abordagem e que benefícios ela trará em termos de reputação, confiança, lucros etc., de acordo com o modelo de criação de valor do capítulo anterior. Temos de explicar o que é que eles ganham com isso. Novamente, isso inclui acionistas, clientes e fornecedores, bem como funcionários.

O Projeto Eden na Cornualha estabelece padrões elevados para os seus fornecedores e espera que estes cumpram os padrões do comércio justo. No entanto, em vez de expulsar os fornecedores que ficam aquém desses padrões, o Eden trabalha com eles para ajudá-los a melhorar.[9] Na China, após um incidente em 2008, quando a fórmula de leite infantil foi contaminada com melamina, resultando em seis mortes e dezenas de milhares de doenças, a Tetra Pak interveio para trabalhar com parceiros em todas as posições na cadeia de valor do leite para ajudá-los a melhorar os seus padrões de higiene e segurança do produto. Na maioria dos casos, a Tetra Pak forneceu consultoria, treinamento e até mesmo equipamentos gratuitamente.[10] Às vezes, a forma mais eficaz de comunicação é a ação.

Descrevi a liderança pelo exemplo, a promulgação de códigos de valores e o diálogo através da palavra e da escuta como se fossem passos sequenciais, mas eles claramente não o são. Todos os quatro precisavam ser feitos simultaneamente, e além disso, eles precisam ser feitos a toda a hora. O líder ético descobrirá que fazer essas coisas ocupa uma parte significativa do seu tempo, todos os dias. E assim deve ser. Para repetir outro ponto mencionado anteriormente neste livro, os líderes não fazem as coisas sozinhos. Eles precisam da sua equipe, da sua organização, para fazer a jornada com eles.

COMUNICAR VALORES E NORMAS

- Deontologia: comunicar as normas exigidas e o código de conduta.
- Consequencialismo: explicar e discutir o valor criado e as consequências da atividade empresarial.
- Pragmatismo: construir múltiplas relações com diferentes partes interessadas para ouvir diversos pontos de vista.
- Ética da virtude: ser o tipo de pessoa que você quer ser, e incentivar os outros a fazerem o mesmo.

Uma vez entrevistei um CEO que me disse que comunicar os valores da organização era metade do seu trabalho. Na minha opinião, esta é uma das razões pelas quais os CEOs existem; para ajudar a organização a reconhecer para onde quer ir, e então ajudá-la a chegar lá, mantendo-a no rumo certo, meio pastor, meio timoneiro.

MCKINSEY

Tal como a Mondragón, a McKinsey & Company tem um conjunto de valores muito forte, muitos dos quais foram estabelecidos pelo sócio gerente e arquiteto de longa data da firma na sua forma moderna, Marvin Bower. Os valores são:

Aderir aos mais altos padrões profissionais
- colocar os interesses dos clientes à frente dos interesses da empresa.
- assegurar padrões éticos elevados.
- preservar a confidencialidade dos clientes.
- manter uma perspectiva independente.
- gerir os recursos do cliente e da empresa de forma rentável.

Melhorar significativamente o desempenho dos nossos clientes
- seguir a abordagem de gestão de topo.
- utilizar a nossa rede global para entregar o melhor da empresa a todos os clientes.
- trazer inovações nas práticas de gestão aos clientes.
- construir capacidades do cliente para sustentar a melhoria.
- construir relações duradouras baseadas na confiança.

Criar um ambiente inigualável para pessoas excepcionais
- ser inclusivo e não hierárquico.
- sustentar uma meritocracia cuidadosa.
- desenvolver-se mutuamente através da aprendizagem e da tutoria.
- assegurar o dever de discordar.
- governar como uma sociedade de "uma só firma".[11]

A McKinsey comunica esses valores incansavelmente ao seu próprio pessoal e aos seus clientes. A versão da declaração de valores pode ser encontrada na área de recepção de todos os escritórios da McKinsey no mundo, e estão espalhados pelos seus sites e comunicações oficiais. A empresa organiza anualmente "dias de valores" em que os colaboradores se reúnem e discutem os valores da empresa e o que mais pode ser feito para defendê-los.

A declaração de valores é também uma parte importante do esforço de marketing da empresa e está no centro da sua imagem e reputação junto das partes interessadas externas. Os diretores da McKinsey também se consideram como embaixadores de valores, e uma de suas principais funções é comunicar os valores aos funcionários e clientes, e garantir que os primeiros adiram aos valores. Falhar em viver de acordo com os valores, especialmente no que diz respeito às relações com os clientes, é um dos crimes mais hediondos que um funcionário da McKinsey pode cometer, e parceiros já foram demitidos sem aviso prévio por isso.

MOTIVAR OS OUTROS

Motivar os outros a se comportarem de forma ética pode ser uma simples questão de conformidade deontológica: comporte-se de forma ética e nós o recompensaremos, falhe e você será punido. Esta é a abordagem seguida por muitas organizações, e é útil desde que tanto a recompensa como a punição sejam realizadas de forma justa e equitativa. Se não, então, como sugere a teoria da justiça de Rawls, há implicações éticas óbvias.

No entanto, existem outras formas de pensar sobre motivação. As cenouras são geralmente mais eficazes do que o açoite. Teorias de motivação baseadas no trabalho, tais como a teoria da higiene de Herzberg e a teoria das características do trabalho de Hackman e Oldham sugerem que embora os funcionários sejam motivados pela recompensa — pagamento e outros incentivos monetários, oportunidades de formação, oportunidade de progressão — também são fortemente motivados por encontrar satisfação no seu trabalho e saber que o seu trabalho tem significado para outras pessoas.[12]

Isso é particularmente verdadeiro para os funcionários mais altamente qualificados, como Rob Goffee e Gareth Jones apontam em seu artigo "Leading Clever People", publicado na *Harvard Business Review*.[13] Essas pessoas tendem a ser atraídas para suas profissões em primeiro lugar, não apenas pelo dinheiro, mas também pela chance de criar algo que causará um impacto no mundo ao seu redor. Estabelecem os seus próprios objetivos e medem o seu próprio progresso em direção a esses objetivos, seguindo em frente independentemente de quaisquer outros objetivos ou restrições que possamos impor em seu caminho.[14] Dar a essas pessoas o espaço para criar é uma das motivações mais poderosas que existem, e as pesquisas têm mostrado que este grupo muitas vezes trabalhará voluntariamente por menos dinheiro se conseguir encontrar o ambiente de apoio certo.

Isso deve ser muito útil para o líder ético, cuja tarefa é persuadir as pessoas a se comportarem de forma ética. Já estabelecemos que a criação de valor para outras pessoas está no cerne da liderança ética. Ajudar as pessoas a ver o bem que o seu trabalho está fazendo e oferecer um espaço onde possam continuar a inovar e a criar mais valor vai ao encontro das ambições de muitos funcionários. E, considerando a linha ética da virtude, se lhes dermos espaço para desenvolver suas próprias virtudes, isso também deve ressoar.

Desenvolver suas próprias virtudes? Isso soa mesmo um pouco sensível demais, não soa? Estamos sendo moles demais. Tudo o que temos de fazer é pagar bem as pessoas, e em troca, quando dizemos para saltar, elas devem perguntar até que altura.

Não. Não funciona assim, e nunca funcionou. Há algumas pessoas que, sem dúvida, só aparecem para o trabalho porque sabem que serão pagos, fazem a quantidade mínima de tarefas e voltam para casa quando o expediente acaba (e você realmente quer essas pessoas em sua organização? Você os contrataria de livre vontade? E, se sim, por quê?), mas há muitos mais que procuram por algo que dê sentido e propósito às suas vidas; e alguém que os possa ajudar a encontrá-lo. Mary Parker Follett, falando em uma Conferência de Gestão da Rowntree em 1928, resumiu esse anseio:

> Eu acredito que o grande líder pode... despertar minhas possibilidades latentes, pode revelar novos poderes em mim mesmo, pode acelerar e dar direção a alguma força dentro de mim. Há energia, paixão, vida não desperta em nós — aqueles que a invocam são nossos líderes.[15]

O reconhecimento público pode ser uma forma de recompensa, dependendo da empresa e da sua cultura. Nem todo mundo gosta de atenção pública. Alguns gostam de ser reconhecidos em público; outros preferem andar descalços sobre carvões quentes a ficar de pé no palco e receber um prêmio. Às vezes, um simples aperto de mão e um "bom trabalho" silencioso serão igualmente eficazes no reconhecimento do comportamento e na construção de um relacionamento contínuo.

Outras partes interessadas terão suas próprias necessidades, mas podemos encontrar formas de recompensá-las também. Os acionistas querem dinheiro, mas também querem ter a certeza de que a empresa está sendo bem gerida; e, cada vez mais, muitos acionistas estão também preocupados com o fato das empresas em que investem serem geridas de forma ética. Os fornecedores gostam de relacionamentos estáveis e, como vimos acima, muitas vezes ficam felizes em receber ajuda e apoio técnico para melhorar seus próprios negócios. Clientes querem valor pelo que pagaram, mas também ficam impressionados pela simples bondade.

Minha esposa uma vez apontou para o nosso supermercado local que eles haviam cobrado dela uma dúzia de garrafas de líquido de limpeza em vez de uma dúzia de garrafas de vinho, uma discrepância de quase cem libras. Em agradecimento, o supermercado lhe deu um buquê de flores e uma caixa de chocolates. Lá está ele, chocolate outra vez. Pode ser a resposta para todos os nossos problemas.

MOTIVAR OS OUTROS

- Deontologia: punir comportamentos antiéticos e recompensar aqueles que cumprem ou excedem os padrões éticos.
- Consequencialismo: ajudar outras pessoas a fazer o bem.
- Pragmatismo: dar às pessoas a possibilidade de criar e inovar.
- Ética da virtude: dar às pessoas a possibilidade de desenvolverem as suas próprias virtudes e de se tornarem as pessoas que querem ser.

JOHN LEWIS

A John Lewis Partnership motiva seus funcionários, envolvendo-os não apenas na propriedade, mas na gestão do negócio. Como o próprio John Lewis disse, a mera posse não é suficiente. Os funcionários também devem ter poder e controle sobre o que possuem, a fim de tornar essa propriedade significativa. Cada funcionário é um parceiro na organização e, nas comunicações do próprio grupo John Lewis, a palavra "funcionário" não é usada; em vez disso, as pessoas são referidas como "parceiros".

O órgão dirigente da John Lewis Partnership é o Conselho de Parceria, composto por 82 membros. Oitenta por cento destes são eleitos pelos 85 mil sócios, sendo o restante nomeado pelo presidente. Os dois principais negócios do grupo, a cadeia de lojas de departamento John Lewis e os supermercados Waitrose, têm, cada um, o seu próprio conselho com uma composição semelhante

Esses conselhos têm o poder de discutir qualquer assunto relativo ao negócio, e funcionam como diretores não executivos, supervisionando e avaliando o que os executivos fazem e responsabilizando-os.[16]

Cada loja individual também tem um fórum filial onde os parceiros podem se reunir e discutir questões. Esses fóruns são fontes fortes de inovação. Os parceiros podem sugerir e sugerem maneiras de melhorar o atendimento ao cliente que são encaminhadas à gerência, seja diretamente ou através do Conselho de Parceria. A combinação da propriedade e do poder de criar mudança motiva os funcionários a se interessarem mais pela organização e a impulsionar a busca de maior valor.

Esta motivação é tão forte que o Conselho de Parceria resistiu a todas as tentativas de quebrar a parceria. Em 1999, na sequência de uma série de maus resultados, foi proposto que a empresa fosse vendida. Isso teria rendido a cada parceiro cerca de 100 mil libras esterlinas. Em vez disso, o Conselho de Parceria prometeu trabalhar para melhorar a empresa e reverter as suas fortunas. Apenas um membro do Conselho de Parceria votou a favor de uma venda.[17]

ACOMPANHAR O DESEMPENHO ÉTICO

Esta é uma questão um pouco complicada porque o próprio monitoramento das pessoas tem implicações éticas. O monitoramento e a medição do progresso podem ser usados como meios de sancionar ou disciplinar as pessoas através da fixação de objetivos que não podem alcançar e, em seguida, puni-las pelo seu fracasso. Este foi um dos argumentos contra a gestão científica e as culturas de *pay-for-performance*. É muito bonito recompensar as pessoas pelos seus esforços, mas puni-las pelo fracasso só pode ser feito se forem respeitados princípios rigorosos de justiça e equidade.

Mesmo assim, as consequências podem ser desagradáveis. Se as pessoas souberem que podem ser punidas, o seu comportamento pode se tornar mais avesso ao risco à medida que procuram evitar qualquer ação ou comportamento que as possa tornar culpadas. Quantas vezes você pediu informações a uma organização, para ser informado de que a informação não pode ser disponibilizada por motivos de "proteção de dados"? Segundo a minha experiência, na maioria desses casos, dar a informação não violaria as regras de proteção de dados. Mas o funcionário, inseguro quanto ao que dizem os regulamentos, prefere se recusar a fornecer dados do que correr o risco de infringir a lei.

W. Edwards Deming, o guru da qualidade do final do século XX e um dos fundadores da gestão da qualidade total, argumentou uma vez que todas as metas, quotas e objetivos estatísticos deveriam ser abolidos.[18] Esta é uma ideia radical (e, para alguns, bastante aterradora). Concordo com Deming que a ideia de estabelecer metas numéricas levanta muitas questões éticas. Para o líder ético, pode ser muito útil estabelecer normas e pedir às pessoas que as respeitem, mas, como argumentei acima, isso por si só não é suficiente. O desempenho ético deve ser voluntário, e o monitoramento deve ser uma questão de (a) obter um sentimento geral sobre se o negócio está caminhando para seus objetivos e criando um máximo de valor com um mínimo de externalidades, e (b) se algum indivíduo está, por meio de erro ou ação deliberada, se comportando de maneira antiética.

Como dissemos, as pessoas nas empresas cometem erros. Em termos de monitoramento do desempenho, uma das tarefas do líder ético é intervir e assegurar que as falhas são tratadas de forma rápida e responsável. Mais uma vez, a coisa ética a se fazer também acaba por ser a coisa certa a se fazer do ponto de vista do negócio.

MONITORAR O DESEMPENHO ÉTICO

- Deontologia: estabelecer metas para ações éticas e mensurá-las.
- Consequencialismo: estabelecer metas para a criação de valor e mensurá-las.
- Pragmatismo: permitir que as pessoas estabeleçam suas próprias metas; monitoramento leve para garantir que não haja violações.
- Ética da virtude: criar um ambiente no qual as decisões éticas são tomadas automaticamente, sem necessidade de monitoramento.

Vimos no Capítulo 1 como o Facebook atrasou sua resposta às revelações sobre a Cambridge Analytica e, consequentemente, levou um grande golpe em sua reputação, enquanto o Cricket Australia reagiu rapidamente ao escândalo de manipulação de bola e foi capaz de salvar algo dos destroços. A velocidade de resposta é importante, mas a demonstração de virtude também. Quando as falhas de negócios acontecem, é importante responder com bondade e compaixão.

Mais dois exemplos de fracasso ajudarão a reforçar o ponto. O primeiro é a reação da gigante petrolífera BP ao desastre da *Deepwater Horizon*, no qual um petroleiro explodiu e pegou fogo, matando onze pessoas e causando um derramamento de petróleo que afetou grande parte do Golfo do México. O CEO Tony Hayward foi amplamente criticado por não levar o evento suficientemente a sério no início, minimizando o nível de poluição e insistindo que o derramamento não era um evento sério. "Cometemos alguns pequenos erros no início", disse ele aos repórteres.[19] Embora mais tarde ele tenha mudado de posição e se desculpado pelo derramamento, o dano foi feito e Hayward havia efetivamente perdido a confiança do público. Demitiu-se três meses depois.

O segundo exemplo diz respeito ao voo MH370 da Malaysia Airlines, que desapareceu num voo da Malásia para a China em 2014 e nunca foi encontrado. Nenhuma das autoridades ligadas a esta tragédia se saiu particularmente bem, com o governo da Malásia divulgando histórias e informações contraditórias, mas a Malaysia Airlines foi alvo de críticas especiais quando enviou um texto redigido de forma grosseira e pouco simpática às famílias das vítimas:

A Malaysia Airlines lamenta profundamente que tenhamos de assumir, para além de qualquer dúvida razoável, que o MH370 se perdeu e que nenhuma das pessoas a bordo sobreviveu. Como ouvirão na próxima hora da parte do Primeiro-Ministro da Malásia, temos agora de aceitar todas as provas que sugerem que o avião caiu no sul do Oceano Índico.[20]

Muitos dos familiares ficaram furiosos e horrorizados e a companhia aérea foi duramente criticada pela sua falta de empatia. A falta de compaixão por parte dos gestores foi um dos fatores que contribuíram para o subsequente colapso do preço das ações da companhia aérea e, enfim, para o seu fracasso.

Compare isso com o comportamento da Air France após o acidente do voo 447 no seu trajeto do Rio de Janeiro a Paris em 2009. Uma hora após o desaparecimento do avião nas telas do radar, executivos superiores da Air France, incluindo o seu presidente, estavam com familiares à espera no aeroporto Charles de Gaulle, falando com eles, dando-lhes todas as informações de que dispunham, confortando-os e oferecendo-lhes compaixão. Os executivos da Air France fizeram tudo o que puderam para aliviar o sofrimento das pessoas em luto e, como resultado, a empresa foi amplamente elogiada. O preço das suas ações baixou brevemente após o acidente, mas recuperou o seu valor total dentro de uma semana.

MAPLE LEAF FOODS: O INTERESSE PÚBLICO

Em 12 de agosto de 2008, a direção da empresa de processamento de alimentos Maple Leaf Foods tomou conhecimento de um possível caso de contaminação por listeriose numa das suas fábricas de processamento de carne perto de Toronto. Até 23 de agosto, a contaminação tinha sido confirmada e, no final de setembro de 2008, 21 mortes tinham sido relacionadas com o surto de listeriose. Muito mais pessoas ficaram doentes.

Diante de um desastre que poderia ter destruído a empresa, além de afetar muitas vidas, a Maple Leaf Foods tomou medidas imediatas. O CEO Michael McCain tomou a frente oferecendo desculpas imediatas a todos os afetados e assumindo toda a responsabilidade. Em vez de apenas recolher as linhas de produtos contaminadas pela bactéria *Listeria*, a empresa retirou todas as linhas de produtos de todas as suas fábricas e só retomou a produção quando os testes mostraram que as linhas de produção estavam livres de contaminação. "O princípio fundamental é fazer o que é do interesse da saúde pública", disse McCain.

Além de realizar frequentes conferências de imprensa para manter a imprensa atualizada, a Maple Leaf Foods usou seu site para fornecer informações sobre as medidas que estava tomando para eliminar a contaminação. Este site era atualizado 24 horas por dia, sete dias por semana. A empresa também produziu um anúncio de televisão, pedindo mais desculpas e explicando a resposta da empresa. Embora os impactos financeiros tenham sido severos, a Maple Leaf Foods retornou à rentabilidade um ano depois e recuperou a maior parte do negócio que havia perdido após a crise.[21]

TATA FINANCE: DIZENDO DE CORAÇÃO

Resolver falhas requer coragem, e é aqui que algumas organizações e alguns líderes falham no teste. A tentação de culpar o outro, de correr e se esconder até que tudo passe, pode ser muito forte. Um dos verdadeiros testes de um líder ético é como eles enfrentam o desafio do fracasso. Michael McCain enfrentou esse desafio de frente. O mesmo aconteceu com Ratan Tata quando, em 2002, se tornou evidente que a empresa de serviços financeiros do grupo, a Tata Finance, tinha tido problemas.

O primeiro sinal de que nem tudo estava bem veio quando os auditores se recusaram a assinar os livros da Tata Finance. A empresa de auditoria demitiu os auditores e trouxe outros que concordaram em assinar. A essa altura dos acontecimentos, os alarmes começaram a tocar na Casa de Bombaim, a sede do grupo, e uma revisão interna foi iniciada. Foi rapidamente descoberto que havia um buraco negro de tamanho desconhecido nas contas da Tata Finance,

"Podíamos ter tapado o buraco silenciosamente e reparado as perdas", Ratan Tata me disse vários anos mais tarde. "Mas eu não podia fazer isso. Teríamos permitido que os culpados se safassem. Senti que se não tornássemos isso público, estaríamos dizendo de maneira implícita que este tipo de comportamento era tolerável".[22] A Tata denunciou a si própria e informou os reguladores, e vários executivos da Tata Finance foram detidos. Ratan Tata tomou então uma ação que, até onde eu sei, não tem precedentes na história dos banqueiros. Embora o tamanho do buraco negro ainda fosse desconhecido, ele prometeu reembolsar todos os clientes da Tata Finance que tinham perdido dinheiro, até a última rupia.

Ele não precisava fazer isso. Como R. Gopalakrishnan, diretor executivo da Tata Sons, observou, a Tata Finance era uma empresa de responsabilidade limitada; poderia simplesmente ter ido embora e deixado seus clientes se virarem, como fizeram tantos outros bancos falidos ao longo dos anos. "Mas ele prometeu que iríamos cobrir todas as perdas, apesar de não sabermos quais eram", disse-me Gopalakrishnan. "Ele estava mesmo falando isso do fundo do coração." O próprio Ratan Tata acredita que não teve escolha real. "Se não tivéssemos feito isso, nunca mais ninguém teria confiado em nós", ele disse. "E tudo pelo que tínhamos trabalhado teria sido jogado fora."[23]

Referi-me anteriormente no livro ao artigo de Ajit Nayak, "Wisdom and the Tragic Question". É isto que Ajit quer dizer com sabedoria: saber o que está certo e ter a coragem de fazê-lo. E, na maioria das vezes, se você fizer o que é certo, as pessoas o respeitarão e confiarão em você, e o dano pode ser limitado.

A explosão da *Deepwater Horizon*, a perda do MH370, não foram falhas *éticas*. Foram falhas, pura e simplesmente, acidentes que podiam acontecer a qualquer hora a qualquer um. É verdade. Mas a resposta ao fracasso *tem* uma dimensão ética. A forma como assumimos a responsabilidade, como nos movemos para ajudar aqueles com quem temos relações e por quem somos responsáveis, será guiada pelos nossos próprios padrões éticos. Podemos fugir, nos esconder e esquivar da responsabilidade, ou podemos nos levantar, assumir a responsabilidade e fazer o que é certo. A escolha é nossa.

SEMCO

Na Semco, a empresa brasileira de engenharia leve mencionada no Capítulo 2, cada colaborador assume a responsabilidade por suas próprias ações. Ninguém monitora o desempenho dos indivíduos, apenas o desempenho geral em relação aos objetivos do plano de negócios. Se isso parece ficar aquém das expectativas, os funcionários juntam as suas cabeças e descobrem como fazer com que as coisas voltem ao normal.

Isso pode ser feito com ética? Podemos realmente confiar que as pessoas serão éticas, para que não precisemos ficar de olho nelas? Mais uma vez, isso pode ser possível em pequenas equipes ou organizações. Se o líder cria com sucesso o clima ético e todos compartilham os mesmos valores e crenças éticas, então é provável que sim. Pode se esperar que as pessoas se policiem e que, se uma violação ética acontecer, que elas levantem as mãos, assumam e depois retifiquem a situação.

Em organizações maiores, isso simplesmente não é possível. Os seres humanos são falíveis, cometem erros ou sucumbem à tentação. Mesmo organizações altamente orientadas por valores, como a Unilever e a McKinsey, que têm fortes códigos éticos e culturas altamente éticas, têm lapsos. Quando isso acontece, alguém tem que intervir e assumir a responsabilidade de corrigir a situação — e, se necessário, disciplinar os responsáveis pelo lapso. Num mundo perfeito, não haveria necessidade de oficiais de conformidade. Infelizmente, o mundo não é perfeito.

Isso não significa, porém, que não devamos tentar encorajar as pessoas a serem responsáveis pelo seu próprio comportamento ético. Mesmo que não cheguemos tão longe quanto a Semco, um pouco de autopoliciamento ainda é melhor do que nenhum.

ASSEGURAR A CONTINUIDADE

O elemento final na cadeia de valor ética é assegurar a continuidade. Não basta ser ético uma vez. Temos de continuar a fazê-lo, todos os dias de todas as semanas, entra ano, sai ano, continuar a agir. Isso não significa fazer a mesma coisa repetidas vezes. Deming uma vez escreveu que a qualidade é uma jornada, e a ética é muito parecida. Não importa quão éticos nós e nossas organizações possamos ser, devemos continuar a elevar o padrão.

Kaizen, ou melhoria contínua, é um conceito de gestão da qualidade que favorece a mudança constante e evolutiva, fazendo pequenos ajustes o mais frequentemente possível com o objetivo de melhorar constantemente a qualidade. Entre seus princípios-chave estão (1) feedback e reflexão para examinar o que estamos fazendo agora e como poderíamos fazer melhor, e (2) encorajar as pessoas a se apropriarem dos problemas e encontrarem soluções em vez de esperar que outra pessoa o faça.

Podemos aplicar os conceitos de *kaizen* à liderança ética. Temos de ser constantemente autorreflexivos, pensando nas decisões que tomamos e nas ações que empreendemos, examinando as consequências e pensando no que faremos de diferente — e melhor — da próxima vez. Devemos também ser ouvintes, ouvir o feedback dos outros, não apenas dos nossos colegas mais próximos, mas de todas as partes interessadas. E devemos encorajar todos com quem trabalhamos, especialmente os nossos funcionários, a darem um passo à frente e a assumirem responsabilidades. Uma das tarefas do líder ético é deixar claro que a ética é responsabilidade de todos. Se pudermos fazer isso, com firmeza e em longo prazo, construiremos gradualmente confiança e reputação, e o processo de autorrealização que descrevemos no Capítulo 4 terá início.

GARANTIA DE CONTINUIDADE

Deontologia: monitoramento contínuo do desempenho ético para cumprimento de padrões de certo e errado.

Consequencialismo: melhoria contínua, elevar o padrão da criação de valor e desafiar a organização a fazer mais.

Pragmatismo: procurar maneiras novas e diferentes de criar valor através de um espectro de atividades.

Ética da virtude: desenvolver ao máximo a capacidade ética das pessoas.

TATA

A Tata tem sido notavelmente consistente em manter seus padrões éticos. Houve lapsos, naturalmente, e o caso da Tata Finance (acima) é particularmente grave. Mas, em geral, a Tata tem permanecido não apenas uma organização livre de escândalos, mas uma organização que é amplamente admirada por sua forte postura ética. Como discutido no capítulo anterior, essa postura desempenha um papel importante na criação de valor e é o alicerce do valor da marca.

Tata garante a consistência de três maneiras. A primeira é através do código de conduta, que cada membro de cada empresa Tata lê e concorda em aderir no dia em que entra para a equipe. A segunda é através da liderança pelo exemplo e da comunicação constante dos padrões e valores éticos da empresa, da forma descrita neste capítulo.

A terceira via é através de uma referência constante ao seu passado. Assim como a McKinsey, outra organização cujos valores estão profundamente enraizados em sua herança, a Tata remete ao passado e lembra suas partes interessadas das grandes figuras que criaram e defenderam sua ética e seus valores. O fundador, Jamsetji Nusserwanji Tata, e seu descendente e presidente de longa data no século xx, J. R. D. Tata, são figuras onipresentes no folclore Tata. Seus retratos e bustos estão em todos os espaços públicos importantes nos escritórios e áreas de recepção da empresa, lembretes visíveis e constantes. As suas palavras e ditado são citados em relatórios anuais e outras comunicações oficiais.

A Tata existe há cerca de 150 anos, a McKinsey está chegando perto de um século. Nem toda organização tem essas décadas de tradição como uma fonte de inspiração, mas mesmo organizações relativamente jovens podem recordar suas fundações e lembrar seu propósito original e por que elas foram criadas. Poucas empresas são fundadas apenas como um veículo para ganhar dinheiro. A maioria das grandes corporações de hoje tinha um propósito social. Aqui estão alguns exemplos:

- Heinz: disponibilizar alimentos nutritivos e sustentáveis para as pessoas.
- Kellogg's: oferecer uma alternativa alimentar saudável para o café da manhã.
- Coca-Cola: oferecer uma bebida nutritiva e estimulante que seria uma alternativa às bebidas alcoólicas.
- Sony: ajudar a reconstruir a economia japonesa devastada pela guerra e criar bens de consumo baratos e fáceis de utilizar.
- IBM: fornecer máquinas que permitam às empresas funcionar de forma mais eficiente e servir aos clientes de forma mais eficaz.

Referir-se a esse propósito central pode ser uma fonte de inspiração e ajudar a orientar o pensamento ético agora e no futuro. Mais uma vez, trata-se de lembrar que valor você está criando e por que, não ficar empacado em noções de curto prazo como o lucro.

RESUMINDO

Os cinco elementos da cadeia de valor ética — estabelecer a posição ética, comunicar valores e normas, motivar os outros, monitorar o desempenho ético e assegurar a continuidade — são a sala das máquinas que alimenta o processo de criação de valor. Se forem bem feitos, esses elementos estabelecerão reputação e confiança. Estabelecer a posição ética estabelece expectativas; ela diz ao mundo a que nossa organização aspira, qual é seu propósito e quais padrões ela estabelece para si mesma. Essas aspirações, propósitos e padrões precisam ser comunicados para que todos, dentro e fora da organização, os entendam claramente e saibam quem somos e em que acreditamos.

Não basta apenas comunicar; devemos também motivar e levar os outros conosco no caminho. Falamos sobre autenticidade na liderança, mas muitas vezes a liderança ética significa encorajar os outros a serem autênticos também. Precisamos dar espaço às pessoas para realizarem as suas próprias aspirações, ao mesmo tempo em que as orientamos e encorajamos a trabalhar para o bem do grupo e a criar valor para as partes interessadas. Se conseguirmos alinhar essas duas coisas, aspiração pessoal e o bem do grupo, é aí que começa a verdadeira criação de valor.

Nem, uma vez que as rodas estejam em movimento, podemos recuar e deixar que o processo se desenrole sozinho. Ser um líder ético significa estar constantemente observando, ouvindo, monitorando, procurando sinais de fracasso e intervindo rapidamente quando estes ocorrem, impulsionando o processo e assegurando que a procura de um comportamento ético e de criação de valor é interminável. Por mais "bons" que pensemos que somos, haverá sempre fracassos éticos, dilemas e paradoxos que têm de ser resolvidos. O líder ético deve traçar o caminho da organização para além destes, navegando através dos obstáculos e buscando águas claras.

Como é que fazemos isso diariamente? Sabedoria e coragem, virtude e senso comum são todos necessários, mas há também algumas ferramentas e estruturas que podem guiar nosso pensamento ao tomar decisões éticas, e nós voltaremos a elas no final do livro. Em primeiro lugar, seria útil explorar a relação entre alguns dos principais grupos interessados e a cadeia de valor com um pouco mais de detalhe. Vamos olhar para quatro grupos — funcionários, clientes, comunidade, acionistas — de cada vez.

6

A FONTE DA NOSSA PROSPERIDADE: FUNCIONÁRIOS

A teoria convencional das partes interessadas, fortemente enraizada na teoria da justiça de John Rawls, argumenta que todos os que têm uma relação com uma organização, ou que são afetados pelas suas ações, têm um "risco" ou um interesse pessoal no que essa organização faz.[1] Segue-se que todas as partes interessadas devem ser tratadas da mesma forma ou, pelo menos, que os seus interesses devem ser considerados de igual importância.

É verdade, mas como vimos acima no Capítulo 4, há um forte argumento para que os funcionários sejam tratados como *primus inter pares*. Sem funcionários dedicados que trabalhem duro, não há muito que será feito e a organização terá pouca chance de alcançar seus objetivos. E, claro, há o argumento de que, se você cuidar de seus funcionários, eles vão cuidar de seus clientes para você.

Como empregadores, temos o dever de cuidar dos nossos empregados e devemos prezar por seu bem-estar. Como Robert Owen e Edward Cadbury e muitos outros aprenderam desde então, isso é, em parte, uma questão de interesse próprio esclarecido. Medo, estresse, fadiga e condições de trabalho inseguras têm um impacto negativo na produtividade. No entanto, ao que parece, há muitos empregadores que se recusam a ver isso, e acreditam que uma boa gestão equivale a explorar os empregados o mais impiedosamente possível na busca de ganhos a curto prazo.

A maioria de nós terá experimentado isso em primeira mão. Como um jovem estudante universitário no Canadá, eu tive vários empregos, talvez o menos saudável dos quais era trabalhar como lavador de pratos no turno da meia-noite em uma lanchonete de panquecas que ficava aberta 24 horas. Uma vez, com febre e claramente com gripe, liguei para dizer que estava doente, só para ouvir que "não permitimos esse tipo de coisa aqui", e que se eu quisesse manter o meu emprego era melhor aparecer para o trabalho. Ordenar aos empregados que sofrem de uma doença contagiosa que trabalhem num ambiente em que os alimentos, ou pelo menos algo semelhante a alimentos, estejam sendo preparados para consumo público não foi uma coisa inteligente a se fazer, nem a nível moral nem a nível prático.

No entanto, continua a acontecer. A Sports Direct também foi acusada de ter despedido trabalhadores por estarem doentes, e a mesma alegação também foi feita sobre outras empresas. Na década de 1920, Seebohm Rowntree e seus colegas nas conferências de Rowntree instigaram a administração e os trabalhadores a perceberem que estavam do mesmo lado, mas a noção de que a relação empregador-empregado é essencialmente contraditória está demorando muito tempo para morrer. A cultura de "confronto de princípios" da Uber se transformou, em uma inspeção mais detalhada, apenas "confronto".

Uma grande parte do problema reside numa atitude de gestão que persiste em ver os funcionários como um recurso ou, pior ainda, como um centro de custos. "Não vale a pena tentar aumentar as vendas", disse-me recentemente um diretor financeiro (que ficará sem nome). "É arriscado e difícil, e nunca se ganha tanto dinheiro quanto se pensa que se ganha. Se você quer melhorar suas margens, é muito melhor fazer cortes. Os cortes são fáceis."

Mas Rowntree tinha razão, assim como John Lewis e Ricardo Semler. As pessoas que criam valor para a empresa e para todas as partes interessadas são os trabalhadores. A administração e os trabalhadores são parceiros na tarefa de criação de valor. No âmbito dessa parceria, o papel da gestão é apoiar e capacitar os trabalhadores, para que criem mais valor, de forma mais eficiente e eficaz. Se os gestores não fizerem isso, então eles é que são os centros de custos.

LIDERAR PESSOAS ETICAMENTE

Teorias de liderança ética de pessoas e organizações geralmente começam com uma perspectiva deontológica. Voltando à cadeia de valor, estabelecemos a posição ética. Fazemos regras sobre o que é e o que não é aceitável; promulgamos códigos de conduta; comunicamos a mensagem e estabelecemos uma cultura ética. Estabelecemos normas de equidade e justiça. O quão formal isso tudo é vai depender da organização, do seu tamanho e da sua cultura, mas o princípio básico continuará a ser o mesmo. Até mesmo as regras não escritas são regras.

Na prática, a definição da posição inclui questões como salário igual para trabalho igual, igualdade de oportunidades de progressão e promoção, transparência da informação e assim por diante. Significa também estabelecer mecanismos para agir com conformidade, bem como sanções por não agir com conformidade.

Há também um elemento consequencialista. Quando comunicamos as normas e valores — a segunda etapa da cadeia de valor — também apontamos os benefícios para a organização. Apelamos ao interesse próprio esclarecido. Ser ético construirá reputação e ganhará a confiança de outras partes interessadas, tornando a própria organização mais forte, resiliente e lucrativa. Queremos que nossos funcionários se comportem de forma ética porque esperamos que isso leve a um bom resultado.

Esta é a abordagem padrão da liderança ética, mas podemos ir muito mais longe. A promulgação de códigos de conduta e a comunicação de valores é essencialmente defensiva, o equivalente a vestir uma armadura.

O famoso lema do Google, "não faça o mal", diz às pessoas o que não devem fazer, mas não lhes diz o que podem fazer. A liderança ética faz mais do que apenas levantar muros. Também abre portões.

A abordagem pragmática da ética argumenta que para cada situação existem múltiplas opções. Aplicar o pragmatismo à liderança significa encorajar as pessoas a experimentar coisas diferentes, inventar e inovar. Os prêmios "Atreva-se a Tentar" da Tata são um exemplo disso. A fim de promover tal cultura, precisamos tirar barreiras, físicas e psicológicas, e garantir que as pessoas se sintam livres para criar. Como Amantha Imber apontou em um artigo recente da *Harvard Business Review*, isso também pode envolver certo grau de desafio. "Ao pensar nos objetivos que você quer alcançar", diz ela, "certifique-se de que há pelo menos um na mistura que te tire da zona de conforto e te empurre o suficiente para deixá-lo incerto se conseguirá alcançá-lo."[2]

Claro que há um risco aqui. Se as pessoas se fixarem demais nos objetivos, podem ficar tentadas a tomar atalhos para atingi-los. Há um equilíbrio difícil de ser encontrado entre restrição deontológica e motivação pragmática para inovar e ter sucesso. Em vez de nos basearmos demais nas regras, deveríamos antes analisar a forma como motivamos as pessoas e como as encorajamos a desenvolverem os seus próprios padrões de comportamento e de ação, em vez de confiarmos naqueles que lhes impomos.

O trabalho de Herbert Kelman sobre mudança de atitude pode ser útil aqui. Kelman, que estudou sobre como as atitudes mudam durante o conflito e o estresse, identificou três maneiras pelas quais as atitudes podem mudar:

- Conformidade: obedecemos a ordens dadas por outros, embora internamente, nossas atitudes podem não necessariamente mudar. Por exemplo, um soldado obedece a uma ordem dada por um oficial superior, mesmo que ele ou ela possa não concordar com a ordem.
- Identificação: em situações de grupo, mudamos nossos pontos de vista para corresponder aos da maioria ao nosso redor com o intuito de nos encaixarmos. Isso pode ser uma

mudança de atitude genuína, ou pode ser um movimento de camaleão para nos tornarmos menos visíveis ou evitarmos conflitos com o resto do grupo. Para continuar com o exemplo do soldado, ele ou ela quer fazer parte da unidade e compartilhar de sua camaradagem, então modifica suas atitudes para combinar com as do grupo.

- Internalização: somos persuadidos por argumentos ou exemplos e mudamos nossos próprios pontos de vista internamente para adotar novas atitudes e crenças. Não se trata de compulsão ou coerção; a mudança é inteiramente voluntária.[3] Neste caso, o soldado aceita a cultura e as normas do grupo e as adota genuinamente como suas. Esse soldado obedecerá às ordens sem questionar; mais ainda, ele ou ela saberá muitas vezes o que fazer sem precisar de ordens.

Kelman deixou bem claro que a conformidade é o método menos eficaz de mudança de atitudes, e a internalização é a mais eficaz, com identificação em algum lugar entre os dois. A conformidade e a identificação estão menos enraizadas e são mais propensas a retroceder se as coisas mudarem, mas os funcionários que se identificam com o grupo são muito mais propensos a permanecerem leais. Com as duas primeiras, há uma forte necessidade de monitorar a conformidade e garantir a continuidade, as duas últimas etapas da cadeia de valor.

No entanto, se os funcionários se identificarem pessoalmente com os padrões éticos e os internalizarem, eles irão muitas vezes se autopoliciar. O monitoramento e a continuidade tornam-se atividades leves.

ESTABELECER A POSIÇÃO ÉTICA
Políticas de emprego, equidade e justiça, confiança

COMUNICAR VALORES E NORMAS
Falar com as pessoas, comunicar a visão, liderança pelo exemplo, autenticidade

> **MOTIVAR OS OUTROS**
> *Buscando compromisso através de identificação e internalização*
>
> **MONITORAR O DESEMPENHO ÉTICO**
> *Procurar exceções, incentivar as pessoas a se autopoliciarem*
>
> **GARANTIA DE CONTINUIDADE**
> *Manter a posição ética, garantir que os padrões não escorreguem*

Figura 3: *A cadeia de valor ética: empregados.*

VIRTUDE E AUTENTICIDADE

A ética da virtude, como vimos, envolve olhar para nós mesmos e decidir que tipo de pessoa queremos ser. Nós nos comportamos virtuosamente não porque temos medo das consequências se não o fizermos, mas porque sabemos que é a coisa certa a se fazer.

Podemos aplicar o mesmo princípio às organizações. Uma organização virtuosa é aquela em que todos os funcionários compartilham um conjunto comum de valores e os têm internalizados, para que todos saibam o que precisa ser feito. Mais uma vez, porém, é fácil fazer isso em pequenas organizações, onde o líder conhece todo mundo e todo mundo conhece o líder. Como podemos criar este tipo de cultura numa organização que emprega centenas de milhares de pessoas espalhadas pelo mundo?

Parte da resposta está no recrutamento, escolhendo pessoas que estão predispostas a se encaixar na cultura organizacional que queremos criar, e parte está no treinamento e na indução. Mais cedo, discutimos também a autenticidade e a importância de agir. É de grande importância que o líder dê o exemplo. No modelo de Kelner, a fronteira entre identificação e internalização é porosa; se modelarmos nossas crenças e ações com as de outras pessoas que respeitamos e admiramos, ao longo do tempo passamos a adotar essas crenças e ações como nossas.

Mas não são apenas os líderes que precisam ser autênticos. Os seguidores também anseiam por autenticidade, a chance de serem eles mesmos e não apenas engrenagens em uma máquina corporativa. Em um estudo da Harvard Business School, David Sirota e seus colegas apontam que pessoas altamente motivadas têm três objetivos no trabalho:

- Equidade: ser respeitado e tratado com justiça.
- Realização: ter orgulho do seu trabalho, das suas realizações e do seu empregador.
- Camaradagem: ter boas relações produtivas com seus colegas de trabalho.[4]

Uma das tarefas do líder ético é garantir que os funcionários obtenham o que querem do seu trabalho. Se o fizerem, então eles se tornarão efetivamente autodirigentes e autovigilantes no que diz respeito à ética. Depois de um tempo, como Semler e John Lewis, o líder pode encontrar-se olhando para o espelho e se perguntando se eles ainda são realmente necessários. Em outro artigo da *Harvard Business Review*, Rob Goffee e Gareth Jones fizeram a seguinte pergunta: como você lidera pessoas inteligentes? Embora Goffee e Jones deem várias dicas para gerenciar locais de trabalho cheios de pessoas inteligentes, a resposta para a pergunta no final é muito simples: você não os lidera. Você oferece um espaço onde elas possam se conduzir, e as deixa seguir em frente com isso.

CARL ZEISS JENA

O fabricante de equipamentos óticos Carl Zeiss Jena foi fundado na cidade de Jena, no sul da Alemanha, em 1846. A empresa operou em uma escala relativamente pequena durante muitos anos, fabricando instrumentos de precisão como microscópios, mas o negócio realmente decolou quando Carl Zeiss, o fundador, recrutou um professor de física de 26 anos na Universidade de Jena, Ernst Abbé, inicialmente como diretor de pesquisa. Abbé tornou-se rapidamente um sócio de pleno direito no negócio e depois assumiu o cargo de diretor administrativo após a morte de Zeiss, em 1888. A empresa cresceu rapidamente e desenvolveu uma reputação internacional como líder mundial na fabricação de instrumentos. Em 1900, empregava 1.400 pessoas e tinha um volume de negócios de cerca de um milhão de libras.

Abbé não tinha educação formal como gestor ou líder empresarial, mas tinha uma paixão genuína pela inovação e garantia que essa mesma paixão era difundida por toda a empresa. Ele deu total liberdade ao seu pessoal científico e técnico. O seu papel principal era fazer pesquisa e criar conhecimento. Uma vez que isso era feito, os resultados de seus experimentos eram examinados para ver se eles tinham potencial comercial. Se não tivessem, o pesquisador ou prosseguia para a próxima etapa da pesquisa ou abandonava o projeto e pegava algo novo. O que eles faziam era inteiramente escolha deles, e Abbé apoiava seus pesquisadores mesmo que levassem anos para produzir um produto viável. Mas o Abbé não se limitou a ficar sentado observando seus trabalhadores. Ele se interessava muito pelo trabalho deles e os desafiava a serem inovadores e terem sucesso.

Filho de um operário de fábrica, Abbé acreditava fortemente na democracia industrial. Ele pagou altos salários a todo o seu pessoal e trouxe um plano de participação nos lucros. Ele acreditava mais na orientação do que no controle, e tendia a estabelecer metas frouxas e pedir aos seus trabalhadores que as cumprissem, dando-lhes liberdade na execução das suas tarefas. Muito antes de outras empresas da época, ele também criou um fundo para pagar faltas por motivo de doença e um regime de pensões da empresa, e introduziu as férias remuneradas. O modelo de bem-estar social da Carl Zeiss foi mais tarde usado como modelo pelo governo alemão ao introduzir suas próprias reformas sociais.

O modelo Carl Zeiss sobreviveu até o fim da Segunda Guerra Mundial, quando Jena se tornou parte da Alemanha Oriental e a empresa passou a ser controlada pelo governo. A cultura da inovação foi desmantelada. Por um período de cerca de quarenta anos, no entanto, a Carl Zeiss Jena foi uma das empresas mais inovadoras do mundo, altamente bem-sucedida e invejada por seus concorrentes. Esse sucesso foi construído sobre uma cultura de colaboração criada e orientada por um líder ético que acreditava em sua empresa como uma força do bem.

COMUNIDADE ONEIDA

A Comunidade Oneida foi fundada em Oneida, Nova York, em 1848, como uma comuna socialista utópica. A Comunidade praticava a autossuficiência e todos os seus membros eram obrigados a trabalhar. Uma série de indústrias artesanais foram desenvolvidas, nem todas bem-sucedidas, mas na década de 1870 a Comunidade começou também a fabricar louça e utensílios de mesa de prata de alta qualidade, um empreendimento que se revelou imediatamente bem-sucedido, uma vez que a classe média americana se expandia rapidamente e havia um mercado forte. Inicialmente todo o trabalho foi feito por membros da comunidade, mas, à medida que o negócio crescia, a Comunidade começou a empregar trabalhadores; em 1870, a Oneida empregava mais de duzentas pessoas de fora da comuna.

Em 1879, a Comunidade original se dissolveu e seus líderes deram o passo pouco comum de converter a comunidade em uma sociedade por ações, dando ações a todos os membros adultos da antiga comunidade. Pierrepont Noyes, diretor administrativo e filho do fundador da comuna, começou a modernizar e expandir o negócio. Ao mesmo tempo, ele estava determinado a não sacrificar os valores do empreendimento na busca do lucro. Na verdade, ele acreditava que esses ideais originais de igualdade e democracia poderiam ser aproveitados tanto pelos trabalhadores como pela empresa como um todo.

Noyes via o bem-estar dos empregados não em termos de filantropia, mas como um dever. Ele uma vez observou que os empregadores não deveriam "fazer movimentos de bem-estar por medo, mas sempre e só porque acreditam que o sucesso da empresa deve aumentar o conforto e a felicidade de todos os membros do grupo de trabalho", e que "quando seus empregados realmente acreditam que você tem um interesse prático no bem-estar deles e que você acredita naquilo que diz, você terá adquirido um ativo que o dinheiro sozinho nunca poderia comprar".[5] Isso não significava que Noyes sempre pegava leve. Em 1899, ele quebrou uma greve na oficina das Cataratas do Niágara, não porque se opusesse aos sindicatos — muito pelo contrário — mas porque não acreditava que a ética Oneida pudesse funcionar em uma oficina sindicalizada. Ferozmente leal aos seus próprios trabalhadores, ele pediu e, por sua vez, conquistou sua forte lealdade.

E isso, por sua vez, deu à Oneida uma força competitiva desconhecida de muitos dos seus rivais. Durante uma crise econômica, Noyes reuniu os seus trabalhadores e pediu-lhes que fizessem um corte voluntário no salário, prometendo restaurar os salários assim que o mercado voltasse a subir. Confiando nele, a força de trabalho concordou unanimemente, até mesmo dando a Noyes uma salva de palmas no final da reunião. Oneida sobreviveu à crise e tornou-se um dos principais fabricantes de louça e utensílios de mesa nos Estados Unidos, navegando pelo crash da Bolsa de Valores de Nova York em 1929, que aniquilou vários de seus rivais, e continuou a se expandir através da Grande Depressão. A Oneida também se tornou uma das marcas mais respeitadas do país, valorizada pelos clientes pela sua qualidade. Atualmente, continua a ser um dos maiores produtores de louça e utensílios de mesa dos Estados Unidos.[6]

INFOSYS

A Infosys, gigante de TI sediada na Índia, tem algumas políticas de recrutamento incomuns. Tendo contratado alguém, a empresa então toma muito cuidado para ajustar o trabalho em torno da pessoa, em vez de tentar martelar pinos quadrados em buracos redondos. A empresa acredita que tem a responsabilidade ética de garantir que seus funcionários estejam em empregos adequados a eles; e, além disso, que tendo gastado muito dinheiro contratando e treinando pessoas, faz sentido tirar o melhor proveito delas.

Se, ao final do primeiro período de avaliação, for constatado que um novo empregado está com desempenho abaixo do esperado, o Infosys não o despede (a menos que tenha havido prevaricação genuína). Em vez disso, a empresa mais uma vez assume a responsabilidade e aceita que as coisas estão erradas. Ela contrata boas pessoas; portanto, se um trabalhador tem um fraco desempenho, deve ter sido colocado no emprego errado. Após entrevistas e análises, um novo emprego é encontrado para o empregado e ele é transferido para uma nova posição.

Se uma segunda avaliação descobrir que ainda há subdesempenho, o processo se repete e o empregado é transferido novamente. A Infosys só aceita que a pessoa errada possa ter sido contratada em primeiro lugar e rescindir o contrato se houver um terceiro registro sucessivo de mau desempenho.

Esta é uma posição tanto ética quanto prática que visa tirar o melhor proveito das pessoas, respeitando também a sua dignidade. Em parte, como resultado disso, a Infosys tem funcionários muito leais e comprometidos que sabem que não serão punidos automaticamente se não atingirem as metas. Tratar as pessoas com respeito levou a muito comprometimento e produtividade.

7
Valor e confiança: clientes

"O cliente tem sempre razão." "O cliente é rei (ou rainha)." "O cliente vem primeiro." Ouvimos essas palavras o tempo todo, lemos em relatórios anuais e declarações de missão, ouvimos da boca dos agentes corporativos de recursos humanos, mas com que frequência realmente acreditamos nisso?

Com frequência, a relação entre empresa e cliente é — tal como a relação entre empresa e trabalhador — exploradora e unilateral. A "gestão de rendimento" é o termo bastante brutal introduzido pela primeira vez na indústria das companhias aéreas, que calculou a quantidade de lucro que pode ser espremido de cada passageiro, tal como os agricultores podem calcular quantos quilos de batatas podem colher em cada acre de terra.

Para a surpresa de ninguém, os clientes não gostam de ser tratados como batatas. Quando a Deutsche Bahn, a empresa ferroviária alemã, começou a experimentar técnicas de gestão de rendimento em 2002, os clientes protestaram vigorosamente e alguns mudaram para outras formas de transporte. A empresa foi forçada a recuar.

Os economistas gostam de falar sobre mercados perfeitos, onde toda a informação está disponível gratuitamente e se reflete no preço. Na realidade, as assimetrias de informação são onipresentes e quase sempre favorecem o vendedor. Como clientes, entramos na maioria das transações quase cegos. Tudo o que temos para prosseguir é a nossa própria experiência anterior do produto e da marca, além do que poderíamos ter ouvido de outros que fizeram a mesma compra. Precisamos confiar que o vendedor não está roubando a gente.

Para muitas pessoas, o marketing e a publicidade viraram sinônimo de promessa falsa por parte das empresas. Meus próprios alunos de MBA — que estão, não vamos esquecer, estudando para se tornarem gerentes e líderes empresariais — são muito céticos sobre a publicidade, nenhum mais do que aqueles que têm um fundo de marketing. O público é igualmente cínico. O livro *No Logo*, da Naomi Klein, tornou-se um best-seller porque entrou nessa veia de cinismo; e, se formos absolutamente honestos, muito do que ela diz é verdade.[1] Nem tudo, mas muito.

Então, por que aturar isso? Por que aceitar técnicas de marketing e publicidade que muitos de nós, incluindo líderes empresariais, sabemos que são eticamente duvidosas e moralmente prejudiciais? Quando deixaremos de tratar os clientes como se fossem batatas, e começaremos a tratá-los como aquilo que realmente são: parceiros na criação de valor?

MERCADOS E VALOR

Falamos de empresas que criam valor, mas isso não é rigorosamente verdade. As empresas criam valor *potencial* para os clientes, mas esse valor só é realizado quando o cliente faz uma compra e usa ou consome o produto. Só então o produto adquire significado para eles. Só então isso afeta suas vidas, e só então é que o verdadeiro valor é criado.

Essa premissa simples está no cerne da economia e do marketing. Nem a empresa, nem o cliente sem ajuda criam valor. É o ato de troca no mercado, e as suas consequências, que cria valor.

Isso significa que sempre que falamos de criação de valor, o cliente deve ipso facto fazer parte da equação. As decisões que tomamos sobre produtos e serviços afetam os clientes porque eles são partes interessadas no negócio, e isso traz a dimensão moral e ética. Temos uma responsabilidade com os clientes que vai além da mera geração de transações e gestão de rendimento.

Em primeiro lugar, os clientes precisam saber que podem confiar nos produtos e serviços que estão comprando. Entre outras coisas, eles precisam saber que sua compra:

- Não vai matá-los.
- Não os deixará doentes ou causará danos a si mesmos ou a membros da sua família.
- Vai realmente fazer o que o rótulo diz que vai fazer.
- Vai realmente fazer o que o cliente quer que ele faça.
- É precificado de acordo com o valor que criará realisticamente.
- Vai, através da sua utilização, resultar em satisfação de alguma forma para o cliente e sua família.

Quando anunciamos produtos e os vendemos, temos a responsabilidade moral de dizer a verdade. Quando as empresas de telecomunicações anunciam pacotes de banda larga capazes de uma determinada velocidade e, em seguida, fornecem serviços que não são capazes de atingir metade dessa velocidade, então essas empresas estão cometendo uma quebra de confiança. E quando os fabricantes de produtos de linha branca vendem produtos supostamente garantidos como seguros, mas que são capazes de provocar incêndios que devastam torres inteiras — e, sabendo disso, continuam a oferecer esses produtos no mercado —, então eles estão pisando muito além da linha ética.

MARCAS E CONFIANÇA

Mas há mais nas relações éticas com os clientes do que apenas dizer a verdade.

Naomi Klein observa como os logotipos se tornaram declarações de moda e muitos de nós queremos usá-los apenas pela própria imagem, mas na verdade os primeiros logotipos eram de fato uma forma de garantia de qualidade. As primeiras marcas conhecidas vêm da China no século X, mas no século XVIII era comum que fabricantes de renome marcassem seus produtos de alguma forma para distingui-los de imitações baratas e falsificações.[2]

Hoje, Charles Babbage é mais conhecido como um dos pais fundadores da computação moderna, mas, sendo um bom polimata do século XIX, ele estava interessado em muitas coisas, entre elas a economia dos mercados. Em seu livro *The Economy of Machinery and Manufactures*, Babbage explica o que uma marca faz. Sempre que fazemos compras, ele diz que estamos arriscando. A princípio, quando compramos meio quilo de chá, o que nós estamos comprando de verdade é um centímetro das folhas do chá cobrindo meio quilo de serragem. Quando chegamos em casa e descobrimos a verdade, já é tarde demais. A marca garante que estamos comprando de um produtor honesto que não vai nos enganar.[3]

Pensando sobre o mesmo tema, algumas décadas depois, William Lever descreveu como ele escolheu Sunlight como o nome de seu novo produto de sabão. Ele queria um nome que prometesse brilho e limpeza, mas também queria que o nome contivesse clareza e confiança. A Sunlight foi concebida para ser um produto barato, puro, livre de adulterações prejudiciais e seguro de usar.[4] Como vimos acima, Henry Heinz colocou esses mesmos valores no centro da sua marca de alimentos.

Hoje, temos a ilusão de que a legislação nos protege das impurezas alimentares — a epidemia de intoxicação alimentar nos Estados Unidos em 2018 deveria nos fazer parar para pensar sobre esse ponto[5] — mas corremos muitos outros riscos quando compramos produtos que não conhecemos, ou mesmo aqueles que pensamos conhecer. Pensões e seguros de proteção de pagamentos do Missold, peças de automóvel defeituosas, secadores de roupa que provocam incêndios; a lista continua. Ainda contamos com marcas para nos enviar sinais de qualidade e confiança, só que às vezes a marca nos decepciona.

Como consumidores, estamos ansiosos e sedentos por encontrar marcas em que sabemos que podemos confiar; e se a nossa confiança se justificar, tendemos a ser leais e a nos manter fiéis a essas marcas porque sabemos que elas nos darão aquilo que queremos. E, claro, isso se aplica a mais do que apenas à segurança. Nossas razões para comprar de determinadas marcas são complexas: a autoestima e a necessidade de pertencer a um grupo e de compartilhar da sua identidade também fazem frequentemente parte do processo de decisão. Precisamos de marcas em que possamos confiar para cumprir esses requisitos nesses níveis também.

De maneira mais ampla, o marketing e a publicidade também podem ser usados para fornecer informações básicas sobre o produto e o que ele faz. Na opinião de Paul Cherington, um dos pais fundadores da teoria moderna do marketing, a educação do cliente deve ser a função primária do marketing.[6] Encorajar os clientes a comprar algo que eles realmente não entendem pode funcionar por um curto período de tempo, mas mais cedo ou mais tarde os clientes começarão a enxergar através da fumaça. Dizer o que o produto pode fazer e qual valor pode ser criado é uma forma muito melhor de estabelecer a relação com o cliente.

Na National Cash Register, os vendedores da John Patterson passavam até uma semana com potenciais clientes, ensinando-lhes como operar a caixa automática e mostrando-lhes suas funções e utilidade. Só quando o cliente compreendia completamente o produto é que os vendedores sugeriam uma compra. Em minha opinião, os fabricantes de smartphones de hoje poderiam se inspirar na Patterson. Mas talvez eu só esteja ficando velho.

A questão é que as marcas *podem*, se forem percebidas como sendo honestas e não cínicas, tornarem-se uma poderosa fonte de confiança e tranquilidade.

CONSUMIDORES E A CADEIA DE VALOR ÉTICA

Nós falamos o tempo todo sobre como os clientes são importantes, e ainda assim a maioria dos líderes empresariais, especialmente os mais experientes, passam pouco tempo com seus clientes. Há empresas — a Marks & Spencer é um exemplo — que ainda exigem que seus diretores passem um dia por trimestre, ou mesmo um dia por mês, no chão de fábrica interagindo com os clientes, mas essas empresas são relativamente raras.

Na ausência de qualquer forma de contato direto com os clientes, como é que os líderes podem estabelecer a sua posição ética ou comunicar os seus valores e padrões? Aqui vemos por que é tão importante ter funcionários comprometidos que compartilharam e internalizaram esses valores. Os funcionários são os nossos embaixadores. São eles que veem os clientes todos os dias, falam com eles, os influenciam e demonstram quais são nossos valores e crenças.

Além disso, só porque os líderes não veem seus clientes não significa que o contrário seja verdade. Líderes empresariais de alto nível estão muitas vezes no centro das atenções; especialmente, como vimos no Capítulo 1, quando as coisas dão errado. A autenticidade e a ação são novamente cruciais. Os líderes devem fazer mais do que apenas falar sobre a moral e os valores da empresa; eles devem vivê-los. Líderes são, na verdade, marcas vivas, simbolizando o que a empresa representa.

O processo não é rápido. Leva tempo para que os clientes conheçam uma marca e aprendam a confiar nela. Eles vão basear sua opinião na experiência pessoal, a sua própria e a dos seus amigos e familiares, ou de outros membros das redes sociais. As pessoas não ouvem apenas as histórias que a empresa lhes conta; também ouvem as histórias que contam umas às outras. A empresa é apenas um ator num palco por vezes cheio de gente. Transmitir a mensagem requer tempo, paciência e repetição. Conte a história daquilo que você defende e continue a contá-la muitas vezes. Então, viva esses valores.

Assim como os funcionários, os clientes também querem ser autênticos. Querem que as suas vidas tenham sentido. Do ponto de vista do marketing, isso significa conectar nossa oferta ao cliente — o que vendemos, como e onde e quando vendemos — com as esperanças e aspirações dos clientes. A pesquisa psicográfica pode nos ajudar a criar perfis, mas a verdadeira aprendizagem vem do contato pessoal e direto com os clientes. A Procter & Gamble emprega pesquisadores que passam horas com os clientes, conversando com eles, acompanhando--os ao supermercado, observando suas vidas, olhando em seus olhos e ouvindo suas histórias. O objetivo não é aprender o que os clientes pensam sobre o sabão. O objetivo é compreendê-los como pessoas, para que a empresa tenha uma ideia do valor que esperam e de como criar esse valor.

E então, é claro, devemos monitorar o desempenho e garantir que estamos tratando todos de forma ética e justa, e devemos garantir a continuidade ao longo do tempo, para que os padrões éticos pelos quais tratamos os clientes não escorreguem e a marca não diminua. Também aqui, ter funcionários empenhados é crucial. Cuide da sua equipe, e eles vão cuidar dos seus clientes para você.

Então, ouço você perguntar, o que tem de "ético" nisso tudo? Isso não é apenas um bom marketing? Sim, claro que é. Isso é exatamente o que nós, como comerciantes, devemos fazer todos os dias; isso, e não a gestão de rendimento. Tratar os clientes de forma ética e justa é a melhor maneira de construir relações de confiança que criarão valor em longo prazo. E, se você ainda está cético, aqui estão três casos de empresas que fizeram exatamente isso.

ESTABELECER A POSIÇÃO ÉTICA
Compreender o que o cliente quer, estabelecer confiança, definir normas de qualidade

COMUNICAR VALORES E NORMAS
Usar o marketing e a publicidade honestamente para transmitir os valores e normas; autenticidade

MOTIVAR OS OUTROS
Demonstrar valor e qualidade, satisfazer as necessidades dos clientes

MONITORAR O DESEMPENHO ÉTICO
Monitorar a qualidade dos produtos e serviços, incentivar os funcionários a fazer o mesmo

GARANTIA DE CONTINUIDADE
Manter a posição ética, garantir que as normas não escorreguem, incentivar os funcionários a fazer o mesmo

Figura 4: *A cadeia de valor ética: clientes.*

TANISHQ

A Tanishq é a divisão de joalheria da Titan, a fabricante de relógios indiana descrita no Capítulo 4. É a maior cadeia de varejo de joias da Índia, com mais de 150 lojas em toda a Índia. A empresa tem feito questão de ir do mercado de classe alta para segmentos de mercado de classe média em cidades indianas menores.

Ao contrário do que acontece na Europa, onde as joias de ouro e prata devem obedecer a rigorosas normas de qualidade em matéria de pureza, na Índia não existem garantias de qualidade. As falsificações abundam, e vendedores inescrupulosos muitas vezes passam joias com pouco ou nenhum conteúdo de metal precioso. Desde o seu início, Tanishq procurou desenvolver uma reputação de confiança e honestidade. Ela oferece garantias de pureza e, através da sua marca e material promocional, assegura constantemente os clientes de que o que estão comprando é genuíno.

Como parte deste compromisso, a Tanishq introduziu estações de teste em muitos dos seus pontos de venda, onde os clientes podem testar as suas joias de ouro e verificar se são genuínas. Este serviço é oferecido gratuitamente a qualquer um que entrar na loja. Você precisa ser um cliente Tanishq; as pessoas podem trazer joias compradas de um comerciante de rua ou no mercado e testá-las quanto à pureza — e então, se o item for falso, levar os resultados do teste de volta ao vendedor para exigir reparação. A Tanishq não lucra diretamente com este serviço, mas continua a construir sua reputação como uma empresa honesta que se preocupa com seus clientes, e pode ser confiável. Ao se esforçar para trazer honestidade em uma indústria conhecida por falsificações, a Tanishq está criando uma reputação única e construindo laços fortes com seus clientes.

THOMAS COOK

Thomas Cook, a empresa pioneira no conceito de turismo de massa, teve origem no movimento de temperança. O seu fundador, um carpinteiro e militante contra o álcool chamado Thomas Cook, começou organizando excursões locais para participar de reuniões de temperança em Leicester, mas logo percebeu que as excursões por prazer também poderiam ser lucrativas. Em meados da década de 1840, ele estava organizando grupos de viagem para destinos em toda a região das Terras Médias. O negócio realmente decolou com a Grande Exposição de 1851, quando a Cook organizou pacotes turísticos incluindo viagens de trem, hotéis e refeições para pessoas que queriam viajar para Londres para ver a Exposição. Em 1855, ele estava realizando turnês para Paris, e na década de 1860 sua empresa estava enviando grupos de turistas por toda a Europa Ocidental.

Na década seguinte foram realizadas as primeiras viagens ao Oriente Médio e ao Egito, depois à América e à Índia. Cook até se envolveu no comércio de peregrinações muçulmanas, organizando excursões para levar peregrinos a Meca. Em 1890, a empresa empregava 1.700 pessoas em todo o mundo e vendia mais de 3 milhões de pacotes turísticos por ano.

Cook foi bem-sucedido porque ele entendia o seu mercado. As famílias da classe média e da classe trabalhadora próspera que teriam a oportunidade de viajar eram impedidas de fazê-lo por dois fatores de risco fundamentais: falta de familiaridade com os costumes, línguas e culturas locais e incerteza quanto aos custos das viagens. Cook introduziu "visitas guiadas", em que um agente familiarizado com a área local acompanharia o grupo em todos os momentos e resolveria quaisquer problemas relacionados à viagem à medida que eles aparecessem. Os agentes eram responsáveis pela saúde e segurança dos clientes; cabia a eles garantir que desfrutassem das suas férias, mas também mantê-los seguros e longe de qualquer perigo.

Cook ou seus funcionários seniores sempre viajavam a rota de cada excursão com antecedência, inspecionavam hotéis e instalações e faziam arranjos prévios, pagavam por todas as instalações que seriam usadas e até escreviam guias para o uso de seus clientes, os antepassados dos guias de viagem modernos, como o Lonely Planet. Ao familiarizar-se com as rotas de turismo e inspecionar as instalações, Cook e seus agentes estavam fornecendo uma garantia de qualidade.

A Cook também desenvolveu o conceito do pacote de férias com tudo incluído. Cada membro de uma excursão pagava uma taxa fixa que incluía todas as viagens, alojamento e alimentação. A Cook, então, assumia todo o risco de custo da excursão. Isso foi importante porque significava que os viajantes sabiam exatamente quanto teriam de pagar, e não haveria surpresas indesejadas.

No negócio das viagens, o nome Thomas Cook tornou-se sinônimo de confiança. Os clientes sabiam o que receberiam e sabiam que teriam uma experiência de qualidade; se os problemas acontecessem quando viajavam, a empresa iria lidar com eles. Hotéis, ferrovias e companhias de navegação também aprenderam que Thomas Cook era um parceiro confiável que sempre mantinha suas promessas. A empresa sempre se comportou de forma responsável e ética em relação aos clientes e parceiros e, como resultado, a confiança tornou-se o principal valor que sustentou a marca Thomas Cook.[7]

Mas a confiança, uma vez conquistada, pode ser facilmente perdida. Em 2006, duas crianças em um acampamento de férias de Thomas Cook em Corfu morreram de envenenamento por monóxido de carbono nos seus alojamentos. O inquérito do processo arrastou-se durante quase uma década, durante a qual Thomas Cook foi acusado de não aceitar a responsabilidade pelo processo e de não pedir desculpa à família das vítimas. Um pedido de desculpas completo foi finalmente apresentado, mas apenas após a conclusão do inquérito em 2015. Para alguns, isso foi muito pouco, e tarde demais. A rede social Mumsnet tirou a publicidade de Thomas Cook de seu site, e um boicote à empresa foi ameaçado.[8]

"Quando as empresas entram em modo de defesa, elas deixam de ser humanas", disse um especialista em relações públicas. "O fato fundamental é que ele [Thomas Cook] não era humano. Eles precisavam mostrar que entendiam algo da dor que foi causada."[9] Thomas Cook sobreviveu à crise, mas a confiança na marca foi corroída. Vai demorar muito tempo até que essa confiança seja restaurada.

A NÍVEL NACIONAL

Com origens que remontam ao século XIX, a Nationwide é a maior sociedade mútua do Reino Unido. Apesar de muitas pressões, a Nationwide tem se mantido firme às suas raízes e aos seus valores tradicionais, e não tem medo de, para assim fazer, ir contra o resto do setor de serviços financeiros.

Durante as décadas de 1980 e 1990, muitas sociedades mútuas do Reino Unido desmutualizaram-se e converteram-se em bancos. Os líderes de todo o país se recusaram a seguir o exemplo, defendendo várias tentativas de desmutualização, incluindo um referendo de membros sobre o assunto. A sociedade argumentou, com êxito, que estaria mais bem colocada para servir às necessidades dos clientes como uma sociedade de socorro mútuo do que como um banco. A conversão ao status de banco daria muito controle aos grandes acionistas, e havia um perigo real de que o ethos dominante se tornasse o lucro em vez do serviço à comunidade.

A Nationwide também defendeu seus clientes de outras formas. Durante a década de 1990, o Barclays Bank ameaçou introduzir encargos pela utilização de caixas automáticos por clientes que não pertenciam ao Barclays, incluindo os da Nationwide. A sociedade resistiu, ameaçando o Barclays com ações judiciais em nome dos seus próprios clientes e membros. Eventualmente a ameaça foi retirada.

A defesa dos seus valores reforçou a reputação da Nationwide junto de todas as suas partes interessadas. Em 2017, a Nationwide ganhou o prêmio Which? de Marca Bancária do Ano, concedido por confiabilidade e atendimento ao cliente, e em 2016, o *Sunday Times* colocou a Nationwide em terceiro lugar na lista das 25 melhores empresas para se trabalhar.[10]

8

VIRTUDE E RIQUEZA:
COMUNIDADE

De acordo com a agência de pesquisas Gallup, apenas um em cada cinco americanos confia nas grandes empresas.[1] Os europeus são ainda mais céticos. Níveis mais altos de confiança foram registrados em algumas economias emergentes, mesmo assim, não encontrei nenhum país onde a maioria das pessoas confie nas grandes empresas.

Mais pessoas confiam nas pequenas empresas, embora não haja provas de que as pequenas empresas sejam mais éticas ou morais do que as suas homólogas maiores. Esse nível mais elevado de confiança reflete o fato de que as pequenas empresas são mais suscetíveis de estarem integradas na comunidade. As pessoas podem ver o que elas estão fazendo, falar com seus empregados, julgar suas ações; e, o que é importante, expor as suas opiniões de forma rápida e clara, com uma garantia justa de que serão ouvidas. As pequenas empresas sabem que precisam da confiança das comunidades em que operam. Sem essa confiança, ninguém vai comprar os seus produtos e ninguém vai trabalhar para eles. Uma pequena empresa que perde a confiança dos seus vizinhos enfrenta um futuro curto e sombrio.

Com o crescimento, muitas vezes vem uma desconexão. A sociedade que gerou o negócio e lhe deu vida torna-se remota. A atenção da administração concentra-se em alguns relacionamentos-chave: acionistas, clientes, funcionários. O mundo mais amplo não passa de um horizonte obscuro, vagamente conhecido, mas não realmente compreendido. Quando o público reage com raiva, como fez durante o escândalo de dados do Facebook, a primeira reação da empresa é muitas vezes uma de espanto. A resposta hesitante de Mark Zuckerberg não se deveu a qualquer sentimento de culpa ou cumplicidade; o seu remorso público pelo que aconteceu foi genuíno. Mas os executivos do Facebook se acostumaram a ser adorados e admirados por seu sucesso. As pessoas tinham feito filmes de Hollywood sobre eles. Ser escolhido como vilão foi um choque inesperado.

Os executivos do Facebook perderam contato com seus constituintes, não apenas com os usuários dos seus serviços, mas com a comunidade em geral. Eles não perceberam a preocupação que muitos sentem em uma era de big data, quando a privacidade e a segurança pessoal parecem estar sob ameaça como nunca. Tinham perdido o contato com a comunidade.

Os líderes corporativos precisam encontrar maneiras de recapturar esse sentimento de pequena empresa. "Pensar globalmente, agir localmente" nunca foi um ditado tão adequado. Tome a visão geral global sim, mas entre em contato com as comunidades de onde você veio, onde você trabalha, onde você opera, onde você tem participação no mercado. Isso é o que a Tata faz muito bem na Índia, alcançando e tocando comunidades, vendo as pessoas como indivíduos. Curiosamente, a Tata tem encontrado dificuldades para replicar esta receita fora da Índia.[2]

NÃO FAÇA O MAL

O primeiro passo na construção de relações com as comunidades é reduzir ou eliminar as externalidades negativas que afetam essas comunidades. Aqui, mais uma vez, as ações falam mais alto do que as palavras. Se estendermos a mão da amizade, dizendo às comunidades que queremos trabalhar com elas e investir nelas, enquanto também despejamos resíduos tóxicos nas águas subterrâneas, é pouco provável que façamos grandes progressos.

Nem é sempre uma questão de limpar a nossa própria sujeira. Vimos anteriormente como, após o escândalo do leite contaminado na China, que matou algumas crianças e deixou centenas de outras doentes, a Tetra Pak interveio e ajudou a limpar toda a cadeia de fornecimento, oferecendo consultoria, treinamento e conselhos aos outros membros da cadeia. Muitas vezes esse suporte foi oferecido gratuitamente. Esse investimento numa cadeia de abastecimento limpa não só sustentou toda a indústria de laticínios e a ajudou a superar o escândalo, como também rendeu à Tetra Pak uma posição dominante no mercado das embalagens — e o respeito do povo chinês, que via a Tetra Pak como um amigo.

Do outro lado da moeda está Martin Winterkorn, antigo CEO da Volkswagen AG, que, nas palavras da revista Forbes, "instigou os reguladores europeus a não sobrecarregar a indústria automóvel com metas de emissões excessivas, citando como principais preocupações a falta de tempo para desenvolver tecnologias eficientes em termos de combustível e a recessão econômica".[3] Isso aconteceu na época em que as preocupações com os impactos na saúde devido à poluição atmosférica causada pelos automóveis a diesel, em particular, estavam começando a aumentar. O tom definido por Winterkorn se espalhou pela empresa e, em 2015, foi revelado que os engenheiros da Volkswagen tinham desenvolvido um "dispositivo manipulador" que iria disfarçar os níveis de emissões dos carros a diesel da Volkswagen durante os testes. O nível real de emissões era muito superior ao que os testes mostravam.

Essa não foi, de modo algum, a primeira vez que uma empresa de automóveis violou regras relativas às emissões. A própria Volkswagen foi fortemente multada por tê-lo feito em 1973.[4] As consequências para a Volkswagen foram, no entanto, particularmente graves. No dia seguinte à notícia do escândalo, as ações da Volkswagen perderam 20% do seu valor na bolsa de Frankfurt, e o preço continuou a cair no ano seguinte. As vendas também foram gravemente afetadas, especialmente nos Estados Unidos, e as vendas de automóveis a diesel, em particular, não se recuperaram. Cerca de 25 bilhões de dólares em multas foram cobrados, com a perspectiva de mais multas por vir. Em 3 de maio de 2018, Martin Winterkorn foi acusado de tentar fraudar o governo dos EUA.[5]

Limpar o nosso ato e nos livrar das externalidades negativas é uma boa forma de defesa. Se não fizemos nada de errado, se podemos invocar o teste da luz solar e defender as nossas ações em público como morais e honrosas, então torna-se muito mais difícil para as pessoas nos atacarem. Mas, mais uma vez, há muito além de apenas isso. O investimento genuíno em pessoas e comunidades pode se tornar uma fonte de vantagem competitiva em todos os níveis.

ESTABELECER A POSIÇÃO ÉTICA
Compromisso com a comunidade e com a criação de valor para as pessoas/redução de externalidades

COMUNICAR VALORES E NORMAS
Contar a história de quem você é e que tipo de empresa queremos ser

MOTIVAR OS OUTROS
Encontrar formas de interagir com as pessoas e apoiá-las, para que elas também nos apoiem

MONITORAR O DESEMPENHO ÉTICO
Observar o impacto do que fazemos, o que é valorizado e o que é uma externalidade

GARANTIA DE CONTINUIDADE
Manter a posição ética, garantindo que os padrões não escorreguem

---

Figura 5: *A cadeia de valor ética: comunidade.*

INVESTIR EM PESSOAS E LUGARES

"Não fazemos filantropia", disse-me um executivo da Tata Steel. À primeira vista, isso foi surpreendente, dado o que a empresa faz: cuidados de saúde e educação oferecidos a seiscentas aldeias ao redor de Jamshedpur, uma instalação esportiva de última geração aberta não apenas aos trabalhadores e suas famílias, mas à comunidade de Jamshedpur, um centro patrimonial que visa preservar e celebrar a rápida extinção das culturas do povo Adivasi, os habitantes originais da Índia; e a lista continua. Na minha última visita a Jamshedpur, a empresa estava em um estado de grande excitação; uma jovem Adivasi de uma das aldeias vizinhas, que havia ido para a universidade com uma bolsa de estudos Tata, havia acabado de ser eleita para o Lok Sabha, a câmara baixa do parlamento indiano; a primeira mulher do seu grupo étnico a ser eleita.

O que o executivo quis dizer foi que este tipo de apoio comunitário não é algo que a Tata Steel faz como complemento. Ele é construído em seu modelo de negócio principal, e custeado como uma atividade de negócios. Construir relacionamentos comunitários é o que a Tata faz. Há muitas vantagens, incluindo uma força de trabalho leal e comprometida, dedicada à qualidade e à inovação, mas essa não é a principal razão pela qual Tata apoia as comunidades. Ela o faz por causa da ética da virtude. Isto é parte do DNA do Tata, parte da sua razão de ser. "Lucro", como outro executivo me disse, "é um subproduto do que fazemos".[6]

"Para realmente recuperar a confiança, as empresas precisam mostrar sua dedicação a um propósito mais amplo", diz Eduardo Leite, presidente emérito do escritório de advocacia internacional Baker Mackenzie. "Eles precisam provar que não são movidos apenas por lucros rápidos, mas também por valores. Essa é a nova ordem na esteira dos turbulentos tempos globais dos últimos cinco anos." Leite argumenta que isto é muito mais do que uma questão de cumprimento da lei. As empresas "também devem ser vistas fazendo a coisa certa". Ele continua a apelar para "novas leis, novas formas de garantir que todas as partes possam olhar umas para as outras nos olhos e saber que receberão uma recompensa justa por uma transação justa. Em suma, que podem confiar uns nos outros".[7]

Concordo com Leite quanto à necessidade de reconstruir a confiança, mas não estou convencido de que precisemos de mais leis para isso. Uma abordagem deontológica só nos levará até certo ponto. As empresas precisam se sentar e olhar para as consequências das suas ações, boas e más, e ver qual o impacto que estas têm no seu modelo de negócio e na sua prosperidade em longo prazo. O argumento de negócios para a construção de relações com a comunidade me parece evidente. Mas, além disso, há também a ética da virtude, que tipo de pessoa ou corporação queremos ser. Sabemos em nossos corações qual é a coisa certa a fazer? Se a resposta for sim, o que nos impede de o fazer?

DEMONSTRAR COMPROMISSO

Construir essa confiança e demonstrar esse compromisso nos leva de volta à cadeia de valor ética. Precisamos primeiro analisar os benefícios e as externalidades que nossas operações proporcionam ou infligem às comunidades onde trabalhamos. Em segundo lugar, temos de tomar uma posição sobre o que vamos fazer para acrescentar valor e reduzir as externalidades. O valor que decidimos fornecer estabelece a nossa posição ética.

Conseguir passar a mensagem nem sempre é fácil. A desconfiança vinha se acumulando há muito tempo e aumentou de maneira acentuada após a crise financeira de 2008. O fluxo constante de novos escândalos, Uber e Facebook, Volkswagen, Oxfam e Weinstein, só reforçam o cinismo. No clima atual, só falar não vale muito e é provável que seja ineficaz. A ação é necessária. Estabeleça um programa e, em seguida, comece a executá-lo. Seja autêntico. Faça aquilo que você diz.

Tal como acontece com os trabalhadores — que, afinal de contas, muitas vezes vivem e são membros das comunidades que estamos discutindo —, o exemplo estabelece o tom. Quando as pessoas virem que o que estamos fazendo tem um impacto positivo nas suas vidas, seja proporcionar educação às crianças pobres, entregar terra para criar instalações esportivas ou refúgios para a vida selvagem, apoiar bibliotecas e eventos comunitários, começarão a compreender que estamos falando sério. Com a compreensão vem o início da confiança. E assim como também acontece com os funcionários e clientes, a melhor maneira de motivar as comunidades a confiar em nós é ajudá-las a alcançar o que querem fazer.

E, claro, a construção de relacionamentos é um processo contínuo. É preciso ter cuidado para garantir que a organização continue a cumprir suas promessas e fazer o que diz que fará. O desempenho precisa ser monitorado. Mais uma vez, porém, se os funcionários estiverem suficientemente comprometidos, então o monitoramento do desempenho e a garantia de continuidade podem se tornar atividades leves. Assim como os funcionários irão, com o encorajamento e a capacitação certos, construir relacionamentos com os clientes, assim também eles irão construir relacionamentos com as comunidades.

Apoiar as comunidades é, em parte, uma questão de receber o que se oferece. Se os apoiarmos, então eles irão nos apoiar de volta com uma opinião pública favorável e uma boa reputação popular. Se assumirmos uma posição contraditória, não devemos ficar surpreendidos se as comunidades reagirem. Mas ainda mais, há mais uma vez a posição ética da virtude. Queremos mesmo gerir empresas que todo mundo odeia? Queremos trabalhar para eles? Certamente é mais satisfatório administrar um negócio que é respeitado e admirado. Mark Zuckerberg pensa que sim. Que pena ele ter tirado a mão do leme e deixado o Facebook à deriva.

VOLKSWAGEN DE XANGAI

A Volkswagen de Xangai foi uma das primeiras e mais famosas uniões entre uma empresa ocidental e uma chinesa. Fundada em 1984 entre a Shanghai Automotive International Company e a Volkswagen, foi um negócio que parecia à frente do seu tempo. Havia poucas estradas pavimentadas na China, poucos postos de gasolina e poucas pessoas com renda disponível para comprar um carro.

No entanto, a Volkswagen, a força motriz por trás do empreendimento, viu um futuro diferente pela frente. Os líderes da Volkswagen acreditavam que a economia da China iria crescer e, com ela, os rendimentos da classe média também. A Volkswagen declarou repetidamente que estava empenhada em ajudar a China a se desenvolver. Trabalhou com o governo chinês e empresas parceiras chinesas para desenvolver não apenas um mercado para carros, mas toda uma indústria e infraestrutura. A Volkswagen estava ansiosa para trabalhar com parceiros locais e, em 1993, 85% dos componentes dos carros que fabricava na China eram adquiridos localmente. Isso ajudou a criar empregos e prosperidade.

No início, a Volkswagen de Xangai concentrou-se nos dois mercados que já existiam: frotas de automóveis do governo e táxis. A sua entrada no mercado de táxis foi particularmente bem-sucedida. O famoso táxi vermelho Volkswagen Santana tornou-se uma visão onipresente nas ruas de Xangai e em muitas outras cidades. Em 2000, 53% de todos os carros na estrada na China eram feitos pela Volkswagen de Xangai. A empresa pegou a maior parte do lucro que obteve e o reinvestiu na China. Até 1993, nove anos após a criação da empresa, não foram repatriados quaisquer lucros para a Volkswagen e, mesmo depois dessa data, o nível de investimento estrangeiro manteve-se muito elevado. As autoridades chinesas e o povo chinês perceberam este compromisso.

A concorrência acabou aparecendo mais tarde, sob a forma de outras empresas estrangeiras, incluindo a General Motors e a Honda, e marcas de automóveis nacionais que incluem a Chery e a Geely. Em 2005, a quota de mercado da Volkswagen de Xangai caiu de 53% para 15%. Mas o público chinês continuou a considerar a Volkswagen com muito carinho, e a notoriedade da marca permaneceu muito elevada. A partir de 2008, todos os carros da Volkswagen de Xangai foram fabricados cem por cento na China. As vendas subiram mais uma vez.

A Shanghai Volkswagen reconheceu desde o início que o que os chineses mais valorizavam era o compromisso com o seu país.

Desconfiavam, e com razão, das marcas estrangeiras que vieram para a China apenas para ganhar dinheiro rapidamente. Para serem bem-sucedidas, as empresas ocidentais tinham de mostrar que não estavam lá para ganhar dinheiro, mas para ajudar o povo chinês a concretizar as suas aspirações e a tornar o seu país grandioso novamente. Aqueles que se comprometeram com esse objetivo, como a Shanghai Volkswagen, foram recompensados com profunda lealdade. Aqueles que não, tendiam a murchar e definhar.[8]

Para concluir, é irônico que a Volkswagen, que demonstrou um compromisso tão forte com a comunidade chinesa, não o tenha feito de forma significativa nos seus mercados europeu e americano. O escândalo de emissões referido acima mostrou a Volkswagen como apenas mais uma empresa egoísta preparada para colocar as vendas e os lucros à frente das necessidades da comunidade. Isso voltou para os morder, claro. Mas é interessante ver como duas atitudes tão diferentes podem prevalecer em uma mesma empresa, sem que aparentemente ninguém perceba o paradoxo.

FAIRMONT YANGCHENG LAKE

Yangcheng Lake é um popular resort de férias perto de Xangai. Em 2013, havia mais de vinte hotéis de luxo no distrito, dos quais Fairmont Yangcheng Lake era o único hotel de propriedade estrangeira. A Fairmont também possui ou administra outros três hotéis na China.

Fundada em 1907, a Fairmont Hotels & Resorts tem um longo histórico de trabalho com comunidades locais para alcançar o crescimento sustentável, e tem feito isso muito antes da "responsabilidade social corporativa" se tornar um termo da moda. Parte da filosofia global da Fairmont é a educação dos funcionários e hóspedes sobre o meio ambiente, a história e a cultura das áreas em que atua. Essa filosofia foi transferida para a China e adaptada às necessidades locais. Atualmente, existem grandes projetos em todas as propriedades da empresa que visam a conservar e reduzir o consumo de energia, reduzir o consumo de gás e água, reduzir embalagens, reciclar o lixo da cozinha e, quando possível, utilizar alimentos orgânicos ou de origem sustentável em seus restaurantes. As "comissões verdes" em todos os hotéis dão aos funcionários a oportunidade de desenvolver e implementar as suas próprias ideias e servem também como um canal para a educação do pessoal sobre sustentabilidade.

A produção local é uma parte fundamental da filosofia da Fairmont. A Fairmont reconhece a importância de seu negócio para as comunidades locais, especialmente em termos de compras locais, e se esforça sempre que possível para comprar produtos locais e ajudar as economias dessas comunidades. A Fairmont também colabora com fornecedores para ajudar a reduzir as suas emissões de CO_2. O Yangcheng Lake Hotel da Fairmont chegou ao ponto de desenvolver seu próprio fornecedor de vegetais, a Fazenda Yangcheng Lake, que pertence ao governo da cidade de Kunshan e é administrada pela Fairmont. A Fazenda cultiva tudo, desde vegetais sazonais populares em Xangai até ervas ocidentais. De um modo mais geral, Fairmont compra 80% dos seus alimentos localmente, num raio de aproximadamente trinta quilômetros de cada hotel.

Essa política proporciona benefícios tangíveis aos agricultores locais e apoia a economia local, mas também tem sido benéfica de outras formas. O alimento, especialmente alimento fresco e nutritivo, desempenha um papel muito importante na cultura chinesa. A qualidade dos legumes frescos em Fairmont tornou-se um grande atrativo, e os próprios jardins se tornaram uma atração turística. Os hóspedes saem agora de Xangai em férias especiais de comida para provar pratos criados por um chef vegetariano especializado. O hotel também começou a vender legumes não desejados para as cozinhas, operando um esquema de distribuição de caixas de legumes em Xangai.

Mais recentemente, a Fairmont deu início a outro projeto destinado a restaurar os velhos cursos de água e canais em torno do lago Yangcheng. Antigamente, esses cursos de água eram uma fonte de peixe fresco e as comunidades de pescadores ganhavam a vida com a pesca. Uma combinação de poluição da água proveniente de indústrias próximas e negligência em geral significa que os cursos de água ou ficaram sujos ou desapareceram completamente. Trabalhando com aldeias locais, Fairmont está revivendo esses cursos de água e reabastecendo-os com peixes. Espera-se que os cursos de água forneçam ao hotel todas as suas necessidades de peixe fresco, o que também contribuirá para o desenvolvimento da comunidade local.

A Fairmont não vê diferença entre investir em comunidades e fornecer serviços hoteleiros de primeira classe aos hóspedes pagantes. Ambos fazem parte do seu modelo de negócio central. No Lago Yangcheng, o compromisso da Fairmont com a comunidade é bem conhecido e admirado. Esse compromisso é uma das razões pelas quais o hotel Fairmont prosperou e seu negócio cresceu diante da dura concorrência de numerosas cadeias de hotéis locais. O serviço à comunidade equivale à vantagem competitiva.[9]

SALTAIRE

Titus Salt era um fabricante de tecidos do século XIX, baseado em Bradford. Ele fez sua fortuna através da tecelagem e venda de tecido de alpaca, um processo complexo e difícil que rendia um tecido muito fino e durável que se tornou popular. Em 1850, Salt possuía seis fábricas de tecidos em Bradford e era um homem muito rico.

Altamente poluída, Bradford foi por vezes descrita como a "cidade mais suja da Grã-Bretanha". As fábricas da cidade eram movidas a vapor, as caldeiras aquecidas a carvão, e a fumaça e a fuligem eram despejadas constantemente de centenas de chaminés dentro e ao redor da cidade. O rio que atravessava a cidade era, ao mesmo tempo, fonte de água potável e despejo de esgoto não tratado. As taxas de mortalidade infantil, mesmo pelos padrões da época, eram muito altas e outras doenças floresceram. A expectativa média de vida era a mais baixa do país.

No início da década de 1840, Salt lançou uma campanha por um ar mais limpo na cidade, mas não conseguiu persuadir seus colegas proprietários de usinas a apoiá-lo. Sem se deixar desanimar, ele se candidatou a prefeito de Bradford e foi eleito para o cargo em 1848.

Ele imediatamente lançou um inquérito sobre o estado da habitação da classe trabalhadora da cidade, e ficou chocado com as condições que encontrou. Em 1849, Bradford sofreu uma grave epidemia de cólera causada pelas águas poluídas, e muitos dos esforços de Salt como prefeito foram dedicados a lidar com esta crise.

Em 1850, desesperado por melhorar as condições em Bradford, Salt resolveu retirar suas próprias operações da cidade. Ele o fez, em parte, para proteger os seus próprios trabalhadores e, em parte, para persuadir outros a seguirem o seu exemplo. Sua escolha foi um novo local, a cinco quilômetros ao norte da cidade, onde ele pretendia concentrar todas as suas operações de negócios em um único lugar. Além das instalações de produção de última geração, a fábrica foi projetada para proporcionar um ambiente de trabalho seguro e limpo. A ventilação foi introduzida para manter os níveis de poeira baixos, e os eixos e correntes que acionavam as máquinas foram colocados sob os pisos das oficinas, a fim de reduzir o ruído.

Salt também construiu casas para os seus trabalhadores. A cidade de Saltaire acabou por incluir habitações para 4.500 trabalhadores e suas famílias, escolas, um hospital, uma igreja congregacional e uma capela metodista, lojas, um centro comunitário e bares para recreação. Foi fornecida água limpa a partir de um reservatório construído especificamente para isso, e havia também várias casas de banho públicas. Saltaire fornecia um padrão de alojamento muito mais elevado do que o disponível para os operários ordinários do Reino Unido, e o acordo foi estudado por industriais e sociólogos do país e do estrangeiro. O sucesso de Saltaire influenciou George Cadbury e William Lever em seus desenvolvimentos posteriores em Bourneville e Port Sunlight.

A combinação de habitação de alta qualidade e tecnologia de fabricação de ponta foi muito bem-sucedida. Salt mantinha, em geral, boas relações com os seus trabalhadores e, apesar de duas breves greves na década de 1860, que foram resolvidas pacificamente, as relações laborais em Saltaire eram muito melhores do que na maior parte da indústria.

Mais amplamente, Salt serviu como Presidente da Câmara de Comércio de Bradford e continuou fazendo campanha por melhores saúde e educação públicas. Seus esforços finalmente valeram a pena, e as autoridades da cidade de Bradford tomaram medidas para fornecer melhor saneamento e água potável. Ele também foi defensor de uma maior liberdade pessoal e fez campanha para alargar o direito de voto para além dos seus atuais limites estreitos (homens com menos de trinta anos — e, claro, todas as mulheres de qualquer idade — ainda não tinham o direito ao voto na Inglaterra). Ele também foi, silenciosamente, um filantropo e benfeitor que doou a maior parte de sua fortuna pessoal — de acordo com algumas estimativas, 500 mil de libras — antes de sua morte. Quando ele morreu em 1876, 100 mil pessoas (praticamente toda a população de Bradford) compareceram para assistir à procissão fúnebre.[10]

Salt investiu no seu povo e na sua comunidade porque acreditava que era a coisa certa a se fazer. Ele colheu recompensas na forma de trabalhadores produtivos saudáveis, boas relações de trabalho e uma reputação de ser um homem confiável e atencioso, mas esse não era o seu propósito principal. Ele impulsionou reformas e tirou do seu próprio bolso para oferecer aos seus trabalhadores casas e locais de trabalho limpos e seguros, porque esse era o tipo de homem que ele queria ser.

9

O VALOR É O QUE SE GANHA: ACIONISTAS

Algo esquecido com frequência, inclusive pelos próprios acionistas, é que eles não são proprietários das empresas em que investem. Eles detêm o capital social dessas empresas, mas não têm qualquer propriedade dos ativos. A posse de ações numa fábrica de cerveja não te dá o direito a cerveja gratuita.

Muitos acionistas continuam tratando isto como uma distinção sem diferença. A filosofia da maximização do valor para o acionista, enraizada na Escola de Economia de Chicago, dominou a discussão durante muitas décadas. Segundo este ponto de vista, como disse o economista de Chicago Milton Friedman, o único dever de uma empresa é devolver valor aos seus acionistas.[1] Isso significa que os acionistas são considerados as partes interessadas mais importantes no negócio — às vezes as únicas importantes.

Há, no entanto, vários problemas com essa teoria. Primeiro, priorizar os interesses dos acionistas em detrimento dos interesses dos funcionários, dos clientes e da comunidade em geral é uma receita para o conflito. Quando as empresas se concentram apenas na maximização da riqueza dos acionistas, a experiência mostra que isso geralmente resulta em salários mais baixos e piores condições de trabalho, redução da qualidade aos clientes e externalidades negativas para a comunidade. As consequências são agitação laboral, clientes insatisfeitos que dão as costas e reações negativas por parte dos governos e dos reguladores. As coisas que deviam poupar dinheiro para que mais riqueza pudesse ser gerada para os acionistas acabam custando mais e aumentando ainda mais as pressões sobre a administração.

Segundo, o modelo inerentemente carrega mais risco. Como William Lazonick e Mary O'Sullivan apontaram em um artigo há alguns anos, o impulso para a maximização do valor para os acionistas empurra as empresas para uma maior alavancagem, assumindo mais e mais dívidas até que em alguns casos elas se tornem insustentáveis.[2]

Carillion, a empresa de construção e infraestrutura que entrou em colapso em janeiro de 2018 com dívidas de 900 milhões de libras, é um exemplo disso. A Carillion simboliza quase tudo o que é ruim no modelo de maximização de valor para os acionistas: expansão à custa do senso comum, um descaso imprudente com o risco e um impulso quase desesperado de crescimento para aplacar os acionistas. Um inquérito parlamentar comentou:

> A ascensão e queda espetacular da Carillion foi uma história de imprudência, arrogância e ganância. Seu modelo de negócio era uma corrida implacável em direção ao dinheiro, impulsionada por aquisições, aumento da dívida, expansão em novos mercados e exploração de fornecedores... O mistério não é que ela entrou em colapso, mas que durou tanto tempo.[3]

Pelo menos uma vez, é difícil discordar dos políticos.

Em casos como o do Carillion, os acionistas têm a responsabilidade de agir mais cedo. Quando a administração escolhe uma estratégia arriscada e perigosa, os acionistas precisam chamar a atenção dela. O rápido crescimento da Carillion, sem dúvida, criou valor para os acionistas no curto prazo, mas no longo prazo há apenas um buraco vazio onde o valor deveria estar. Falhas como a da Carillion representam desperdício, uma oportunidade perdida de construir algo que criaria muito mais valor em longo prazo.

Preço é o que você paga, disse Warren Buffett; valor é o que você ganha. As estratégias de investimento devem concentrar-se mais no valor real em longo prazo. E os investidores precisam perceber que eles também fazem parte de uma comunidade. O valor que eles recebem, o retorno sobre o capital investido, é criado pelos funcionários e clientes, não pela administração. Os acionistas, assim como os líderes empresariais, precisam cuidar das suas partes interessadas e assegurar que estão felizes. Caso contrário, a galinha que põe os ovos de ouro logo deixará de pôr.

LONGOPRAZISMO

Um dos inimigos mais francos da visão de curto prazo nos últimos anos tem sido Dominic Barton, diretor administrativo da McKinsey & Company. O chefe da maior empresa de consultoria de gestão do mundo passa grande parte do seu tempo tentando persuadir os grandes investidores a ver o mundo através de uma lente diferente. Seu artigo na *Harvard Business Review* em 2011, "Capitalism for the Long Term", foi um chamado:

> Os executivos devem introduzir em suas organizações a perspectiva de que servir aos interesses de todas as principais partes interessadas — funcionários, fornecedores, clientes, credores, comunidades, meio ambiente — não está em desacordo com o objetivo de maximizar o valor corporativo; pelo contrário, é essencial para atingir esse objetivo.[4]

Num artigo posterior, Barton e Mark Wiseman propuseram uma mudança fundamental no clima dos investimentos com base em quatro princípios:

1. Investir após a definição de objetivos de longo prazo e foco na criação de valor.
2. Desbloquear valor através de engajamento e propriedade ativa.
3. Exigir métricas de longo prazo para informar decisões.
4. Estruturar a governança institucional para apoiar uma abordagem de longo prazo.[5]

Em suma, Barton está chamando os acionistas para que se sentem à mesa e assumam a responsabilidade pelo governo das empresas em que investem. Essas empresas, evidentemente, argumentariam que são os acionistas que estão exercendo pressão sobre elas para agirem em curto prazo. Isso já foi verdade uma vez, mas como eu disse anteriormente, os dias de maximização do valor para os acionistas estão diminuindo. É ainda a forma dominante de pensar nos Estados Unidos — como editor da *Corporate Finance Review* de 1999 a 2016, eu estava muito envolvido em campanhas contra a maximização de valor e vi como essa forma de pensar ainda é difundida — e ainda tem uma forte presença na Grã-Bretanha.

No entanto, em outras partes da Europa, a maré está mudando. Os acionistas estão começando a pedir valor de longo prazo e insistir para que as opiniões de outras partes interessadas sejam levadas em conta. O sucesso dos fundos de investimento éticos e bancos como o Triodos, tem sido percebido, e mais investidores estão mudando suas posições. E como Dominic Barton apontou em "Capitalism for the Long Term", a Ásia já está lá. As empresas e investidores asiáticos normalmente têm um horizonte temporal de quinze a vinte anos. O enfoque na criação de valor em longo prazo é uma das razões pelas quais as economias asiáticas têm sido tão bem-sucedidas; e a incapacidade de o fazer é uma das razões pelas quais estamos começando a encontrar dificuldades.

Em geral, os Carl Icahns do mundo são uma raça em declínio, e é possível que em breve sigam o caminho dos tricerátops e do velociraptor. Para a próxima geração, eles não passarão de fósseis, decorando paredes de museus.

A CADEIA DE VALOR DO ACIONISTA

E à medida que a mudança de prioridades e valores continua, é hora de as empresas começarem a se envolver com os acionistas, trazendo-os para a mesa e conectando suas necessidades de valor com as dos consumidores, funcionários e comunidade. Eles ainda enfrentarão resistência, como demonstra o exemplo de Paul Polman e Unilever, mas essa resistência está diminuindo.

Em vez de assumirem uma posição contraditória em relação aos acionistas — ou, pior ainda, uma posição de suprema aquiescência a todas as suas exigências —, os líderes empresariais precisam começar a colaborar com os donos de capital e incentivá-los a participar na criação de valor mais amplo. Os investidores também são pessoas, e

---

MOTIVAR OS OUTROS
Trabalhar em conjunto para buscar oportunidades de criação de valor para todas as partes

ESTABELECER A POSIÇÃO ÉTICA
Discussão colaborativa para estabelecer a posição ética; que tipo ou organização queremos que isto seja?

COMUNICAR VALORES E NORMAS
Os atos são melhores do que as palavras. Criar valor. Agir.

MONITORAR O DESEMPENHO ÉTICO
Resistir às pressões para ir ao curto prazo, e permanecer focado nas normas

GARANTIA DE CONTINUIDADE
Manter a posição ética, garantindo que os padrões não escorreguem

---

Figura 6: *A cadeia de valor ética: os acionistas.*

assim como os funcionários, uma vez que eles internalizam o processo de mudança, eles se tornarão seus apoiadores de todo o coração. Neste caso, penso que temos de ajustar a cadeia de valor ética. O ponto de partida aqui deve ser a motivação. O que temos a ganhar ao trabalharmos juntos? Que valor adicional podemos criar, para além do que já temos?

Uma vez que os acionistas saibam qual é a ideia básica, estabelecer a posição ética pode se tornar um processo colaborativo. Não há mal nenhum em questionar os acionistas sobre suas próprias visões éticas. Como é que eles se veem? Que tipo de organização *eles* querem ser? Em que tipo de organização querem investir? Incentive-os a internalizar os valores da empresa e, ao mesmo tempo, ajudar a difundir e compartilhar esses valores.

Quando se trata de comunicar, há apenas uma opção. Ninguém mais confia em relações públicas financeiras, nem mesmo aqueles que trabalham para empresas de relações públicas financeiras. Saia e faça o que você disse que ia fazer. Viva os valores e crie o valor. Os acionistas vão julgá-lo pelos seus resultados, não pelas suas promessas.

10
TOMAR DECISÕES ÉTICAS

Uma vez tentei estimar quantas estruturas de gestão existem, mas rapidamente desisti da ideia. A resposta são milhares, muito provavelmente dezenas de milhares. Existem estruturas para gerenciar processos contábeis, compras, P&D, gestão de recursos humanos, saúde e segurança, gestão de relacionamento com clientes, realização de reuniões, estimativa da altura correta de um monitor de computador acima de uma mesa. Uma vez trabalhei com um homem cujos subordinados afirmavam que usavam uma folha de cálculo para lhe dizer quando devia ir ao banheiro.

Inevitavelmente, existem estruturas para a tomada de decisões éticas. A qualidade destas, como a de todas as estruturas, varia consideravelmente. Algumas são vagas e sem valor; outras são bastante úteis — dentro dos limites.

Temos a tendência de usar estruturas como uma lista de tarefas. Trabalhe em todos os elementos em ordem, marque todas as caixas e você deve se sair com a resposta certa. Isso é errado, perigosamente errado. A liderança e a gestão da vida real estão cheias de ambiguidades e paradoxos, e as áreas cinzentas são abundantes. Nenhuma estrutura jamais pode dar conta de todas as possibilidades que podemos enfrentar. E em nenhum outro lugar isso é mais verdadeiro do que na ética.

As estruturas *são* úteis para ajudar a orientar nosso pensamento. Podem funcionar como listas para nos lembrar os elementos vitais que não devemos esquecer. Mas simplesmente verificar todos os itens da lista não é suficiente. Precisamos sempre olhar para dentro de nós mesmos, voltar à nossa bússola moral e às nossas próprias noções de certo, do bem e da virtude. A estrutura não pode tomar a decisão por nós. Precisamos fazer isso por nós mesmos.

Para dar uma ideia de como as estruturas podem ser úteis, irei discutir três estruturas comumente utilizadas que, a meu ver, se encontram entre as melhores existentes. (Você pode discordar, e você é perfeitamente livre para ir e pesquisar estruturas por conta própria; eu não reivindico qualquer superioridade de julgamento.) Em seguida, acrescento uma estrutura simplificada que considero útil na gestão quotidiana e na tomada de decisões. Sinta-se livre para testar todas essas estruturas em alguns problemas ou dilemas éticos que você pode ter encontrado. Alternativamente, o Apêndice 1 oferece seis dilemas da vida real que você pode usar para praticar e avaliar.

A ESTRUTURA NASH

A ESTRUTURA NASH

1 Você definiu o problema com precisão?

2 Como definiria o problema se estivesse do outro lado da cerca?

3 Como é que esta situação aconteceu em primeiro lugar?

4 A quem e ao que você oferece sua lealdade como pessoa e como membro da organização?

5 Qual é a sua intenção ao tomar esta decisão?

6 Como esta intenção se compara com os resultados prováveis?

7 Quem poderia ser prejudicado com sua decisão ou ação?

8 Você pode envolver as partes afetadas em uma discussão sobre o problema antes de tomar sua decisão?

9 Você está confiante de que sua posição será tão válida por um longo período quanto parece agora?

10 Você poderia divulgar, sem hesitações, sua decisão ou ação ao seu chefe, ao seu CEO, ao conselho de administração, à sua família ou à sociedade como um todo?

11 Qual é o potencial simbólico de sua ação se for compreendida? E se for incompreendida?

12 Sob quais condições você permitiria exceções à sua posição?[1]

"Não importa se você considera isso uma epidemia descontrolada ou o primeiro soar da trombeta do anjo Gabriel, a tendência de focar o impacto social das corporações é uma realidade inevitável que deve ser levada em conta na tomada de decisões gerenciais na atualidade", diz Laura Nash. "Mas para o executivo que pergunta: 'Como é que nós, como empresa, examinamos as nossas preocupações éticas?', os conhecimentos teóricos atualmente disponíveis podem ser mais frustrantes do que úteis."[2] Crítica da diferença entre a teoria ética de difícil compreensão e as necessidades das empresas, o seu artigo "Ethics Without the Sermon" oferece uma estrutura para tomar decisões éticas. Suas doze perguntas podem ser vistas na caixa de exibição acima. Vejamos essa estrutura mais de perto agora e examinemos as questões.

1. *Você definiu o problema com precisão?* "A forma como se reúne os fatos pondera uma questão antes do início do exame moral, e uma definição raramente é exata se articular a lealdade de cada um em vez dos fatos", diz Nash.[3] É de vital

importância conhecer o maior número possível de fatos sobre o caso e ter certeza de que estamos julgando-os de forma justa e imparcial. Se, por exemplo, estivermos avaliando a conduta de um empregado no trabalho, mas não estivermos cientes do estresse que ele ou ela pode estar sofrendo fora do trabalho, então podemos estar vendo apenas uma parte do problema e assim perder opções para uma possível resolução. É importante ter uma visão holística.

2. *Como definiria o problema se estivesse do outro lado da cerca?* Como parte dessa visão holística, devemos ter certeza de que estamos vendo o problema a partir da perspectiva de qualquer outra parte interessada que seja afetada. Suponhamos que estamos propondo a construção de uma nova fábrica ao lado de uma aldeia rural. Como nos sentiríamos se vivêssemos naquela aldeia? Levar em conta todas essas perspectivas é necessário, especialmente de uma perspectiva consequencialista, se quisermos avaliar com precisão a criação de valor e as externalidades.

3. *Como é que esta situação aconteceu em primeiro lugar?* Qual é a história? Que decisões foram tomadas antes deste ponto? Como chegamos aqui? Outras ferramentas analíticas como os "Cinco porquês" ou "O que, e daí, e agora?" podem ser úteis às vezes. Isso também faz parte da interrogação do problema, para termos a certeza de que temos plena compreensão e experiência.

4. *A quem e ao que você oferece sua lealdade como pessoa e como membro da organização?* Esta pergunta deve ajudá-lo a descobrir se você tem algum conflito interno. "A boa notícia sobre os conflitos de lealdade é que a sua identificação é uma forma exequível de esgotar a ética de uma situação e de descobrir os valores absolutos inerentes a ela", diz Nash. "Como disse um executivo numa discussão sobre um caso de Harvard, 'Meu cérebro corporativo diz que esta ação está

correta, mas meu cérebro não corporativo continua a piscar estas luzes de aviso."[4]

5. *Qual é a sua intenção ao tomar esta decisão?* Que valor você está tentando criar, e para quem? Faça uma lista dos benefícios potenciais da sua decisão, e quem, consequentemente, irá partilhá-los.

6. *Como esta intenção se compara com os resultados prováveis?* Dada a experiência passada e o que você sabe sobre o ambiente, você acha que vai conseguir alcançar seus objetivos? O que pode impedi-lo de ser bem-sucedido? Se você não conseguir, quais serão as consequências?

7. *Quem poderia ser prejudicado por sua decisão ou ação?* Isto não é apenas uma questão do que acontecerá se as coisas derem errado, embora, é claro, a avaliação dos riscos deve certamente fazer parte da tomada de decisão ética. Mas precisamos avaliar também as externalidades negativas.

A decisão de uma empresa de aquicultura de abrir uma fazenda de camarão na costa da Tailândia contribui para a economia local, proporcionando empregos e aumentando as receitas fiscais. Ao mesmo tempo, cortar a vegetação do manguezal para dar lugar a fazendas expõe as aldeias costeiras a um maior risco de inundações durante as tempestades. Quaisquer externalidades como esta devem ser avaliadas na decisão; caso contrário, a decisão terá um impacto negativo sobre outras pessoas, e isso seria ruim de uma perspectiva consequencialista.

Nash argumenta que precisamos pensar sobre essas questões antes de embarcarmos em novos empreendimentos, em vez de esperar até que algo ruim aconteça e depois tentar consertá-lo. "Excluir *de partida* qualquer política ou decisão que possa ter tais resultados é reformular a forma como as empresas modernas examinam a sua própria moralidade. Muitas vezes, as empresas só formulam questões de prejuízo depois do fato, sob a forma de processos de indenização."[5]

8. *Você pode envolver as partes afetadas em uma discussão sobre o problema antes de tomar sua decisão?* Se possível, isto deve ser feito. Tomar decisões sobre o que outras pessoas consideram certo e errado, ou bom e ruim, sem consultá-las por si mesmas, tem implicações éticas. No entanto, muitas vezes não consultamos, diz Nash, porque pensamos que fazê-lo demoraria muito tempo ou seria caro demais. Não consultar e errar pode ser ainda mais caro.

9. *Você está confiante de que sua posição será tão válida por um longo período quanto parece agora?* Você vai olhar para trás daqui a um mês, ou um ano, ou dez anos, e ainda achará que fez a coisa certa? Isto é, naturalmente, complicado, porque não conseguimos ver o futuro. Mas é útil fazer a si mesmo algumas perguntas sobre "e se?" Imagine que a economia aquece e a demanda aumenta; será que ainda teremos feito a coisa certa ao reduzir e demitir funcionários? Imagine que a lei mude e as ações que consideramos éticas agora sejam declaradas ilegais; será que ainda sentiremos que nossas ações são justificadas? Nenhuma resposta firme a estas perguntas será possível, mas fazê-las de qualquer maneira nos ajuda a provocar algumas das questões que, de outra forma, poderíamos ter negligenciado.

10. *Você poderia divulgar, sem hesitações, sua decisão ou ação ao seu chefe, ao seu CEO, ao conselho de administração, à sua família ou à sociedade como um todo?* Isto é por vezes conhecido como o "teste da luz solar". Se as suas ações se tornarem de conhecimento público, você gostaria de se levantar e justificá-las? Se for convocado para testemunhar perante uma comissão especial da Câmara dos Comuns, você pode pôr a mão no coração e dizer que, se tivesse de o fazer novamente, tomaria a mesma decisão?

11. *Qual é o potencial simbólico de sua ação se ela for compreendida? E se for incompreendida?* Independentemente das suas intenções, as pessoas terão interpretações próprias sobre suas

decisões e ações. "Uma decisão de negócios," diz Nash, "tem um valor simbólico em sinalizar o que é um comportamento aceitável dentro da cultura corporativa e em fazer um contrato tácito com os funcionários e a comunidade sobre as regras do jogo. Como o símbolo é realmente percebido (ou mal interpretado) é tão importante quanto como você quer que ele seja percebido."[6]

12. *Sob quais condições você permitiria exceções à sua posição?* A consistência do comportamento é muito importante em termos de percepções. Como vimos no caso Oxfam no início do livro, um legado de décadas de bom trabalho com pessoas pobres e necessitadas contou pouco quando o público aprendeu sobre a má conduta sexual no Haiti. As normas, uma vez estabelecidas, devem ser respeitadas. Ao mesmo tempo, temos de evitar os extremos absurdos da posição legalista e permitir, pelo menos, algum elemento de relativismo. O soldado que deixa seu posto para salvar seu líder não deve ser punido por agir sem ordens.

A estrutura Nash foi concebida para dar aos líderes empresariais uma forma rápida e relativamente fácil de avaliar situações e tomar decisões que sejam eticamente sólidas. Nash evita deliberadamente qualquer relação entre ela e a teoria da ética tradicional, com o fundamento de que esta última é demasiado confusa e irrelevante. No entanto, podemos ver aqui elementos da teoria ética. A maioria das perguntas está enviesada para o consequencialismo — bons resultados — com algumas, como as perguntas 4 e 10, acenando para a ética da virtude.

Usar esta estrutura não nos dará uma resposta simples de sim/não no final do processo. Como a própria Nash diz, as doze perguntas são elaboradas para provocar as questões e garantir que as implicações sejam totalmente discutidas. A experiência pessoal de usar e ensinar este modelo sugere que ele é um bom ponto de partida para a discussão, mas com dilemas mais complexos a discussão pode realmente acabar enlameando as águas e deixando as pessoas mais confusas do que nunca sobre o que elas devem realmente fazer.

A ESTRUTURA DO INSTITUTO JOSEPHSON

A estrutura de Nash oferece bons resultados para dilemas éticos relativamente simples em que o foco principal é alcançar um bom resultado. Uma estrutura mais complexa vem do Instituto Josephson de Ética. Ela consiste em cinco etapas com uma série de subetapas em cada uma delas. Por vezes, os alunos queixam-se de que esta estrutura é demasiado pesada para ser usada facilmente, mas é útil para se aprofundar no coração dos dilemas éticos e tem raízes mais fortes na deontologia e no pragmatismo do que a estrutura de Nash.

Esta estrutura vem de um livreto intitulado *Five Steps of Principled Reasoning*, publicado pelo Instituto Josephson em 1999. Posteriormente, o Instituto também publicou um panfleto: "The Seven-Step Path to Better Decisions", que é muito simplificado, apesar de ter mais passos, mas penso que o original, apresentado na caixa abaixo, é mais forte e mais útil.

O QUADRO DO INSTITUTO JOSEPHSON

Esclarecer

1 Determinar com precisão o que deve ser decidido.

2 Formular e conceber uma gama completa de alternativas.

3 Eliminar as alternativas manifestamente impraticáveis, ilegais e impróprias.

4 Forçar-se a desenvolver pelo menos três opções eticamente justificáveis.

5 Examinar cada opção para determinar que princípios e valores éticos estão envolvidos.

Avaliar

1 Se qualquer uma das opções exigir o sacrifício de qualquer princípio ético, avalie os fatos e pressupostos cuidadosamente.

2 Distinguir fatos sólidos de crenças, desejos, teorias, suposições, conclusões não fundamentadas, opiniões e racionalizações.

3 Considerar a credibilidade das fontes, especialmente quando elas possuem interesse pessoal, são ideológicas ou tendenciosas.

4 Em relação a cada alternativa, considerar cuidadosamente os benefícios, encargos e riscos para cada parte interessada.

Decidir

1 Fazer um julgamento sobre quais consequências são mais prováveis de ocorrer.

2 Avaliar as alternativas viáveis de acordo com a consciência pessoal.

3 Priorizar os valores para que seja possível selecionar quais valores avançar e quais subordinar.

4 Determinar quem será mais ajudado e quem será menos prejudicado.

5 Considerar o pior cenário possível.

6 Considerar se uma conduta eticamente questionável pode ser evitada mudando objetivos ou métodos, ou obtendo consentimento.

7 Aplicar os três "testes éticos"

   7a Você está tratando os outros como gostaria de ser tratado?

   7b Você se sentiria confortável se seu raciocínio e decisão fossem divulgados?

   7c Você se sentiria confortável se seus filhos o estivessem observando?

Implementar

1 Desenvolver um plano de como implementar a decisão.

2 Maximizar os benefícios e minimizar os custos e riscos.

Monitorar e modificar

1 Monitorizar os efeitos das decisões.

2 Estar preparado e disposto para rever um plano, ou tomar um curso de ação diferente.

3 Adaptar-se às novas informações.[7]

Novamente, vamos dar um passo de cada vez e examiná-lo.

ESCLARECER

1. Determinar com precisão o que deve ser decidido.
2. Formular e conceber uma gama completa de alternativas.
3. Eliminar as alternativas manifestamente impraticáveis, ilegais e impróprias.
4. Forçar-se a desenvolver pelo menos três opções eticamente justificáveis.
5. Examinar cada opção para determinar que princípios e valores éticos estão envolvidos.

Semelhante ao framework de Nash, Josephson argumenta que precisamos ser claros quanto à decisão que estamos sendo solicitados a tomar (e, eu acrescentaria, porque estamos sendo solicitados a fazê-lo). De acordo com o pensamento pragmático, Josephson diz também que devemos começar por considerar todas as opções e, o que é importante, colocar pelo menos três opções diferentes em cima da mesa para uma discussão pormenorizada.

Isso é importante, porque, por vezes, só quando começamos a considerar múltiplas opções é que começamos a ver claramente o que temos de fazer. No seu recente livro *The Leading Brain*, Friederike Fabritius e Hans Hagemann examinam uma das formas clássicas de tomar decisões, nomeadamente atirar uma moeda ao ar.[8] A maioria de nós já fez isso vez ou outra, e a maioria de nós já experimentou o mesmo fenômeno. Estamos diante de uma escolha de virar à esquerda ou à direita, então jogamos a moeda, cara para a esquerda, coroa para a direita. A moeda cai virada para a coroa, dizendo-nos que devíamos virar à direita. Mas quanto mais consideramos virar à direita, mais percebemos que estamos inquietos; a estrada é ruim, ou pode haver perigo. O instinto diz-nos para virar à esquerda. Então ignoramos o lançamento da moeda, que foi feito para tomar a decisão por nós, e viramos à esquerda assim mesmo.

Como Fabritius e Hagemann demonstram, o instinto nesses casos é realmente parte da função do cérebro. Assim que nos tornamos conscientes de um problema, a parte inconsciente da nossa mente vai trabalhar nele e tomar uma decisão. Entretanto, estamos deliberadamente utilizando a parte consciente da nossa mente para trabalhar no mesmo problema, utilizando, assim o esperamos, a lógica e a razão, com a visão de alcançar também uma decisão. Se partes conscientes e inconscientes de nossa mente tomarem a mesma decisão, experimentamos um sentimento de prazer ou felicidade; nos sentimos bem porque tomamos a decisão certa.

No entanto, se a mente inconsciente discorda da mente consciente, então uma parte do nosso cérebro chamada de ínsula, que controla a consciência corporal, registra uma ameaça e emite um aviso. A ínsula, por sua vez, está se referindo a outra área do cérebro, os gânglios basais, que são um depósito para experiências anteriores. O "instinto", então, ou "intuição" é na verdade a forma do cérebro de recuperar coisas da memória inconsciente e trazê-las à tona.

Quando se trata de tomar decisões éticas, precisamos ter certeza de que nossas mentes conscientes e inconscientes sejam levadas em conta no problema. A lógica e a análise são muito importantes, mas também o são a experiência passada, as emoções e a análise. A decisão certa deve *parecer* certa. Recorde-se novamente da citação de Nash, acima: "Meu cérebro empresarial diz que esta ação está correta, mas meu cérebro não empresarial continua a piscar estas luzes de aviso".

O cérebro não corporativo precisa ser ouvido, porque ele sabe coisas que o cérebro corporativo não sabe. Olhar para múltiplas alternativas é uma forma mais sofisticada de atirar uma moeda ao ar. Ao avaliar estas alternativas, chegamos a um entendimento mais claro. Quanto aos princípios e valores éticos, estas são as coisas que discutimos no Capítulo 2: certo e errado, justiça e equidade, a criação de valor positivo e/ou externalidades negativas para cada grupo de stakeholders. Se houver tempo, faça uma lista dos princípios fundamentais envolvidos, em rubricas positivas e negativas. Mais uma vez, esta lista não lhe dará todas as respostas, mas irá desbloquear o pensamento e forçá-lo a confrontar os princípios éticos de frente.

AVALIAR

1. Se qualquer uma das opções exigir o sacrifício de qualquer princípio ético, avalie os fatos e pressupostos cuidadosamente.
2. Distinguir fatos sólidos de crenças, desejos, teorias, suposições, conclusões não fundamentadas, opiniões e racionalizações.
3. Considerar a credibilidade das fontes, especialmente quando elas possuem interesse pessoal, são ideológicas ou tendenciosas.
4. Em relação a cada alternativa, considerar cuidadosamente os benefícios, encargos e riscos para cada parte interessada.

Esta é a parte mais importante do quadro de Josefson, porque estabelece as bases para a própria decisão. As etapas 2 e 3 dizem respeito à validade da evidência que estamos usando para tomar a decisão. É vital estabelecer a credibilidade de qualquer fonte e compreender quaisquer preconceitos no pensamento, incluindo os preconceitos de nós próprios e das nossas equipes. Por que pensamos como pensamos? O que nos levou às conclusões a que chegamos? Qual é a possibilidade de que a nossa compreensão da situação esteja errada? Nas palavras do filósofo medieval Peter Abelard, "ao duvidarmos, examinamos e ao examinarmos chegamos à verdade".

Paradoxalmente, embora precisemos ouvir a mente inconsciente, também precisamos ter certeza de que estamos lidando com fatos e não com rumores ou suposições vagas. Nas palavras de W. Edwards Deming, guru e filósofo de qualidade por mérito próprio, "Em Deus confiamos; todos os outros devem trazer dados".

É claro que contar fatos a partir da ficção nem sempre é fácil e, em alguns casos — como no caso dos estaleiros navais no capítulo 2 — outras partes ocultam os fatos ou obstruem a nossa visão deles numa tentativa deliberada de influenciar a nossa decisão. Fatos também podem ser mal interpretados ou mal-entendidos. Aqui é onde a mente inconsciente aflora, ajudando-nos a ver através do nevoeiro. Os fatos são importantes, mas nem sempre são suficientes. A autoconfiança e a virtude também devem desempenhar um papel; e sempre, sempre, devemos considerar que podemos estar errados.

O passo 4 é puro consequencialismo, determinando quais serão os benefícios e externalidades para cada parte interessada que é afetada, ou será afetada, por cada opção. O passo 1, por outro lado, tem suas raízes na deontologia. Quais são os princípios envolvidos? Que danos podem ser causados pelas nossas ações? Esse dano é aceitável? Estaremos nós próprios dispostos a pagar o preço, se necessário, por fazer o que acreditamos ser correto?

DECIDIR

1. Fazer um julgamento sobre quais consequências são mais prováveis de ocorrer.
2. Avaliar as alternativas viáveis de acordo com a consciência pessoal.
3. Priorizar os valores para que seja possível selecionar quais valores avançar e quais subordinar.
4. Determine quem será mais ajudado e quem será menos prejudicado.
5. Considerar o pior cenário possível.

6. Considerar se uma conduta eticamente questionável pode ser evitada mudando objetivos ou métodos, ou obtendo consentimento.
7. Aplicar os três "testes éticos".
   7a. Você está tratando os outros como gostaria de ser tratado?
   7b. Você se sentiria confortável se seu raciocínio e decisão fossem divulgados?
   7c. Você se sentiria confortável se seus filhos o estivessem observando?

O atual processo de tomada de decisão se baseia em todas as quatro teorias de ética que discutimos no Capítulo 2. Na fase de avaliação, olhamos para o intervalo de possíveis consequências, valor positivo e externalidades negativas. Tomar uma decisão requer que decidamos quais são as opções mais prováveis e quais serão os resultados prováveis de cada opção. O passo 4 também recomenda que se considere *quem* será beneficiado e *quem* será prejudicado. Se existem externalidades, aqueles que serão prejudicados serão suficientemente fortes para suportar os custos? Se houver valor, ele será distribuído de forma justa e equitativa?

A consciência e os valores pessoais, a nossa própria virtude, também desempenham um papel aqui. Olhando para as alternativas, o que parece certo? O que está mais de acordo com os nossos próprios valores pessoais? O que nos diz a nossa bússola moral? E, claro, há o teste da luz solar. A equidade e a justiça ditam que tratemos os outros como gostaríamos de ser tratados, mas, além da reciprocidade, há uma necessidade mais profunda de poder viver com as consequências de nossas ações. Passo 7c, "você se sentiria confortável se seus filhos o estivessem observando?" é uma pergunta particularmente potente a ser feita.

Se a resposta a isso é "não", então temos realmente de parar e pensar de novo. Para a maioria de nós, tomar uma ação que sabemos ser antiética é corrosivo, moral, psicológica e até fisicamente. Uma vez ultrapassado o limiar moral uma vez, torna-se muito mais provável que o façamos novamente, mas isso não significa que o processo seja mais fácil ou sem consequências. Os estudos relacionaram o comportamento antiético com a perda de autoestima, depressão, doenças físicas associadas à depressão e até mesmo automutilação e suicídio.[9]

Pragmaticamente, devemos também considerar se é possível alterar a ecologia moral para nos dar mais espaço de ação. O quadro de Josephson pede-nos que analisemos o pior cenário possível, mas eu diria que deveríamos ir mais longe e adotar a técnica utilizada no pensamento de cenários, ou seja, para cada opção considerar o melhor cenário, o pior cenário, e depois o caso mais provável, que na maior parte do tempo estará entre os dois. Embora tenhamos sempre de estar atentos ao pior dos casos e de ter um plano em mente sobre como se recuperar do fracasso se isto acontecer, pragmaticamente devemos dedicar a maior parte do nosso esforço para considerar o caso mais provável.

Em última análise, deve ser tomada uma decisão. A estrutura de Josephson, tal como a de Nash, não nos dirá que decisão tomar. A escolha moral é nossa e devemos assumir toda a responsabilidade por ela. O que a estrutura de Josephson pretende fazer é (a) garantir que tenhamos o máximo possível de informações confiáveis, de fontes confiáveis; (b) analisar a questão de todos os ângulos e gerar múltiplas opções para garantir que tenhamos trabalhado completamente as questões, e não estejamos apenas tomando a decisão que é mais fácil, ou mais barata, ou que beneficia a nós e nossos amigos; e finalmente (c) garantir que tenhamos considerado completamente as consequências de todas as opções para nossos stakeholders antes de fazer a escolha final.

Às vezes, essa escolha parece ser fácil, pelo menos no início. A empresa pode ter um projeto de investimento apreciado, a construção de uma nova fábrica ou centro de distribuição, o lançamento de uma nova linha de produtos, na qual a direção está empenhada. Mas se, após consideração, as implicações éticas são muito fortemente negativas e as externalidades são muito grandes, então os líderes precisam levantar as mãos e parar de chorar. Nem, tendo tomado uma decisão, devemos nos considerar irrevogavelmente comprometidos com ela. Repetindo, devemos sempre reconhecer o fato de que podemos estar errados. A situação pode mudar, de modo que a decisão original, embora certa no momento, já não seja válida. Podemos ter negligenciado certos fatores ou recebido informações falsas, o que significa que nossas suposições originais estavam incorretas. Podem surgir novas externalidades que não tínhamos previsto. Se assim for, devemos ter a coragem e a humildade de admitir o fracasso, reconsiderar e, se assim for necessário, recuar e escolher outra opção.

AS ARMAS DE AGOSTO

Durante o mês de julho de 1914, houve intensas negociações diplomáticas entre as grandes potências da Europa: Grã-Bretanha, França e Rússia, Áustria-Hungria e Alemanha. Apesar dos melhores esforços dos diplomatas, as negociações fracassaram, em grande parte porque os líderes nacionais acreditavam que a guerra era inevitável. Uma vez dadas as ordens para mobilizar os exércitos e as frotas, disseram eles, era impossível parar o processo. Não havia mais nada para fazer a não ser continuar e ir para a guerra. Todos sabiam que as consequências seriam desastrosas, mas os poucos políticos que tiveram a coragem de se levantar e de gritar para que parassem foram calados pelos outros que insistiram que a guerra era inevitável. Como resultado, no início de agosto, a Primeira Guerra Mundial começou e 17 milhões de pessoas morreram.[10]

Pouquíssimas coisas na vida são verdadeiramente inevitáveis. Há sempre tempo para parar. Tudo o que é necessário é coragem e a capacidade de fazer as outras pessoas ouvirem.

IMPLEMENTAR

1. Desenvolver um plano de como implementar a decisão.
2. Maximizar os benefícios e minimizar os custos e riscos.

MONITORAR E MODIFICAR

1. Monitorizar os efeitos das decisões.
2. Estar preparado e disposto a rever um plano, ou tomar um curso de ação diferente.
3. Adaptar-se às novas informações.

Juntei estes dois passos porque a implementação e o controle devem andar de mãos dadas. Devem ser inseparáveis.

A implementação acontece da mesma forma que acontece com qualquer projeto. É desenvolvido e executado um plano de ação. Para além dos benefícios e riscos financeiros, temos de estar constantemente atentos ao valor que está sendo criado e garantir que aquilo que queremos que aconteça, acontece de fato. Isso significa vigiar as consequências não intencionais e as externalidades inesperadas. Por exemplo, se, no processo de construção de uma nova fábrica, as equipes de trabalho criarem uma poluição sonora excessiva que prejudica a saúde das comunidades vizinhas, como líderes, precisamos intervir e corrigir a situação.

No entanto, o controle é mais do que simplesmente manter o navio no rumo certo. Ao adotar uma abordagem de aprendizagem por ação, podemos aprender com a experiência e melhorar nossas capacidades de tomada de decisão. A teoria da aprendizagem pela ação propõe que aprendamos muito mais com as coisas que fazemos nós mesmos do que estudando ou imitando as ações dos outros. Para aprendermos com a experiência, precisamos refletir sobre o que fizemos e adotar uma abordagem de questionamento, perguntando por que fizemos o que fizemos e se poderíamos ter feito as coisas de forma diferente.[11]

O psicólogo Otto Rank mostrou como grandes artistas reinventam constantemente seus próprios quadros mentais de referência, afastando-se das formas estabelecidas de fazer as coisas e encontrando novos caminhos baseados em sua própria experiência pessoal e observação. Foi essa capacidade de pensar além dos limites da convenção, fora da caixa, que os tornou grandes.[12]

O líder ético pode aprender muito com esta abordagem. Refletir sobre as decisões que tomamos e os resultados que elas geraram, questionando como fazemos as coisas e por que, ajudará a enriquecer nosso pensamento e a ampliar nossas mentes para novas possibilidades. Pragmaticamente, isso nos tornará melhores para explorar situações e gerar opções, mas em um nível mais profundo, nos ajudará no desenvolvimento moral. Parafraseando Confúcio, o cultivo da virtude começa olhando para dentro e refletindo sobre nós mesmos.

A ESTRUTURA DO MARKKULA CENTER

O modelo final foi desenvolvido no Centro Markkula de Ética Aplicada da Universidade de Santa Clara, na Califórnia. Ele também consiste em uma série de questões abertas, embora haja também um aplicativo que exige que os usuários insiram pontuações numéricas. Isso, a meu ver, é um pouco determinista demais, e pode levar ao aplicativo efetivamente tomar a decisão por você, ou pelo menos, as pessoas que não estão dispostas a ir contra as pontuações do aplicativo, mesmo se elas não se sentem confiantes ou confortáveis com a decisão. Os alunos que usaram o aplicativo concordam em grande parte, embora alguns tenham gostado da sensação de certeza que parecia lhes dar.

A ESTRUTURA DO CENTRO MARKKULA

Reconhecer uma questão ética

1 Essa decisão ou situação poderia ser prejudicial para alguém ou para algum grupo? Esta decisão implica uma escolha entre uma boa e má alternativa, ou talvez entre dois "benefícios" ou entre dois "malefícios"?

2 Esta questão é mais sobre o que é legal ou mais eficiente? Em caso afirmativo, como?

Obter os fatos

1 Quais são os fatos relevantes do caso? Que fatos não são conhecidos? Posso saber mais sobre a situação? Sei o suficiente para tomar uma decisão?

2 Que indivíduos e grupos têm um interesse importante no resultado? Algumas preocupações são mais importantes? Por quê?

3 Quais são as opções para agir? Todas as pessoas e grupos relevantes foram consultados? Identifiquei opções criativas?

Avaliar ações alternativas

1 Que opção produzirá melhor e fará menos mal?

2 Qual a opção que melhor respeita os direitos de todos os que têm uma participação?

3 Que opção trata as pessoas de forma igual ou proporcional?

4 Que opção melhor serve à comunidade como um todo, e não apenas a alguns membros?

5 Que opção me leva a agir como o tipo de pessoa que quero ser?

Tomar uma decisão e testá-la

1 Considerando todas estas abordagens, qual a opção que melhor se adapta à situação?

2 Se eu dissesse a alguém que respeito — ou dissesse a uma audiência de televisão — qual a opção que escolhi, o que diriam?

Agir e refletir sobre o resultado

1 Como a minha decisão pode ser implementada com o maior cuidado e atenção às preocupações de todas as partes interessadas?

2 Como foi a minha decisão e o que aprendi com esta situação específica?[13]

A estrutura de Markkula é muito mais diretamente fundamentada na teoria ética do que Nash ou Josephson. Refere-se explicitamente ao pragmatismo, consequencialismo e utilitarismo, bem como à virtude ética e à teoria da justiça de Rawls, e também a algumas outras teorias que não exploramos neste livro, a saber, a abordagem de direitos que argumenta que nosso dever primário como seres éticos é respeitar os direitos morais e físicos dos outros, e a abordagem de bem comum, que afirma que nosso dever ético é com a comunidade como um todo, não com os indivíduos.[14]

Ambas são bastante simplistas em termos de perspectiva, razão pela qual não as discuti no início do livro. Além disso, ao contrário das quatro abordagens discutidas no Capítulo 2, nenhuma delas é universal. Nem toda cultura ou filosofia reconhece a primazia dos direitos sobre as responsabilidades: a cultura asiática, de fato, tende a ser o contrário, enfatizando a responsabilidade da comunidade sobre os direitos individuais. Isso também se aplica à abordagem do bem comum; as culturas ocidentais enraizadas no pensamento iluminista negarão que o bem comum supere necessariamente as necessidades do indivíduo.

RECONHECER UMA QUESTÃO ÉTICA

1. Essa decisão ou situação poderia ser prejudicial para alguém ou para algum grupo? Esta decisão implica uma escolha entre uma boa e má alternativa, ou talvez entre dois "benefícios" ou entre dois "malefícios"?
2. Esta questão é mais sobre o que é legal ou mais eficiente? Em caso afirmativo, como?

O título desta seção é curioso porque sugere que haverá algumas questões que não têm implicações éticas. Na prática, dado que praticamente todas as decisões que tomamos têm consequências para outra pessoa, intencionais ou não, esta é uma distinção sem sentido. Nos negócios, precisamos considerar as implicações éticas de cada decisão que tomamos. Como observado acima, o quadro de Markkula tem uma visão amplamente consequencialista e baseada em resultados. Na prática, as questões deontológicas corretas e erradas também serão importantes, mesmo que apenas sob a forma de cumprimento da legislação e da regulamentação.

OBTER OS FATOS

1. Quais são os fatos relevantes do caso? Que fatos não são conhecidos? Posso saber mais sobre a situação? Sei o suficiente para tomar uma decisão?
2. Que indivíduos e grupos têm um interesse importante no resultado? Algumas preocupações são mais importantes? Por quê?
3. Quais são as opções para agir? Todas as pessoas e grupos relevantes foram consultados? Identifiquei opções criativas?

Tal como nos dois quadros anteriores, é extremamente importante assegurar que dispomos de informação fiável suficiente para tomarmos uma decisão. Se a resposta à pergunta "sei o suficiente para tomar uma decisão?" for não, então temos duas opções: tomar uma decisão arriscada baseada em conhecimento parcial ou adiar a decisão até que mais conhecimento esteja disponível, mais estudos tenham sido realizados e assim por diante.

Ambas as opções, proceder ou esperar, têm implicações éticas. Isso se reflete nas perguntas 2 e 3. Quem são os outros atores neste cenário? Já consultamos, ou até identificamos todos corretamente? Quais serão as consequências para eles se assumirmos o risco? Qual será o resultado se nos atrasarmos? Quais são os direitos e os erros? O que sentimos no nosso instinto é a melhor coisa a fazer?

A pergunta 3 também acena para o pragmatismo e pergunta se criamos um número suficiente de opções viáveis. Já pensamos no assunto de diferentes perspectivas? Será que consideramos soluções criativas em vez de fórmulas experimentadas e testadas?

AVALIAR AÇÕES ALTERNATIVAS

1. Que opção produzirá melhor e fará menos mal?
2. Qual a opção que melhor respeita os direitos de todos os que têm uma participação?
3. Que opção trata as pessoas de forma igual ou proporcional?
4. Que opção melhor serve à comunidade como um todo, e não apenas a alguns membros?
5. Que opção me leva a agir como o tipo de pessoa que quero ser?

Esta é uma versão mais simples da estrutura do Instituto Josephson, mas, novamente, é mais fortemente fundamentada em diferentes teorias da ética. Com o quadro de Josephson, a porta está aberta para escolhermos e escolhermos as questões que consideramos importantes. O quadro de Markkula fecha essa porta e obriga-nos a olhar para as implicações de vários ângulos.

Que opção produzirá melhor e fará menos mal é, naturalmente, uma questão consequencialista. Adota a perspectiva utilitarista do maior bem para o maior número, e aceita que, ao produzir bem para muitos, pode muito bem haver dano para poucos. Trata-se, evidentemente, de um princípio amplamente aceito na sociedade ocidental. A democracia, por exemplo, baseia-se na ideia da regra da maioria — o partido ou coligação com mais votos ou mais lugares forma o governo.

A questão, então, é saber o que acontece à minoria que não votou a favor dessa posição. O partido da maioria tem a responsabilidade de governar também em seu nome, procurando acomodar a sua posição? Esta foi a filosofia do Partido Conservador na Grã-Bretanha dos anos 1950 a 1980, por isso chamada política de "uma nação", na qual se assumiu que, independentemente de quem tivesse as rédeas do poder, eles tinham a responsabilidade de governar em nome de todos, e não apenas das pessoas que votaram neles. Hoje em dia, ainda se fala muito nessa filosofia, mas na prática raramente se adere a ela. Um dos resultados menos atraentes do referendo do Brexit foi a analogia futebolística, empregada por ambos os lados, de vitória e derrota. Um lado ganhou absolutamente, e tudo o que o outro lado pode fazer é aceitar o resultado, lamber suas feridas e tramar vingança. A ideia de que as duas partes devem trabalhar em conjunto para produzir o melhor resultado possível para todos é abertamente desprezada.

Foi isso que John Stuart Mill veio a não gostar do utilitarismo, e é um perigo real. Considere, por exemplo, o ressurgimento da tendência para a democracia dos trabalhadores ou, pelo menos, para a consulta no local de trabalho. Se ouvirmos os nossos colaboradores e depois seguirmos a opinião da maioria, o que acontece à minoria dissidente? Se simplesmente os ignorarmos, existe o risco real de que a dissidência apodreça e, com o tempo, conduza ao não cumprimento ou mesmo à resistência. Mas também há uma dimensão ética. O princípio da justiça defendido por John Rawls diz que é errado governar simplesmente em nome da maioria. A ética e as boas práticas de gestão ditam que devemos tentar levar todos conosco. Provavelmente falharemos; mas temos de tentar, e temos de ser vistos tentando.

Qual a opção que melhor respeita os direitos de todos os que têm interesses em jogo e qual a opção que trata as pessoas de forma igual ou proporcional são exatamente as perguntas que devemos fazer para abordar essa questão. Isso deve ser feito independentemente do sentimento pessoal. Um grupo de pressão da comunidade pode estar lançando abusos imprecisos e injustos contra a nossa organização, tentando arrastar o nosso nome pela lama, a fim de fazer avançar a sua própria agenda. Será que isso nos dá o direito de assumir uma posição de confronto, de retrucar, de ignorar esta comunidade e os seus desejos? Mais uma vez, as boas práticas e o comportamento ético estão de acordo. Entrar em brigas de cachorro com grupos de pressão quase nunca é uma boa ideia; estes são conflitos de soma negativa onde no final todos perdem, comunidade e companhia igualmente. De um ponto de vista ético, temos de contornar a lama e procurar o terreno moral mais elevado. Fazer o que é melhor para todos, deixe claro o que você está fazendo e comunique sua mensagem claramente, e eventualmente as pessoas irão entendê-lo e verão quem você realmente é. O suporte para os grupos de pressão secará gradualmente. Se a nossa atenção se concentrar exclusiva ou principalmente na busca do lucro, então faz sentido adotar uma perspectiva puramente utilitarista e aceitar que algumas pessoas serão prejudicadas. Mas criar danos colaterais desta forma é arriscado. Equilibrar as necessidades de todos os stakeholders, mesmo daqueles que não gostam de nós, e tratá-los todos de forma justa, não só reduz esse risco como melhora a percepção pública de nós e de nossas ações.

No início deste livro, mencionei o caso da Tata Finance, a empresa de serviços financeiros do Grupo Tata que entrou em colapso devido a dívidas muito elevadas. O diretor-geral da Tata Finance foi detido e mandado para a prisão, aguardando julgamento com várias acusações. Trazer casos complexos para julgamento na Índia pode levar anos, e o diretor administrativo solicitou a liberação sob fiança. O Grupo Tata se opôs à fiança no início, mas depois de um tempo ele abandonou sua oposição, e o diretor-gerente recebeu fiança e foi libertado. Perguntei a Ratan Tata porque é que o Tata tinha mudado de ideias. "Porque não era justo para ele", veio a resposta. "Ele deveria enfrentar o processo judicial e receber a punição apropriada, mas ficar na prisão por anos aguardando julgamento parecia errado." Equidade — mesmo para as pessoas que te magoaram ou te machucaram. Não é uma coisa fácil de fazer, mas é a coisa certa a fazer.

A opção que melhor serve a comunidade como um todo, e não apenas alguns membros, nos leva ao princípio do bem comum aludido acima. Como mencionado, este nem sempre é um princípio fácil de pôr em prática, especialmente em sociedades fortemente individualistas, onde os direitos pessoais triunfam sobre as necessidades da comunidade, mas é importante lembrar essas necessidades e considerar que talvez as comunidades também tenham direitos.

E, finalmente, há uma opção que me leva a agir como o tipo de pessoa que quero ser. Esta questão tem as suas raízes na virtude ética, e não posso deixar de salientar a sua importância com suficiente veemência. Os sentimentos pessoais importam. Podemos marcar as caixas em estruturas, preencher planilhas e pesos e avaliar opções até a exaustão, mas, em última análise, devemos estar pessoalmente confortáveis com as decisões que tomamos. Se todas as evidências apontam para uma opção, mas há um sussurro irritante de dúvida em sua mente, ouça esse sussurro. Está te dizendo algo que a mente inconsciente sabe, mas a mente consciente ainda não descobriu.

Escolha a opção, não só com a qual pode viver, mas da qual se orgulhará. Ao orientar ou agir como um amigo crítico, às vezes faço outra pergunta: o que você gostaria de ter como seu epitáfio? Como você gostaria de resumir, não apenas suas realizações, mas o tipo de pessoa que você é?

TOMAR UMA DECISÃO E TESTÁ-LA

1. Considerando todas estas abordagens, qual a opção que melhor se adapta à situação?
2. Se eu dissesse a alguém que respeito — ou dissesse a uma audiência de televisão — qual a opção que escolhi, o que diriam?

Em vez da complicada seção de decisões do quadro do Instituto Josephson, o quadro de Markkula assume que, quando atingimos o limiar de decisão, já temos uma ideia justa de qual decisão é a melhor. Execute as opções novamente e, em seguida, aplique um teste final, o teste da luz solar. A sugestão de Markkula — se nos sentiríamos à vontade para discutir a nossa decisão perante uma audiência televisiva — é uma boa sugestão porque, se as coisas derem errado, há uma boa possibilidade de estarmos fazendo exatamente isso.

AGIR E REFLETIR SOBRE O RESULTADO

1. Como a minha decisão pode ser implementada com o maior cuidado e atenção às preocupações de todas as partes interessadas?
2. Como foi a minha decisão e o que aprendi com esta situação específica?

Uma das fraquezas da estrutura de Nash é que ela não dá atenção suficiente às consequências da ação. O quadro de Markkula, tal como o quadro de Josephson, abraça o conceito de aprendizagem em ação e exorta-nos a olhar constantemente para trás para as decisões que tomamos, a examinar as suas consequências e a aprender com os sucessos e as fraquezas.

O outro elemento importante aqui é a atenção aos detalhes na implementação. É um truísmo na gestão que muitas boas decisões corram mal por causa de falhas em implementá-las corretamente, e isso também é verdade aqui. Precisamos não só tomar decisões com base em critérios éticos, mas também aplicá-las de uma forma ética.

Alunos que usaram a estrutura gostam deste aspecto dela. Eles também gostam de como a seção de avaliação se baseia em diferentes teorias para gerar diferentes perspectivas. Caso contrário, porém, eles acham que, como a estrutura de Nash, ela é excessivamente consequencialista e se concentra muito nos resultados e não o suficiente nas questões de certo e errado. Se uma coisa é boa, a abordagem Markkula parece estar dizendo, ipso facto também deve estar certa.

Se você achar útil algum — ou todos — desses três quadros, então vá em frente e use-os. Por experiência, tenho consciência de que as necessidades de cada um serão diferentes, dependendo do seu papel e circunstâncias e dos processos cognitivos pessoais. Algumas pessoas gostam de frameworks e ferramentas que lhes dão resultados rápidos e são impacientes com processos longos, enquanto outras preferem uma abordagem mais metódica. Cada um de nós aborda a resolução de problemas de formas diferentes, e é assim que deve ser. A força da estrutura Nash é que é rápida de usar, mas é mais adequada para problemas relativamente simples e carece de profundidade para explorar dilemas mais complexos. Por outro lado, a estrutura do Josephson Institute é boa para analisar detalhes, mas é longa e leva tempo para trabalhar, e o seu uso pode por vezes equivaler ao uso de um martelo de forja para partir uma noz. Nenhuma delas está profundamente enraizada na teoria ética, o que alguns poderão pensar que não é ruim; mas eu diria que temos de nos lembrar dos primeiros princípios de ética discutidos no Capítulo

2, para nos certificarmos de que estamos realmente abrangendo todos os ângulos. A estrutura do Centro Markkula faz isso, mas tendo nos dado uma ferramenta de avaliação arredondada, ela então surpreendentemente muda o foco de volta para resultados consequencialistas.

Estou também ciente de que os três quadros, mesmo Nash, exigem que as pessoas parem, se sentem e analisem os problemas de uma forma metódica. Isso nem sempre é possível. Como o guru da estratégia canadense Henry Mintzberg apontou, a teoria de gestão convencional assume que os gerentes têm tempo e capacidade mental para agir racionalmente em todos os momentos. Eles recebem informações, avaliam-nas e tomam decisões com base em todas as informações disponíveis, da mesma forma que as estruturas descritas acima.

A vida real, diz Mintzberg, é bastante diferente. Em seu livro *The Nature of Managerial Work*, ele mostra como os gerentes passam a maior parte do tempo "combatendo incêndios", reagindo a eventos, tomando decisões rápidas para resolver o problema e, em seguida, passar para o próximo problema que os confronta.[15] Em termos de coleta de informações, eles às vezes têm tempo para conversar com alguns amigos e colegas e refletir sobre o que está acontecendo, mas nem a coleta de informações nem a análise são de modo algum sistemáticas. Muitas vezes, nem isso é possível. O gerente tem que tomar uma decisão agora, com base apenas no que ele ou ela já sabe e no que a intuição está lhes dizendo. O estudo de Mintzberg foi feito na década de 1970, mas na era moderna de redução de níveis hierárquicos e de hierarquias planas, minha observação é que isso se tornou mais verdadeiro do que nunca.

A ESTRUTURA DO FLAT WHITE

Com isto em mente, tentei encontrar um quadro simples para as decisões éticas que se baseie na teoria ética e tente abranger todas as bases, mas que seja também rápido de utilizar e não exija consulta. A fraqueza admitida desta estrutura é que ela não permite tempo para coletar informações, mas como Mintzberg aponta, muitas vezes não temos tempo para coletar informações de qualquer maneira, por isso temos de "ir em frente com o que temos". Se tiver alguém para o ajudar a falar sobre as coisas, ótimo, mas, se necessário, pode trabalhar por conta própria nesta estrutura.

Um pouco de tempo de reflexão é necessário, mas apenas um pouco. Deve ser possível perguntar e responder a estas perguntas mais ou menos ao mesmo tempo em que se pede e se bebe um flat white (outras variedades de bebidas com cafeína também estão disponíveis).

A ESTRUTURA FLAT WHITE

1 O que sabemos sobre esta situação, e o que não sabemos?

2 Quais são as nossas lealdades e preconceitos? O que pode influenciar a nossa decisão de uma forma ou de outra?

3 Que grupos de participantes estão envolvidos e como?

4 Que opções estão abertas para nós? Se forem insatisfatórias, podem ser criadas outras opções?

5 Que questões de certo e errado estão envolvidas?

6 Quais são as boas e más consequências destas opções?

7 Que opção produziria o resultado mais justo e equitativo?

8 O que você quer fazer?

9 Em seu coração, o que você acha que deve fazer?

10 Você consegue viver com as consequências dos teus atos?

11 O que você vai fazer se a sua decisão for errada?

Não trabalhe o processo. Seja rápido e conciso nas suas respostas e tente, tanto quanto possível, ter uma visão holística.

O que sabemos sobre esta situação, e o que não sabemos? Resuma os fatos principais em algumas frases. Por que é que esta questão é importante? O que é que isso importa? Que problemas enfrentamos? E, nas palavras de Donald Rumsfeld, o que são as "incógnitas conhecidas"? Onde é que nos falta informação? Se houver tempo para ir buscá-la, faça; se não, apenas esteja ciente de que este vazio de informação representa um risco à medida que avançamos.

Quais são as nossas lealdades e preconceitos? O que pode influenciar a nossa decisão de uma forma ou de outra? Todos nós gostamos de pensar que somos altamente objetivos, mas na verdade nenhum de nós é, e mesmo os artigos mais rigorosos nas mais prestigiadas revistas científicas têm um viés. Vemos o mundo através de lentes que às vezes podem — muitas vezes? — distorcer a nossa visão. Saber o que são essas lentes ajuda-nos a compreender melhor os riscos que corremos quando tomamos uma decisão. Se nos conhecemos bem o suficiente, geralmente não há necessidade de fazer essa pergunta; já sabemos a resposta. A questão das influências que podem ser exercidas é mais complicada. Podemos estar sob pressão de chantagistas para tomar uma decisão rápida a seu favor. O conselho de administração pode igualmente estar exercendo pressão no sentido de tomar uma decisão que favorece certos acionistas.

Esses tipos de influência são fáceis de ver, mas outros fatores são mais sutis. A investigação revelou que o ambiente físico do local de trabalho pode ter um forte impacto no bem-estar psicológico e que, por sua vez, tem impacto na decisão que tomamos.[16] Se trabalharmos num local sombrio e depressivo, temos mais probabilidades de sermos nós próprios sombrios e deprimidos, o que pode levar a uma tentação de seguir o caminho mais fácil. Um local de trabalho luminoso e amigável produz maior confiança, e é mais provável que coloquemos nossas cabeças para cima, tomemos um comprimido de coragem e façamos a coisa certa.

Mesmo algo tão pequeno como a hora do dia pode fazer a diferença. Em um artigo fascinante intitulado "The Morning Morality Effect", Maryam Kouchaki e Isaac Smith apresentam evidências que sugerem que as pessoas são mais propensas a tomar decisões éticas no início do dia, e que a propensão para reduzir custos e tomar decisões antiéticas aumenta à medida que o dia avança.[17] (E quando é que a maioria dos conselhos de administração se reúne? À tarde...)

A questão é ter cuidado com as influências sutis. Enquanto você bebe a sua xícara de café e pensa nas coisas, olhe à sua volta. Onde você está? Que horas são? Que pressões o seu ambiente está exercendo sobre você? Se não gosta da vibração que você sente no ar, mova-se. Caminhe pelo corredor, saia, encontre um lugar onde você possa terminar seu café e pensar claramente.

Que grupos de participantes estão envolvidos e como? Se conhecemos bem o nosso negócio, então já sabemos a resposta a esta pergunta. Escreva-o em poucas frases rápidas, com base no conhecimento e na experiência.

Que opções estão abertas para nós? Se forem insatisfatórias, podem ser criadas outras opções? Isso pode ser mais complicado, porque as pressões acima referidas podem estar nos enviesando para uma determinada opção. Temos de evitar ser pintados num canto. Precisamos também evitar escolhas binárias de "sim, não", se é que isso é possível. Sugiro seguir o quadro do Instituto Josephson e gerar pelo menos três opções. Se isso se revelar difícil, uma segunda xícara de café pode ser necessária; se ainda for impossível, procure o conselho de colegas. Três opções deveriam ser o mínimo em todos os casos, mas o mais simples dos casos.

Que questões de certo e errado estão envolvidas? Há questões jurídicas, naturalmente, mas, mais uma vez, já deveríamos estar familiarizados com elas. Se não estivermos, anote isto em "desconhecidos conhecidos" e procure aconselhamento. Além da legalidade, há também a moralidade. O que significam o certo e o errado neste contexto? O que nos diz a moralidade básica que devemos fazer?

Quais são as boas e más consequências destas opções? Podemos analisá-las com cada grupo de stakeholders envolvido e, mais uma vez, se conhecermos bem os nossos stakeholders, devemos ser capazes de eliminar as principais questões com bastante rapidez. Que benefícios cada grupo receberá, e que externalidades poderão sofrer? Devemos ser capazes de enumerá-los nas nossas cabeças, ou escrevê-los na parte de trás de um guardanapo.

Que opção produziria o resultado mais justo e equitativo? Claro que temos de perguntar a nós próprios, justo para quem? Há sempre a tentação de cair aqui no utilitarismo, mas temos de nos lembrar dos critérios de Rawls:

1. todas as pessoas têm direito à liberdade, mas a sua liberdade nunca deve poder atentar contra a liberdade de terceiros.
2. os membros menos favorecidos da sociedade devem ser protegidos, tanto quanto possível, das desigualdades sociais e econômicas.

Em vez de optar pela regra da maioria, pense que resultado pode ser palatável para todos.

O que você quer fazer? Tendo respondido às perguntas acima, qual opção faz mais sentido? Qual você acha que é a melhor escolha? E então, tendo respondido a isso, olhe dentro de si mesmo e pergunte, em seu coração, o que você acha que deve fazer? O que o seu instinto diz para fazer? Que opção te faz sentir feliz e libera oxitocina? Quais fazem você se arrepiar? Se todas as três opções produzirem o último efeito, é hora de pensar novamente.

Então, é claro, há o teste da luz solar, *você pode viver com as consequências de suas ações?* E então a última e de alguma forma a pergunta mais importante, *o que você vai fazer se a sua decisão for errada?* Em parte, trata-se de uma simples gestão de riscos, mas também há questões mais profundas. Se tomarmos uma decisão que pensamos ser a coisa certa a fazer nas circunstâncias e, em consequência dessa decisão, alguém for ferido ou morto, então temos de viver com essa culpa. Algumas pessoas podem encolher os ombros e seguir em frente com a sua vida, mas não tenho certeza se quero conhecer essas pessoas, muito menos trabalhar com elas. A maioria de nós vai sentir um trauma. E decisões ainda menos desastrosas podem acabar custando dinheiro e tempo à empresa, ou resultar em infelicidade e externalidades prejudiciais para as partes interessadas.

E, no entanto, os erros acontecerão. Somos apenas humanos e, como líderes, quase nunca temos tempo e informação suficientes para tomar decisões plenamente informadas e racionais. O risco é onipresente. Como mostram os exemplos da Air France e da Maple Leaf Foods, o verdadeiro teste de um líder ético é como lidar com o fracasso. Porque o fracasso virá. A questão é, estamos prontos para isso quando ele bater à porta?

Se no final do processo você ainda estiver confuso e genuinamente não souber o que fazer, então é hora de apertar o botão vermelho. Pare o processo, desligue as coisas, reúna sua equipe e passe por uma das estruturas mais formais e detalhadas acima. A estrutura da xícara de café talvez funcione 60% das vezes, mas não force o assunto. A regra mais importante da tomada de decisão ética é esta:

Nunca, jamais, tome uma decisão que o deixe infeliz ou que você saiba que em seu coração está errada.

TOMADA DE DECISÃO E RISCO

Repetindo, mesmo que estejamos satisfeitos com a decisão do momento, as circunstâncias mudam. Uma decisão que estava certa quando foi tomada pode ser desastrosamente errada alguns anos ou mesmo alguns meses mais tarde.

Uma queixa sobre os quadros de decisão ética acima referidos e, na verdade, sobre todos esses quadros, é que podem ser restritivos. Ao considerar as implicações éticas de nossas decisões, podemos ficar tão assustados com os riscos que nos recolhemos em nossas conchas e não fazemos nada.

Às vezes, não fazer nada é a coisa certa a fazer. O velho ditado de que "é melhor fazer a coisa errada do que nada" é um disparate. Às vezes, como os taoístas apontam, a não ação proposital, o *laissez-faire*, é o melhor caminho. Observar e esperar pode ser uma estratégia muito útil.[18] Mas nem sempre.

Em seu livro *On the Psychology of Military Incompetence*, Norman Dixon fala sobre como o medo de fazer a coisa errada pode paralisar-nos na inação. Ele usa o exemplo da Marinha Real, onde é procedimento padrão para capitães que perdem seus navios, seja em batalha ou naufrágio, enfrentar uma corte marcial. O propósito do tribunal é investigar as circunstâncias do naufrágio do navio, mas os capitães veem o tribunal como um julgamento sobre si mesmos e sua própria eficácia. Eles ficam tão assustados de perder o seu navio e enfrentar um tribunal marcial que se tornam avessos ao risco e se recusam a colocar os seus navios em perigo. E, no entanto, em tempo de guerra, durante tempestades, em operações de busca e salvamento, o dever do capitão é, muitas vezes, precisamente este: arriscar o navio para cumprir o seu dever.[19]

Assim é com todos os líderes. Enfrentamos riscos todos os dias, e não devemos desistir deles. Os líderes éticos procuram tomar decisões que reduzam os riscos, mas não procuram evitá-los. Isso, por si só, não seria ético. As estruturas de tomada de decisão não são escudos. Não podemos usá-los para nos escondermos do risco. Em vez disso, devemos vê-los como facilitadores, instrumentos que nos ajudam a enfrentar o futuro com confiança, sabendo que tomamos a melhor decisão possível nestas circunstâncias.

11
SE NÃO FOR AGORA, QUANDO?

Eu disse no início que este livro era sobre ganhar dinheiro. Como terá se tornado evidente agora, eu menti. Deixo para você a tarefa de decidir se isso foi ético da minha parte ou não.

Na verdade, em um certo nível eu estava dizendo a verdade. O *verdadeiro* assunto deste livro é a criação de valor e, se você consegue criar valor de forma eficiente e eficaz com um mínimo de externalidades, então, como eu disse, você realmente vai fazer dinheiro. Mas esse é o começo da história, não o fim.

Como Kenichi Ohmae, que mencionei no Capítulo 2, o guru de estratégia Henry Mintzberg argumenta que pensar sobre estratégia é algo que deve fazer parte do trabalho diário de gerência, em vez de um processo separado.[1] Ele fala sobre "elaborar" estratégias e deixar evoluir naturalmente em vez de tentar forçar o processo. Neste livro, tentei adotar uma abordagem semelhante à ética. Em vez de tratar a ética como uma espécie de processo separado, distinto de outras atividades de negócios, precisamos treinar para pensar a ética como algo intrínseco a tudo o que fazemos. Todas as decisões que tomamos têm implicações éticas e precisamos considerá-las em todas as fases do processo.

Devemos fazê-lo, naturalmente, não só por razões de interesse próprio esclarecido, mas porque é assim que as coisas devem ser feitas. Pensar nas partes interessadas de nossos negócios e tratá-las de forma ética, assumindo a responsabilidade por nossas ações, construindo relações de confiança com os clientes, colaboradores e comunidades: todos estes aspectos fazem todo o sentido em termos de negócio. Como mostrei nos Capítulos 4 e 5, empresas como Tata, McKinsey e John Lewis integraram essas ideias em seu modelo de negócios: confiança, responsabilidade e serviço.

Mas, como espero que este livro tenha deixado claro, há mais do que isso. A deontologia nos diz as regras, o consequencialismo nos ajuda a avaliar os resultados e o pragmatismo abre as portas para múltiplas soluções. Mas um pouco da boa e velha ética aristotélica também se faz necessário. Em última análise, como eu disse várias vezes neste livro, precisamos ser as pessoas que queremos ser. Precisamos estar orgulhosos de nossas decisões e de nossas realizações, para que, quando chegar o momento de deixar esse corpo mortal para trás, possamos dizer de coração que fizemos o nosso melhor por todos os que dependiam de nós, e que estamos deixando o mundo um lugar um pouco melhor do que quando o encontramos.

Durante a minha pesquisa sobre o Grupo Tata, entrevistei um dos grandes idosos do grupo, R.K. Krishna Kumar. Quando o conheci, ele era chefe da Tata Global Beverages, mas tinha se envolvido com muitas empresas do grupo ao longo dos anos.

Perguntei a ele, como perguntei a todo mundo, quais eram os valores da marca Tata. Ele não respondeu imediatamente. Em vez disso, ele olhou para a janela por um tempo, com as mãos apoiadas num gesto pensativo, e se passaram talvez cinco segundos ou mais antes dele falar. "O que você precisa perceber", disse ele, "é que isso não é uma história de marca. Essa é uma história sobre o bem e o mal."

Fiquei chocado. Eu tinha feito uma pergunta sobre marketing; por que é que de repente estávamos discutindo metafísica? Também admito que estava um pouco desconfortável. Eu sou um simples canadense agnóstico cínico; não costumo ter conversas sobre o bem e o mal, e os acho assuntos bastante emotivos. Mas eu ouvi enquanto R.K. Krishna Kumar explicou sua filosofia, e eu comecei a entender.

O mundo, disse ele (e eu estou parafraseando bastante aqui), está cheio de coisas ruins. Guerra, fome, doença, pobreza, analfabetismo, refugiados fugindo da perseguição, pessoas necessitadas que tentam e muitas vezes não conseguem cuidar de suas vidas; essas coisas, disse ele, podem ser justamente chamadas de mal. Se aceitarmos isso, então nós, como líderes empresariais, temos duas opções. Podemos virar as costas, caso em que nos tornamos parte do problema. Ou podemos usar o poder muito limitado que temos para tentar fazer a diferença, para aliviar pelo menos alguns dos problemas que vemos ao nosso redor. E se assim o fizermos, então podemos, com justiça, ser chamados de bons.

A escolha é nossa. O que queremos ser? Parte do problema ou parte da solução? Se você ainda está lendo este livro, então eu suponho que seja o último (se você quisesse ser parte do problema, já teria jogado o livro fora a esse ponto).

Então, o que vem depois? Neste livro, discutimos o que é ética e o que os líderes éticos fazem, os processos de criação de valor e a cadeia de valor ética, e algumas estruturas e ferramentas para incorporar a ética na tomada de decisão. Esses são os blocos de construção; o que você faz com eles é decisão sua.

APÊNDICE

DILEMAS ÉTICOS PARA PRATICAR

Abaixo estão seis dilemas que você pode usar para praticar usando as estruturas de tomada de decisão ética descritas no Capítulo 10. Alguns são bastante simples e envolvem questões pessoais e de equipe de baixo nível. Outros são mais complexos e afetam toda a organização. Todos exigem que você faça uma escolha moral, bem como uma escolha puramente econômica ou de negócios. Todos estes dilemas são reais, mas, tal como o caso do estaleiro Blackley, foram fortemente disfarçados para garantir que as pessoas e empresas mencionadas permanecem anônimas.

Escolha uma estrutura que te agrade e use-a para analisar os dilemas que mais te interessam. Se você tiver tempo, tente usar mais de uma estrutura para ver se você obtém uma resposta diferente. Em aulas de MBA, eu divido os alunos em seis grupos, dando a cada um dilema diferente, juntamente com todos os quatro quadros. Convido-os a analisar o seu dilema utilizando todos os quadros e, em seguida, a dizer ao resto da sala quais as decisões que tomaram e por quê. Isso pode, se quiser, ser um exercício de grupo útil. Alternativamente, pode ser algo simples para você mesmo fazer.

Como referido no Capítulo 11, a prática é importante. Habitue-se a pensar nas decisões sob uma luz ética, para que se torne natural para você. Se você pode pensar eticamente sem sequer perceber que está fazendo isso, então você se tornou um líder ético.

O VAZAMENTO

Há cerca de dois anos, o banco de investimento para o qual você trabalha contratou um banqueiro chamado Edward. Edward já havia sido investigado duas vezes por suspeita de passar informações privilegiadas sobre seus clientes para outras empresas. No entanto, ambas as investigações o ilibaram completamente e, em um caso, descobriu-se que as informações privilegiadas tinham sido realmente transmitidas por outro membro da equipe de Edward sem o seu conhecimento.

Apesar de ter sido oficialmente liberado, alguns membros do seu banco não estavam felizes em contratar Edward, acreditando que ele tinha uma reputação duvidosa. Outros, incluindo o conselho de administração, estavam inclinados a lhe dar o benefício da dúvida e indicaram que não havia provas contra ele. Edward, no entanto, não ficou muito tempo com o seu banco, mas se mudou depois de cerca de dezoito meses para um banco rival, Redstone.

Durante algum tempo, a sua equipe aconselhava uma empresa britânica de produção, a Dudley Enterprises. A Dudley fabrica equipamento de geração de energia solar e tem patentes sobre algumas tecnologias revolucionárias que têm o potencial de quase duplicar a produção de energia dos painéis solares (através de uma combinação de condensadores, cabos e baterias mais eficientes que reduzem o "derrame" de energia).

No início do ano, alguns meses antes da partida de Edward, Dudley recebeu uma oferta de uma empresa alemã, a DMK, que estava sendo aconselhada pela Redstone (o banco onde Edward agora trabalha). A empresa alemã se ofereceu para comprar a Dudley Enterprises ao preço de catorze libras por ação. Os diretores da Dudley Enterprises estavam inclinados a aceitar a oferta; queriam o investimento adicional que a DMK podia oferecer para desenvolver o seu produto e colocá-lo no mercado. Mas a sua equipe os informou de que a empresa e a sua tecnologia valiam muito mais do que isso, e recomendou que a Dudley segurasse até pelo menos 23 libras por ação. Os diretores concordaram em permanecer firmes. Mas uma semana depois, a DMK fez uma nova oferta de quinze libras por ação e os diretores a aceitaram contra o seu conselho.

Seus patrões não ficaram felizes com isso, pois o banco perdeu uma soma considerável em comissões graças ao preço mais baixo. No entanto, o acordo parecia ser irrepreensível e tanto a Dudley Enterprises como a DMK estavam muito satisfeitas com o acordo, esta última prometendo investir mais na Dudley Enterprises e criar mais empregos. Então, uma conversa casual com um banqueiro da Redstone revelou que seu banco sabia que a Dudley Enterprises estava disposta a pagar um preço mais baixo, e aconselhou a DMK de acordo.

Seu primeiro pensamento foi que um dos diretores da Dudley Enterprises pode ter vazado a informação, mas a pessoa da Redstone foi positiva que este não era o caso. Isso significa que a informação deve ter vazado de seu próprio banco, e Edward é o culpado mais provável. Se ele aprendeu esta informação e a transmitiu, então é culpado de abuso de informação privilegiada, o que constitui uma infração penal. O seu dever é reportar isso ao regulador. No entanto, você não tem nenhuma prova; ambas as partes no acordo estão felizes com isso; e se você soprar o apito e acusar Edward de irregularidades, seus chefes podem não ficar felizes com você arranjando problemas. É até possível que você mesmo possa ser acusado de passar a informação para a Redstone.

BOB

Você é diretor de uma empresa siderúrgica com várias fábricas no Reino Unido. Bob, seu chefe de saúde e segurança, que reporta a você, é um veterano da indústria, tendo trabalhado em aço por mais de trinta anos. Ele é um dos melhores especialistas em saúde e segurança em toda a indústria, e sua empresa fez um grande esforço para contratá-lo, tirando-o de uma empresa rival, vários anos atrás, num esforço para melhorar seu próprio histórico de saúde e segurança.

Bob foi incumbido da tarefa de liderar a transformação do ambiente de saúde e segurança e trazer uma mudança cultural completa através da empresa. O objetivo é alcançar um ambiente de "dano zero" em que acidentes de qualquer tipo não são tolerados e são evitados. A política tem plena adesão ao nível do conselho de administração, e o presidente e o CEO estão em total apoio. Cabe a Bob, no entanto, conceber e implementar a nova política e dar o exemplo de como e onde a cultura precisa mudar.

Bob é carismático, muito apreciado e respeitado pelos homens que trabalham no chão das siderúrgicas. É claro que eles estão ouvindo e aceitando a sua mensagem sobre a necessidade de mudar. No entanto, ultimamente, o seu comportamento tornou-se algo errático. Ele faltou a várias reuniões sem explicação, e muitas vezes parece muito cansado. Há um mês, você falou com ele sobre isso e o encorajou a tirar umas férias, mas ele se recusou a fazê-lo, dizendo que tinha uma carga de trabalho pesada. Então, numa conversa casual com ele uma semana depois, pensou que sentiu o cheiro de álcool no hálito dele. Você notou isso novamente vários dias depois, e perguntou ao Bob se ele tinha bebido enquanto estava no trabalho.

Este é um assunto sério, pois os regulamentos de saúde e segurança da própria empresa proíbem qualquer pessoa de beber enquanto ou pouco antes de trabalhar no chão de uma siderúrgica, e Bob visita regularmente essas usinas para inspecionar as condições. O próprio Bob deixou claro que tem de haver tolerância zero para a ingestão de álcool durante o trabalho.

Quando você perguntou se ele estava bebendo, Bob ficou zangado e negou isso, dizendo que você havia insultado seu profissionalismo e ameaçou se demitir se você levantasse a alegação novamente. O que você faria a seguir?

REGRA DA MAIORIA?

Você é o diretor administrativo da British Dairy Cooperatives (BDC), uma cooperativa agrícola de produtores de leite que fornece leite a uma variedade de clientes do Reino Unido, incluindo supermercados, fabricantes industriais de queijo, manteiga e fórmula (leite para bebês pequenos). Você tem cerca de seiscentos membros em todo o país, que são os proprietários efetivos do negócio; cada um tem uma palavra igual e um voto igual na forma como o negócio é gerido.

Como diretor administrativo, suas funções incluem administrar a cooperativa no dia a dia, negociar preços e prazos de entrega com os clientes, mas também assegurar que os padrões de alta qualidade da BDC sejam respeitados e aplicados. A BDC não é uma produtora orgânica, mas tem uma reputação de alta qualidade, especialmente em termos de segurança alimentar. As salas de ordenha, os tanques e as plantas de processamento são cuidadosamente limpos e rigorosamente inspecionados, com um sistema completo de testes. Isso significa que os seus produtos derivados do leite são ligeiramente mais caros, mas até agora os clientes têm respeitado isso e estão dispostos a pagar um valor mais alto.

A BDC sempre se preocupou muito com a ética ambiental, o respeito pelo meio ambiente e particularmente pelas vacas que produzem o leite. A cooperativa sentia, também, que tinha uma responsabilidade para com os seus clientes e consumidores finais, de entregar um produto que fosse o mais seguro possível. Há entre alguns membros, pelo menos, uma crença inerente na "bondade" do leite e na responsabilidade de proteger os consumidores da contaminação e de fornecer alimentos nutritivos. Isso é particularmente verdade no caso do leite fornecido para fazer a fórmula para bebês, onde mesmo uma ligeira contaminação pode pôr uma vida em risco.

No mês passado, dois dos seus principais clientes pediram uma redução de preço. Citaram a queda dos preços do leite devido à disponibilidade de quantidades mais elevadas de leite importado. A cooperativa argumentou que grande parte do leite importado não é tão rigorosamente controlado e testado, e por isso possuem um risco potencial para a saúde. Os clientes discordaram, insistindo na redução do preço e ameaçando mudar para outro fornecedor se você não concordar. Esse é um assunto sério, e pelos termos da constituição da cooperativa, todos os membros devem votar em qualquer mudança de preço. Para seu espanto, uma maioria simples (54%) votou a favor da redução dos preços, recomendando que isso se pague através da eliminação de parte do sistema de limpeza e inspeção e voltando ao nível básico de regulamentação da segurança alimentar exigido por lei. Eles alegaram que as medidas adicionais da BDC eram desnecessárias e estavam fazendo a cooperativa não competitiva.

No entanto, os restantes 46% dos membros ficaram indignados com isso. Alguns ameaçaram que, se a redução de preços se concretizar, deixarão a cooperativa. Se o fizerem, a própria empresa poderá não conseguir cumprir os contratos em vigor. Os seus adversários salientaram que têm uma maioria e que a sua vontade deve ser respeitada; se assim não for, eles também poderão optar por partir.

Como diretor administrativo, você deve negociar um meio-termo que satisfaça ambas as partes. Como você pode fazer isso de uma forma que não comprometa a ética da BDC?

A ESCOLHA DIFÍCIL

Você é chefe de uma pequena equipe em uma grande editora, responsável pela publicação de livros. Há cinco pessoas em sua equipe, todas com as mesmas funções; elas são responsáveis por encontrar autores para os livros, organizar contratos e acompanhar o autor e a equipe de produção (gráfica, editor de cópias e leitor de provas) até a publicação. Todos os cinco membros da sua equipe têm bons conjuntos de habilidades e todos têm um bom desempenho.

A diretoria anunciou recentemente uma reestruturação da empresa, com mais de suas operações terceirizadas para contratar prestadores de serviços editoriais que tenham redes de contato superiores e custos mais baixos, e que possam fazer o mesmo trabalho com o mesmo padrão, mas mais barato. Isso significa que as equipes internas terão que encolher. O seu próprio chefe o informou que você terá de despedir um dos membros da sua equipe. Não há alternativa; isso precisa ser feito. Há um pequeno pacote de indenização, equivalente a três meses de salário, mas não há outros benefícios disponíveis.

Martha, de 40 anos, é o membro mais velho da equipe. Ela tem trabalhado em editoração por muitos anos por salários muito baixos em comparação com outros lugares, mas ela adora seu trabalho. Ela é muito boa no que faz, mas o seu conjunto de habilidades é bastante estreito. Ela não tem experiência de trabalho fora do mercado editorial, e teria dificuldades para encontrar trabalho em qualquer lugar, exceto em editoração. Infelizmente, a maioria dos editores está na mesma posição que você e estão demitindo as pessoas. Novas vagas de emprego não estão sendo criadas.

Tom, de 25 anos, é um recruta relativamente novo que entrou logo após a sua graduação. Ele foi visto como um funcionário de alto potencial quando entrou pela primeira vez, alguém que poderia se dar muito bem no negócio. No entanto, sendo jovem e trabalhando há pouco tempo na empresa, ele ainda tem relativamente pouca experiência. Ele é casado; a sua mulher é mãe em tempo integral, cuidando dos seus dois filhos pequenos, e a família depende do salário de Tom. No ano passado, Tom esteve envolvido num acidente de carro que o deixou numa cadeira de rodas. Ele insistiu em voltar mais cedo ao trabalho, contra o conselho de seus médicos, e não há dúvida do seu entusiasmo pelo trabalho.

John, de 30 anos, é uma pessoa muito trabalhadora e confiável, em muitos aspectos a espinha dorsal da equipe. Se os outros estiverem em dificuldades, eles sabem que podem recorrer a John e ele os ajudará, com problemas pessoais e profissionais. Perder John seria um verdadeiro golpe na moral da equipe. Ele é solteiro, sem dependentes. Antes de entrar para o mercado editorial, ele trabalhou em publicidade e ainda tem alguns contatos lá.

Julie, de 32 anos, é quieta, mas muito capaz. Ela tem excelentes relações com seus autores, muitos dos quais publicam com sua empresa apenas por causa dela. Ela é solteira. A sua mãe tem demência precoce, muito grave, e requer cuidados de enfermagem 24 horas. Julie depende do seu trabalho para ter dinheiro para pagar os cuidados de enfermagem, que consome quase todo o seu salário. Ela também passou toda a sua carreira profissional no setor editorial e lutaria para encontrar trabalho em outro lugar.

David tem 28 anos, é casado e tem três filhos. Ele também tem uma hipoteca e luta para sobreviver com um salário de editor. Muitas vezes falou em fazer uma mudança, fazer outra coisa com sua vida, mas tem um diploma de bacharel em literatura inglesa e não é certo para que outro trabalho ele seria adequado. David também é um editor instintivamente talentoso que quase consegue "detectar" um bom livro que irá agradar aos leitores. No ano passado, os seus livros representaram um terço de todas as receitas obtidas pelos livros da equipe.

Um destes cinco deve ser despedido — mas qual deles? Há, naturalmente, a regra padrão do último a entrar em primeiro lugar, que apontaria para Tom. Mas essa é a melhor decisão para as pessoas envolvidas? Essa é a melhor decisão para o negócio?

ENTRE A CRUZ E A ESPADA

Você é o diretor administrativo de uma empresa de cultivo e importação de chá com sede em Londres, mas que possui extensas propriedades no nordeste da Índia, no sopé dos Himalaias. Você visita a Índia frequentemente para inspecionar as operações e resolver problemas.

As colinas próximas às suas plantações também abrigam um movimento guerrilheiro maoísta chamado Shining Light. Este movimento tem cerca de 5 mil combatentes bem armados e determinados, e até agora as forças de segurança indianas não conseguiram tocá-los. Há um ano, guerrilheiros da Shining Light invadiram várias das suas plantações. Os edifícios foram queimados e as máquinas destruídas, resultando em mais de 100 mil libras de danos. Pior, quatro de seus trabalhadores foram mortos e dois gerentes foram feitos reféns e liberados somente depois que sua empresa concordou em pagar um resgate de 20 mil libras.

Você apelou tanto ao Estado como aos governos nacionais da Índia, mas em vão. Os recursos são escassos, e o governo não pode oferecer homem nenhum para proteger suas plantações.

Seus gerentes locais sugeriram que você negociasse com os guerrilheiros. Várias outras empresas de chá fizeram o mesmo no passado, com sucesso. Depois de consultar os seus diretores, você decidiu seguir este caminho. Usando um intermediário, você negociou uma trégua com os guerrilheiros na condição de lhes pagar 5 mil libras por mês. Isso não é excessivo e a sua empresa pode pagar. Um acordo foi alcançado, e vocês têm pagado a Shining Light por vários meses, durante os quais suas plantações não foram atacadas ou ameaçadas. Tudo parece estar correndo bem.

Na semana passada, o governo indiano o informou de que tinha descoberto este acordo. Você foi ordenado a cessar todos os pagamentos de uma só vez, caso contrário seus gerentes locais serão presos e acusados de ajudar uma organização terrorista. Trata-se de uma infração muito grave e implica uma longa pena de prisão. A sua empresa também será processada e multada. Por último, você mesmo será detido na sua próxima visita à Índia e acusado de ajudar terroristas, a menos que os pagamentos cessem imediatamente.

O que você vai fazer?

JOGOS VORAZES

Você é um oficial com uma instituição de caridade que trabalha para ajudar pessoas famintas na Somália rural. No momento deste dilema, a Somália não tem um governo eficaz e foi efetivamente dividida por uma série de líderes militares locais, cada um deles controlando o seu próprio território. Não existe uma economia de mercado em funcionamento, e a ajuda fornecida por instituições de caridade em nome de organizações de ajuda internacional é a única fonte de comida que muitas pessoas têm.

Você é responsável por um comboio de caminhões levando ajuda para um distrito empobrecido onde a situação alimentar se tornou crítica. As pessoas estão famintas e, se o seu comboio não passar, é provável que alguns comecem a morrer. Pouco antes de você chegar ao distrito, seu comboio encontra um bloqueio de estrada controlado por soldados armados. São milicianos locais, leais a um dos líderes militares. Eles dizem que não será permitido ultrapassar o bloqueio de estrada a menos que você entregue uma soma de dinheiro, equivalente a cerca de 10 mil dólares.

Você pode conseguir o dinheiro; tudo o que você tem que fazer é ligar por rádio para sua sede na capital, Mogadíscio, e o dinheiro pode ser enviado para você de carro. No entanto, você sabe que este líder militar em particular está expandindo agressivamente o seu território à custa dos seus vizinhos. Parece certo que o dinheiro será gasto na compra de armas e munições, que serão usadas para espalhar a guerra e matar pessoas.

Por outro lado, se o comboio não passar, então, como já foi dito, é provável que as pessoas no distrito comecem a morrer de fome. Sua decisão é simples: você paga os bandidos, sabendo que isso pode levar pessoas a serem mortas em novas lutas? Ou você se recusa a pagar e volta com seu comboio para Mogadíscio, deixando as pessoas famintas do distrito para se defenderem?

Notas

CAPÍTULO 1

1. Luke Johnson, "Lies, Damned Lies and Running a Business", *Financial Times*. Disponível em: <http://www.ft.com/cms/s/0/364f2924-47e1-11e4-ac9f-00144feab7de.html#axzz3FH4CKRWx, 30 de setembro de 2014>.

2. *The Guardian*, "Uber ceo Travis Kalanick resigns following months of chaos", 20 de junho de 2017. Disponível em: <http://www.theguardian.com/technology/2017/jun/20/uber-ceo- travis-kalanick-resigns>.

3. Ibid.

4. *The Guardian*, "Uber executive fired amid reports he obtained rape victim's medical records", 7 de junho de 2017. Disponível em: <https://www.theguardian.com/technology/2017/jun/07/uber-executive-fired-eric-alexander-rape-case-india>.

5. *New York Times*, "Uber faces Federal inquiry over Greyball tool to evade authorities", 4 de maio de 2017. Disponível em: <https://www.nytimes.com/2017/05/04/technology/uber-federal-inquiry-software-greyball.html>.

6. Ibid.

7. Lionel Robbins, *An Essay on the Nature and Significance of Economic Science*, Londres: Macmillan, 1935; Milton Friedman, *Capitalism and Freedom*, Chicago: University of Chicago Press, 1992.

8. Steven D. Levitt e Stephen J. Dubner, *Freakonomics*, Nova York: William Morrow, 2005.

9. Ray Monk, *Robert Oppenheimer: A Life Inside the Center*, Nova York: Doubleday, 2012, p. 467.

10. Henry Greely, *The Code of Codes: Scientific and Social Issues in the Human Genome Project*, Cambridge, ma: Harvard University Press, 1992.

11. Amartya Sen, *On Ethics and Economics*, Oxford: Blackwell.

12. Disponível em: <https://www.cbsnews.com/news/mark-zuckerberg-facebook--ceo-cambridge-analytica-data-scandal-statement-today-2018-03-21/>, 21 de março de 2018.

13. Ibid.

14. Ibid.

15. *New York Times*, 21 de março de 2018, "Mark Zuckerberg Q and A". Disponível em: <https://www.nytimes.com/2018/03/21/technology/mark-zuckerberg-q-and-a.html>.

16. *Washington Post*, "Germany tells social media companies to erase hate", 30 de junho de 2017. Disponível em: <https://www.washingtonpost.com/news/worldviews/wp/2017/06/30/with-new-law-germany-tells-social-media-companies-to-erase-hate--or-or-face-fines-up-to-57- million/?noredirect=on&utm_term=.9f296b4137cd>.

17. *Bloomberg*, "Weinstein Company files for Chapter 11 bankruptcy in Delaware court", 20 de março de 2018. Disponível em: <http://www.bloomberg.com/news/articles/2018-03-20/weinstein-co- files-for-chapter-11-bankruptcy-in-delaware-court>.

18. Ibid.

19. Reuters, "Weinstein Company files for bankruptcy", 20 de março de 2018. Disponível em: <https://www.reuters.com/article/us-weinstein-company-bankruptcy/the-weinstein-company-files- for-bankruptcy-idUSKBN1GW08P>.

20. Morgen Witzel, *Gerenciando o sucesso*, Rio de Janeiro: Ubook, 2020.

21. *The Guardian*, "Hotpoint tells customers to check fridge-freezaers after Grenfell Tower fire", 23 de junho de 2017. Disponível em: <https://www.theguardian.com/uk-news/2017/jun/23/hotpoint-tells-customers-to-check-fridge-frigoríficos depois do incêndio da grenfell-tower-fire>.

22. *The Times*, "Minister orders Oxfam to hand over files on Haiti prostitute scandal", 9 de fevereiro de 2018. Disponível em: <http://www.thetimes.co.uk/article/top-oxfam-staff-paid-haiti-quake- survivors-for-sex-mhm6mpmgw>.

23. BBC, "Oxfam Haiti scandal: Thousands cancel donations to charity", 20 de fevereiro de 2018. Disponível em: <http://www.bbc.co.uk/news/uk-43121833>.

24. BBC, "Attacks are out of proportion, says Oxfam' Mark Goldring", 17 de fevereiro de 2018. Disponível em: <http://www.bbc.co.uk/news/uk-politics-43095679>.

25. Reuters, "Sex Scandals and Brexit lower Britain's global charity ranking", 30 de abril de 2018. Disponível em: <https://www.reuters.com/article/us-britain--charity-philanthropy/sex-scandals-and-brexit-lower-britains-global-charity-ranking--idUSKBN1I11X2>.

26. Reuters, "Cricket Australia slaps 12 month bans on Smith and Warner", 26 de março de 2018. Disponível em: <https://www.reuters.com/article/us-cricket-test--zaf-aus-tampering/cricket-australia-slaps-12-month-bans-on-smith-and-warner--idUSKBN1H41ES>.

27. Ibid.

28. cnn, "Australia cricket scandal sponsors", 27 de março de 2018. Disponível em: <http://money.cnn.com/2018/03/27/news/australia-cricket-scandal-scandal-sponsors/index.html>.

29. Gay Haskins e Mike Thomas, "Kindness and Its Many Manifestations", em Gay Haskins, Mike Thomas e Lalit Johri (Orgs), *Kindness in Leadership*, Londres: Routledge, 2018.

CAPÍTULO 2

1. Alasdair Macintyre, *A Short History of Ethics: A History of Moral Philosophy from the Homeric Age to the Twentieth Century*, Londres: Routledge, 1998; Steven M. Cahn e Peter Markie, *Ethics: History, Theory and Contemporary Issues*, Oxford: Oxford University Press, 1998; Michael Slote (Org.), *Essays on the History of Ethics*, Oxford: Oxford University Press, 2010.

2. Laozi, *Daodejing*, trad. John. C.H. Wu, Londres: Shambhala, 1990.

3. *The Guardian*, "Up to 13,000 working as slaves in the UK", 29 de novembro de 2014. Disponível em: <https://www.theguardian.com/world/2014/nov/29/13000-slaves--uk-four-times-higher-previously-thought>; *Washington Post*, "This map shows where the world's 30 million slaves live", 17 de novembro de 2013. Disponível em: <http://www.washingtonpost.com/news/worldviews/wp/2013/10/17/this-map-shows-where-the--worlds-30-million-slaves-live-there-are- 60000-in-the-u-s/?utm_term=.6d3731eba725>.

4. Ronald Segal, *The Black Diaspora*, Nova York: Farrar, Strauss e Giroux, 1995.

5. Charles Fried, *Right and Wrong*, Cambridge, ma: Harvard University Press, 1978.

6. Immanuel Kant, *Groundwork of the Metaphysics of Morals*, Nova York: Harper & Row, 1964; Allan W. Wood, "Kant's History of Ethics", *Studies in the History of Ethics*, junho de 2005. Disponível em: <http://www.historyofethics.org/062005/062005Wood.shtml>.

7. A.C. Prabhupada Bhaktivedante Swami (Org. e trad.) *Bhagavad-Gita As It Is*, Nova York: Collier, 1972.

8. Burton Watson, *Han Fei Tzu: Basic Writings*, Nova York: Columbia University Press, 1964; Morgen Witzel, "The Leadership Philosophy of Han Fei", *Asia Pacific Business Review*, 18 (4), 2012, pp. 1-15.

9. Watson, *Han Fei Tzu*, p. 32.

10. W. D. Ross, *The Right and the Good*, Oxford: Clarendon, 1930.

11. John Rawls, *A Theory of Justice*, Nova York: Belknap, 1971.

12. Chen Huan-Chang, *The Economic Principles of Confucius and His School*, Nova York: Longmans, Green, 1911.

13. Jeremy Bentham, *An Introduction to the Principles of Morals and Legislation*, 1789; John Stuart Mill, *Utilitarianism*, 1861; Jonathan Glover (Org.), *Utilitarianism and Its Critics*, Nova York: Macmillan, 1990.

14. Jennifer Board, "The Paradox of Ethics", em Richard Bolden, Morgen Witzel e Nigel Linacre (Orgs.), *Leadership Paradoxes*, Londres: Routledge, 2016.

15. John Dewey, *Lectures on Ethics*, 1901; William James, *Pragmatism: A New Name for Some Old Ways of Thinking*, Nova York: Longmans, Green, 1907.16. Alan D. Hertzke e Chris McRorie, "The Concept of Moral Ecology", em Peter Lawler e Dale McConkey (Orgs.), *Community and Political Thought Today*, Westport, ct: Praeger, 1998.

17. Ajit Nayak, "Wisdom and the Tragic Question: Moral Learning and Emotional Perception in Leadership and Organisations", *Journal of Business Ethics*, 137, 2016, pp. 1-13.

18. Ibid., p. 1.

19. Roger Crisp, Aristotle: *Nicomachean Ethics*, Cambridge: Cambridge University Press, 2000; Burton Watson, *The Analects of Confucius*, Nova York: Columbia University Press, 2007.

20. Haskins et al., *Kindness in Leadership*, p. 15.

21. Paul J. Zak, "Neuronomics", *Philosophical Transactions of the Royal Society, B: Biological Sciences*, 359, 2004, pp. 1737-48; Paul J. Zak, *The Moral Molecule: The Source of Love and Prosperity*, Nova York: Dutton, 2012.

22. Peter J. Buirski et al., "Sex Differences, Dominance and Personality in the Chimpanzee", *Animal Behaviour*, 26 (1), 1978, pp. 123-9.

23. Morgen Witzel, *Tata: The Evolution of a Corporate Brand*, Nova Deli: Penguin India, 2008.

24. Richard Bolden, Morgen Witzel e Nigel Linacre (Orgs.), *Leadership Paradoxes*, Londres: Routledge, 2016.

25. Kenichi Ohmae, *The Mind of the Strategist*, Nova York: McGraw-Hill, 1982.

CAPÍTULO 3

1. Richard Bolden et al., *Exploring Leadership: Individual, Organizational and Societal Perspectives*, Oxford: Oxford University Press, 2011.

2. John P. Kotter, *Leading Change*, Boston: Harvard Business School Press, 1996.

3. Thomas North Whitehead, *Leadership in a Free Society*, Londres: Oxford University Press, 1936, p. 30.

4. Marco R. Furtner, Thomas Maran e John F. Rauthman, "Dark Leadership: The Role of Leaders' Dark Triad Personality Traits", em Matthew G. Clark e Craig W. Gruber (Orgs.), *Leadership Development Deconstructed*, Nova York: Springer, 2017, pp. 75-99.

5. Christian J. Resick et al., "A Cross-Cultural Examination of the Endorsement of Ethical Leadership", *Journal of Business Ethics*, 63, 2006, p. 346.

6. John P. Kotter, *A Force for Change: How Leadership Differs from Management*, Nova York: The Free Press, 1990.

7. Leon Tolstói, *War and Peace*, trad. de Rosemary Edmonds, Londres: Pinguim, 1957.

8. Mary Parker Follett, *Creative Experience*, Nova York: Longmans, Green, 1924.

9. John Lawlor e Jeff Gold, "The Fog of Leadership", em Richard Bolden, Morgen Witzel e Nigel Linacre (Orgs.), *Leadership Paradoxes*, Londres: Routledge, 2016.

10. Diane Perpich, *The Ethics of Emmanuel Levinas*, Stanford, ca: Stanford University Press, 2008.

11. Witzel, *Gerenciando o sucesso*.

12. Theodore Levitt, "Marketing Myopia", *Harvard Business Review*, 1960, https://hbr.org/2004/07/marketing-myopia.

13. Gerry Brown, *The Independent Director*, Basingstoke: Palgrave Macmillan, 2016.

14. Citado em Chen, *The Economics Principles of Confucius and His School*.

15. Ibn Khaldun, *The Muqaddimah*, trad. Franz Rosenthal, Londres: Routledge, 1986; Raymond De Roover, "Scholastic Economics: Survival and Lasting Influence from the Sixteenth Century to Adam Smith", *Quarterly Journal of Economics*, 69 (2), 1955, pp. 161-90, repr. in Mark Blaug (Org.), *St Thomas Aquinas*, Aldershot: Edward Elgar, 1991, pp. 67-96; Gene W. Heck, *Islam Inc.: An Early Business History*, Riyadh: King Faisal Center for Research and Islamic Studies, 2004.

16. Adam Smith, *The Theory of Moral Sentiments*, Edimburgo, 1759, repr. Londres: Forgotten Books, 2010.

17. Arthur Lowes-Dickinson, "The necessity for greater publicity in management accounts", palestra da Rowntree Management Conference, 25 de setembro de 1924.

18. E.C.G. England, "The eternal quest", Rowntree Management Conference, 30 de setembro de 1928.

19. John Lee, "The Ethics of Industry", Rowntree Management Conference, 23 de setembro de 1923.

20. Oliver Sheldon, *The Philosophy of Management*, Londres: Pitman, 1923.

21. Lyndall Fownes Urwick, *Management of Tomorrow*, Londres: Nisbet, 1933, p. 201.

22. Georges Duhamel, *Scènes de la vie future*, Paris: Éditions Mercure, 1928.

23. Edward Cadbury, *Experiments in Industrial Organization*, Londres: Longmans, Green, 1912.

24. John Spedan Lewis, *Fairer Shares*, Londres: Staples Press, 1954, p. 44.

25. W.K.K. Chan, "The Organizational Structure of the Traditional Chinese Firm and Its Modern Reform", *Business History Review*, 56 (2), 1982, pp. 218-35; reimp. em R. Ampalavanar Brown (Org.), *Chinese Business Enterprise: Critical Perspectives on Business and Management*, vol. 1, Londres: Routledge, 1982, pp. 216-30.

26. Witzel, *Tata*.

27. Código de Conduta Tata, p. 17, http://www.tata.com/pdf/tcoc-booklet-2015.pdf.

28. *The Guardian*, "Staff ownership ensures organic veg firm Riverford does't forget its roots", 7 de abril de 2018. Disponível em: <https://www.theguardian.com/business/2018/apr/07/riverford-organic-veg-employee-employee-ownership-plan>.

29. bbc Radio 4. Disponível em: <https://www.bbc.co.uk/programmes/b09ycftz>.

30. Ricardo Semler, *Maverick*, Nova York: Warner Books, 1993.

31. *The Independent*, "John Lewis is not up for sale, says chairman", 13 de agosto de 1999. Disponível em: <https://www.independent.co.uk/news/business/john-lewis--is-not-up-for-sale-says-chairman-1112612.html>.

CAPÍTULO 4

1. Witzel, *Tata*.

2. ABC News, "Chic-fil-A backlash: Politicians, muppets respond". Disponível em: <https://abcnews.go.com/WNT/video/chick-fil-fil-backlash-politicians-muppets--respond-16857916>.

3. Robert C. Alberts, *The Good Provider: H.J. Heinz and His 57 Varieties*, Londres: Arthur Barker, 1973, p. 57.

4. Peter Chapman, *The Last of the Imperious Rich*, Londres: Portfolio Penguin, 2010; Witzel, *Gerenciando o sucesso*, capítulo 3.

5. Chapman, *The Last of the Imperious Rich*, p. 200.

6. Jared Dillan, *Street Freak: Money and Madness at Lehman Brothers*, Nova York: Simon & Schuster, 2011.

7. Mary Jo Hatch e Majken Schultz, *Taking Brand Initiative: How Companies Can Align Strategy, Culture and Identity Through Corporate Branding*, Chichester: John Wiley, 2008.

8. *New York Post*, "Self-employment is a rising trend in the American workforce", 25 de março de 2018. Disponível em: <https://nypost.com/2018/03/25/self-employment-is-a-rising-trend-in-the-american-workforce/>.

9. Disponível em: <https://www.inc.com/articles/2000/11/14278.html>.

10. Vineet Nayar, *Employees First, Customers Second: Turning Conventional Management Upside Down*, Boston: Harvard Business School Press, 2010.

11. Witzel, *Tata*, cap. 7.

12. *The Guardian*, "Revealed: How Sports Direct effectively pays below the minimum wage", 9 de dezembro de 2015. Disponível em: <http://www.theguardian.com/business/2015/dec/09/how- sports-direct-effectively-pays-below-minimum-wage-pay>.

13. *The Independent*, "The 7 most shocking testimonies from workers at Sports Direct", 22 de julho de 2016. Disponível em: <https://www.independent.co.uk/news/business/news/sports-direct-mike-ashley-worker-conditions-minimum-wage-ian--wright-investigation-a7149971.html>.

14. *Personnel Today*, "Company directors faced criminal charges over redundancies", 21 de outubro de 2015. Disponível em: <https://www.personneltoday.com/hr/company-directors-face-criminal-charges-over-redundancy-consultation-rules/>.

15. Masaaki Imai, *Kaizen: The Key to Japan's Competitive Success*, Nova York: Random House, 1996.

16. Navi Radjou, Jaideep Prabu e Simone Ahuja, *Jugaad Innovation: Think Frugal, Be Flexible, Generate Breakthrough Growth*, Chichester: Wiley, 2012.

17. Cadbury, *Experiments in Industrial Organization*.

18. Louis Gerstner, *Who Says Elephants Can't Dance? Leading a Great Enterprise Through Dramatic Change*, Nova York: HarperCollins, 2002; Peter E. Greulich, *A View from Beneath the Dancing Elephant: Rediscovering IBM's Corporate Constitution*, Nova York: mbi Concepts, 2014.

19. W. Chan Kim e Renée Mauborgne, *Blue Ocean Strategy: How to Create Uncontested Market Space and Make the Competition Irrelevant*, Boston: Harvard Business School Press, 2005; Patrick Barwise e Seán Meehan, *Beyond the Familiar: Long-Term Growth Through Customer Focus and Innovation*, São Francisco, ca: Jossey-Bass, 2011.

20. Joanna Barsh, Marla M. Capozzi e Jonathan Davidson, "Leadership and Innovation", *McKinsey Quarterly*, janeiro de 2008. Disponível em: <https://www.mckinsey.com/business-functions/strategy-and-corporate-finance/our-insights/leadership-and-innovation>.

21. Resultados do ano de 2017 inteiro da Unilever. Disponível em: <https://www.unilever.com/Images/ir-q4-2017-full-announcement_tcm244-515314_en.pdf>.

22. John E.G. Bateson, *Managing Services Marketing*, Chicago: Dryden, 1998; Valarie Zeithaml, *Driving Customer Equity: How Customer Lifetime Value Is Reshaping Corporate Strategy*, Boston: Harvard Business School Press, 2007.

23. Judy Kuszewski, "Case Study: ibm Smarter Planet", *Ethical Corporation*, 27 de maio de 2013. Disponível em: <http://www.ethicalcorp.com/business-strategy/case-study-ibm-smarter-planet>.

24. *The Guardian*, "Philip Green agrees to pay £363 millions into BHS pension fund", 28 de fevereiro de 2017. Disponível em: <https://www.theguardian.com/business/2017/feb/28/philip-green- agrees-pay-363m-bhs-pension-fundo>.

25. *Retail Gazette*, "What happened to you bhs?", 28 de abril de 2016. Disponível em: <https://www.retailgazette.co.uk/blog/2016/04/what-happened-to-you-bhs/>.

26. Relatório anual de 2017 do Triodos Bank. Disponível em: <http://www.annual--report-triodos.com/en/2017/our-group/about-triodos-bank/key-figures.html>.

27. Iain Martin, *Making It Happen: Fred Goodwin, RBS and the Men Who Blew Up the British Economy*, Londres: Simon & Schuster, 2013.

CAPÍTULO 5

1. Philip Crosby, *Quality Is Free*, Nova York: McGraw-Hill, 1979.

2. Michael Porter, *Competitive Advantage: Creating and Sustaining Superior Performance*, Boston: Harvard Business School Press, 1985.

3. Código de Conduta Tata, p. 5. Disponível em: <http://www.tata.com/pdf/tcoc--booklet-2015.pdf>.

4. Ibid., p. 7.

5. Disponível em: <https://www.mondragon-corporation.com/en/co-operative-experience/our-principles/>.

6. Michael E. Brown, Linda K. Treviño e David A. Harrison, "Ethical Leadership: A Social Learning Perspective for Concept Development and Testing", *Organizational Behavior and Human Design Processes*, 97, 2005, pp. 117-34.

7. Inmaculada Adarves-Yorno, "The Paradox of Authenticity", em Bolden et al., *Leadership Paradoxes*; Herminia Ibarra, *Act Like a Leader, Think Like a Leader*, Boston: Harvard Business Review Press, 2015.

8. Hatch e Schultz, *Taking Brand Initiative*.

9. Disponível em: <https://www.edenproject.com/eden-story/behind-the-scenes/ethical-buying-at-eden>.

10. Fu Jia, Jonathan Gosling e Morgen Witzel, *Sustainable Champions: How International Companies Are Changing the Face of Business in China*, Sheffield: Greenleaf, 2015.

11. Disponível em: <https://www.mckinsey.com/about-us/overview/our-mission-and-values>.

12. Frederick Herzberg, *Work and the Nature of Man*, Cleveland: World Publishing Company, 1966; J. Richard Hackman e Greg R. Oldham, *Work Redesign*, Reading, ma: Addison-Wesley, 1980; Hackman e Oldham, "Not What It Was, and Not What It Will Be: The Future of Job Design Research", *Journal of Organizational Behavior*, 31, 2010, pp. 463-79.

13. Rob Goffee e Gareth Jones, "Leading Clever People", *Harvard Business Review*, março de 2007. Disponível em: <https://hbr.org/2007/03/leading-clever-people>.

14. Paul M. Munchinsky, *Psychology Applied to Work*, Summerfield: Hypergraph Press, 2012.

15. Mary Parker Follett, "Leadership", palestra na Rowntree Management Conference, 28 de setembro de 1928.

16. Disponível em: <https://www.johnlewispartnership.co.uk/about.html>.

17. bbc, "John Lewis rules out float", 20 de setembro de 1999. Disponível em: <http://news.bbc.co.uk/1/hi/businesss/the_company_file/451620.stm>.

18. W. Edwards Deming, *Out of the Crisis*, Cambridge, ma: mit Center for Advanced Engineering Study, 1986.

19. *The Guardian*, "BP boss admits job on the line over Gulf oil spill", 14 de maio de 2010. Disponível em: <https://www.theguardian.com/business/2010/may/13/bp-boss-admits-mistakes-gulf-oil-spill>.

20. *Washington Post*, "This is the text message sent to mh370 relatives", 24 de março de 2014. Disponível em: <http://www.theguardian.com/business/2010/may/13/bp-boss-admits-mistakes-gulf- oil-spill>.

21. *Financial Times*, "Maple Leaf Food's response to a crisis", 29 de abril de 2013. Disponível em: <https://www.ft.com/content/8c8d3668-adb5-11e2-82b8-00144feabdc0>.

22. Witzel, *Tata*, p. 150.

23. Ibid., p. 151.

CAPÍTULO 6

1. R. Edward Freeman, *Strategic Management: A Stakeholder Approach*, Boston: Pitman, 1984; Robert Phillips, *Stakeholder Theory and Organizational Ethics*, São Francisco, ca: Berrett-Koehler, 2003.

2. Amantha Imber, "Help Employees Innovate by Giving Them the Right Challenge", *Harvard Business Review*, outubro de 2016. Disponível em: <https://hbr.org/2016/10/help-employees-innovate-by-giving-them-the-right-challenge>.

3. Herbert C. Kelman, "Compliance, Identification and Internalization: Three Processes of Attitude Change", *Journal of Conflict Resolution*, 2 (1), 1958, pp. 51-60.

4. David Sirota, Louis A. Mischkind e Michael Irwin Meltzer, "Why Your Employees Are Losing Motivation", *Harvard Business School Working Knowledge*, 2006. Disponível em: <https:// hbswk.hbs.edu/archive/why-your-your-employees-are-losing-motivation>.

5. W. D. Edmonds, *The First Hundred Years*, 1848-1948, Oneida, ny: Oneida Ltd, 1948, p. 8.

6. Eric Lowenthal, "The Labor Policy of the Oneida Community Ltd.", *Journal of Political Economy*, 35, 1927, pp. 114-26; Pierrepont Noyes, *My Father's House: An Oneida Boyhood*, Londres: John Murray, 1937.

CAPÍTULO 7

1. Naomi Klein, *No Logo: Taking Aim at the Brand Bullies*, Toronto: Knopf, 1999.

2. Morgen Witzel, *A History of Management Thought*, Londres: Routledge, 2ª ed., 2017.

3. Charles Babbage, *The Economy of Machinery and Manufactures*, Londres: Charles Knight, 1835.

4. Charles Wilson, *The History of Unilever: A Study in Economic Growth and Social Change*, Londres: Cassell, 1954.

5. *Business Insider*, "Americans are avoiding romaine lettuce after an outbreak — and it remains one of the most dangerous grocery-store habits", 23 de abril de 2018. Disponível em: <http://uk.businessinsider.com/romaine-lettuce-outbreak-reveals--common-food-poisoning-danger-2018-4?r=US&IR=T>.

6. Paul T. Cherington, *The Elements of Marketing*, Nova York: Macmillan, 1920.

7. Piers Brendon, *Thomas Cook: 150 Years of Popular Tourism*, Londres: Secker & Warburg, 1991; John Pudney, *The Thomas Cook Story*, Londres: Michael Joseph, 1953.

8. *The Independent*, "Thomas Cook: From a tragedy to a corporate disaster", 19 de maio de 2015. Disponível em: <https://www.independent.co.uk/news/business/analysis--and-features/carbon-monoxide-deaths-from-a-tragedy-to-a-corporate-disaster-for--thomas-cook-10259735.html>.

9. Ibid.

10. *Which?*, "Which? Awards 2017 winners revealed", https://www.which.co.uk/news/2017/05/which-awards-2017-winners-revealed/; *Sunday Times*, "The Sunday Times 100 best companies", 26 de fevereiro de 2016. Disponível em: <https://appointments.thetimes.co.uk/article/best100companies/>.

CAPÍTULO 8

1. Disponível em: <http://news.gallup.com/poll/1597/Confidence-Institutions.aspx>.

2. Witzel, *Tata*.

3. *Forbes*, perfil de Martin Winterkorn, n.d. Disponível em: <https://www.forbes.com/profile/martin-winterkorn/>.

4. *Ars Technica*, "Volkswagen's emissions cheating scandal has a long, complicated history", 24 de setembro de 2017. Disponível em: <https://arstechnica.com/cars/2017/09/volkswagens-emissions-cheating-scandal-has-a-long-complicated-history/>.

5. *Bloomberg*, "Ex-vw ceo Winterkorn charged by U.S. in diesel-cheating case". Disponível em: <https://www.bloomberg.com/news/articles/2018-05-03/ex-vw-ceo-winterkorn-charged-by-u-s-in-diesel-cheating-case>.

6. Witzel, *Tata*.

7. Eduardo Leite, "Why Trust Matters in Business", agenda do Fórum Econômico Mundial, 19 de janeiro de 2015. Disponível em: <https://www.weforum.org/agenda/2015/01/why-trust-matters-in- businesss/>.

8. Ashok Som, "Volkswagen in China: Running the Olympic Marathon", *European Business Forum*, 30, 2007, pp. 46-9; Tim Ambler, Morgen Witzel e Chao Xi, *Doing Business in China*, Londres, Routledge, 2015.

9. Jia, Gosling e Witzel, *Sustainable Champions*.

10. John Styles, *Titus Salt and Saltaire: Industry and Virtue*, Saltaire: Salts Estates, 1990; Ian Campbell Bradley, "Titus Salt: Enlightened Entrepreneur", *History Today*, 37 (5), 1987, pp. 30-6.

CAPÍTULO 9

1. Para a ideologia da maximização do valor do acionista, ver Alfred Rappaport, *Creating Shareholder Value: The New Standard for Business Performance*, Nova York: The Free Press, 1986.

2. William Lazonick e Mary O'Sullivan, "Maximizing Shareholder Value: A New Ideology For Corporate Governance", *Economy and Society*, 29 (1), 2010, pp. 13-35.

3. "Carillion: Second Joint Report from the Business, Energy and Industrial Strategy and Work and Pensions Committees of Session 2017-19", Londres: House of Commons, 2018, p. 3. Disponível em: <https://publications.parliament.uk/pa/cm201719/cmselect/cmworpen/769/769.pdf>.

4. Dominic Barton, "Capitalism for the Long Term", *Harvard Business Review*, março de 2011. Disponível em: <https://hbr.org/2011/03/capitalism-for-the-long-term>.

5. Dominic Barton e Mark Wiseman, "Focusing Capital on the Long Term", *Harvard Business Review*, dezembro de 2013. Disponível em: <https://www.mckinsey.com/featured-insights/leadership/focusing-capital-on-the-long-term>.

CAPÍTULO 10

1. Laura Nash, "Ethics Without the Sermon", *Harvard Business Review*, novembro de 1981. Disponível em: <https://hbr.org/1981/11/ethics-without-the-sermon>.

2. Ibid.

3. Ibid.

4. Ibid.

5. Ibid.

6. Ibid.

7. Josephson Institute of Ethics, "Five Steps of Principled Raoning", 1999. Disponível em: <https://ethicsalarms.com/rule-book/ethical-decision-making-tools/>.

8. Friederike Fabritius e Hans W. Hagemann, *The Leading Brain: Neuroscience Hacks to Work Smarter, Better, Happier*, Nova York: Penguin Random House, 2017.

9. Paul Bloomfield, "The Harm of Immorality", *Ratio* 21, 2008, pp. 241-59; B. Bastian et al., "Losing Our Humanity: The Self-Dehumanizing Consequences of Social Ostracism", *Personality and Social Psychology Bulletin*, 39 (2), 2013, pp. 156-69; Eva Tsahuridu,

"How Unethical Behaviour Can Harm Our Health", *Intheblack*, 1 de setembro de 2016. Disponível em: <http://www.intheblack.com/articles/2016/09/01/how-unethical--behaviour-can-harm-our-health>.; Camille S. Johnson, "Unethical Behaviour Can Become Contagious", *Psychology Today*, 29 de junho de 2012. Disponível em: <https://www.psychologytoday.com/us/blog/its-all-relative/201206/unethical-behavior-can--become-contagious>.; Maurice E. Schweitzer e David E. Gibson, "Fairness, Feelings, and Ethical Decision-Making: Consequences of Violating Community Standards of Fairness", *Journal of Business Ethics*, 77, 2008, pp. 287-301.

10. Barbara W. Tuchman, *The Guns of August*, Nova York: Macmillan, 1962.

11. Michael J. Marquardt, *Optimizing the Power of Action Learning*, Londres, Nicholas Brealey, 2011.

12. Otto Rank, *Art and Artist: Creative Urge and Personality Development*, Nova York, W.W. Norton, 1932.

13. Markkula Center for Applied Ethics, "A Framework for Ethical Decision Making". Disponível em: <https://www.scu.edu/ethics/ethics-resources/ethical-decision-making/a-framework-for-ethical-decision-making/>.

14. Archie B. Carroll, "The Pyramid of Corporate Social Responsibility: Toward the Moral Management of Organizational Stakeholders", *Business Horizons*, julho-agosto de 1991, pp. 39-48; Kenneth Arrow, *Social Choice and Individual Values*, Nova York, John Wiley, 1951.15. Henry Mintzberg, *The Nature of Managerial Work*, Nova York, Harper & Row, 1973.

16. Susan Klitzman e Jeanne M. Stellman, "The Impact of the Physical Environment on the Psychological Well-Being of Office Workers", *Social Science and Medicine*, 29 (6), 1989, pp. 733-42.

17. Maryam Kouchaki e Isaac H. Smith, "The Morning Morality Effect: The Influence of Time of Day on Unethical Behavior", *Psychological Science*, 2013. Disponível em: <http://journals.sagepub.com/doi/abs/10.1177/0956797613498099>.

18. Laozi, *Daodejiing*.

19. Norman Dixon, *On the Psychology of Military Incompetence*, Londres, Pimlico, 1976.

CAPÍTULO 11

1. Henry Mintzberg, "Crafting Strategy", *Harvard Business Review*, julho de 1987. Disponível em: <https://hbr.org/1987/07/crafting-strategy/ar/1>.

Referências bibliográficas

ADARVES-YORNO, Inmaculada. "The Paradox of Authenticity", em Richard Bolden, Morgen Witzel e Nigel Linacre (Orgs.), *Leadership Paradoxes*, Londres, Routledge, 2016.

ALBERTS, Robert C. *The Good Provider: H.J. Heinz and His 57 Varieties*, Londres, Arthur Barker, 1973.

AMBLER, Tim; WITZEL, Morgen; XI, Chao. *Doing Business in China*, Londres, Routledge, 2015.

ARROW, Kennth. *Social Choice and Individual Values*, Nova York, John Wiley, 1951.

AUERBACH, F. *The Zeiss Works and the Carl-Zeiss Stiftung in Jena*, trad. de S.F. Paul e F.J. Cheshire, Londres, Marshall, Brookes e Chalkley, 1904.

BABBAGE, Charles. *The Economy of Machinery and Manufactures*, Londres, Charles Knight, 1835.

BARSH, Joanna; CAPOZZI, Marla M.; DAVIDSON, Jonathan. "Leadership and Innovation", *McKinsey Quarterly*, janeiro, 2008. Disponível em: <https://www.mckinsey.com/business-functions/strategy-and-corporate-finance/our-insights/leadership-and-inovation>.

BARTON, Dominic. "Capitalism for the Long Term", *Harvard Business Review*, março, 2011. Disponível em: <https://hbr.org/2011/03/capitalism-for-the-long-term>.

BARTON, Dominic; WISEMAN, Mark. "Focusing Capital on the Long Term", *Harvard Business Review*, dezembro, 2013. Disponível em: <https://www.mckinsey.com/featured-insights/leadership/focusing-capital-on-the-long-term>.

BARWISE, Patrick; MEEHAN, Seán. *Beyond the Familiar: Long-Term Growth Through Customer Focus and Innovation*, São Francisco, CA: Jossey-Bass, 2011.

BASTIAN, B. et al. "Losing Our Humanity: The Self-Dehumanizing Consequences of Social Ostracism", *Personality and Social Psychology Bulletin* 39 (2), 2013, pp. 156-69.

BATESON, John E. G. *Managing Services Marketing*, Chicago, Dryden, 1998.

BENTHAM, Jeremy. *An Introduction to the Principles of Morals and Legislation*, reimpr., Oxford, Clarendon, 1996.

BLOOMFIELD, Paul. "The Harm of Immorality", *Ratio* 21, 2008, pp. 241-59.

BOARD, Jennifer. "The Paradox of Ethics", em Richard Bolden, Morgen Witzel e Nigel Linacre (Orgs.), *Leadership Paradoxes*, Londres, Routledge, 2016.

BOLDEN, Richard et al. *Exploring Leadership: Individual, Organizational and Societal Perspectives*, Oxford, Oxford University Press, 2011.

BOLDEN, Richard; WITZEL, Morgen; LINACRE, Nigel (Orgs.). *Leadership Paradoxes*, Londres, Routledge, 2016.

BRADLEY, Ian Campbell. "Titus Salt: Enlightened Entrepreneur", *History Today* 37 (5), 1987, pp. 30-6.

BRENDON, Piers. *Thomas Cook: 150 Years of Popular Tourism*, Londres, Secker & Warburg, 1991.

BROWN, Gerry. *The Independent Director*, Basingstoke: Palgrave Macmillan, 2016.

BROWN, Michael E.; TREVIÑO, Linda K.; HARRISON, David A. "Ethical Leadership: A Social Learning Perspective for Concept Development and Testing", *Organizational Behavior and Human Design Processes*, 97, 2005, pp. 117-34.

BUENSTORF, Guido; MURMANN, Johan Peter. "Ernst Abbé's Scientific Management: Insights from a Nineteenth-Century Dynamic Capabilities Approach", *Industrial and Corporate Change* 14 (4), 2005, pp. 543-74.

BUIRSKI, Peter J.; PLUTCHIK, Robert; KELLERMAN, Henry. "Sex Differences, Dominance and Personality in the Chimpanzee", *Animal Behaviour* 26 (1), 1978, pp. 123-9.

CADBURY, Edward. *Experiments in Industrial Organization*, Londres, Longmans, Green & Co, 1912.

CAHN, Steven M.; MARKIE, Peter. *Ethics: History, Theory and Contemporary Issues*, Oxford, Oxford University Press, 1998.

CARROLL, Archie B. "The Pyramid of Corporate Social Responsibility: Toward the Moral Management of Organizational Stakeholders", *Business Horizons*, julho--agosto, 1991, pp. 39-48.

CHAN, W. K. K. "The Organizational Structure of the Traditional Chinese Firm and Its Modern Refor", *Business History Review* 56 (2), pp. 218-35; reimpr. em R.

Ampalavanar Brown (Org.), *Chinese Business Enterprise: Critical Perspectives on Business and Management*, Londres, Routledge, 1982, vol. 1, pp. 216-30.

CHAPMAN, Peter. *The Last of the Imperious Rich*, Londres, Portfolio Penguin, 2010.

CHERINGTON, Paul T. *The Elements of Marketing*, Nova York, Macmillan, 1920.

CRISP, Roger. *Aristotle: Nicomachean Ethics*, Cambridge, Cambridge University Press, 2000.

CROSBY, Philip. *Quality Is Free*, Nova York, McGraw-Hill, 1979.

DE ROOVER, Raymond. "Scholastic Economics: Survival and Lasting Influence from the Sixteenth Century to Adam Smith", *Quarterly Journal of Economics* 69 (2), 1955, pp. 161-90; reimpr. em Mark Blaug (Org.), *St Thomas Aquinas*, Aldershot, Edward Elgar, 1991, pp. 67-96.

DEMING, W. Edwards. *Out of the Crisis*, Cambridge, MA, MIT Center for Advanced Engineering Study, 1986.

DEWEY, John. *Lectures on Ethics*, reimpr. Carbondale, Southern Illinois University Press, 1991.

DILLAN, Jared. *Street Freak: Money and Madness at Lehman Brothers*, Nova York, Simon & Schuster, 2011.

DIXON, Norman. *On the Psychology of Military Incompetence*, Londres, Pimlico, 1976.

DUHAMEL, Georges. *Scènes de la vie future*, Paris: Éditions Mercure, 1928.

EDMONDS, W. D. *The First Hundred Years, 1848-1948* Oneida, Nova York, Oneida Ltd, 1948.

ENGLAND, E. C. G. "The eternal quest", palestra na Rowntree Management Conference, 30 de setembro 1928.

FABRITIUS, Friederike; HAGEMANN, Hans W. *The Leading Brain: Neuroscience Hacks to Work Smarter, Better, Happier*, Nova York, Penguin Random House, 2017.

FOLLETT, Mary Parker. *Creative Experience*, Nova York, Longmans, Green, 1924.

_____. "Leadership", palestra na Rowntree Management Conference, 28 de setembro 1928.

FREEMAN, R. Edward, *Strategic Management: A Stakeholder Approach*, Boston, Pitman, 1984.

FRIED, Charles. *Right and Wrong*, Cambridge, MA, Harvard University Press, 1978.

FRIEDMAN, Milton. *Capitalism and Freedom*, Chicago, University of Chicago Press, 1992.

FURTNER, Marco R.; MARAN, Thomas; RAUTHMAN, John F. "Dark Leadership: The Role of Leaders' Dark Triad Personality Traits", em Matthew G. Clark e Craig W. Gruber (Orgs.), *Leadership Development Deconstructed*, Nova York, Springer, 2017, pp. 75-99.

GERSTNER, Louis. *Who Says Elephants Can't Dance? Leading a Great Enterprise Through Dramatic Change*, Nova York, HarperCollins, 2002.

GLOVER, Jonathan (Org.) *Utilitarianism and Its Critics*, Nova York: Macmillan, 1990.

GOFFEE, Rob; JONES, Gareth. "Leading Clever People", *Harvard Business Review*, março, 2007. Disponível em: <https://hbr.org/2007/03/leading-clever-people>.

GREELY, Henry. *The Code of Codes: Scientific and Social Issues in the Human Genome Project*, Cambridge, MA, Harvard University Press.

GREULICH, Peter E. *A View from Beneath the Dancing Elephant: Rediscovering IBM's Corporate Constitution*, Nova York, MBI Concepts, 2014.

HACKMAN, J. Richard; OLDHAM, Greg R. *Work Redesign*, Reading, MA, Addison-Wesley, 1980.

_____. "Not What It Was, and Not What It Will Be: The Future of Job Design Research", *Journal of Organizational Behavior* 31, 2010, 463-79.

HASKINS, Gay; THOMAS, Mike; JOHRI, Lalit (Orgs.). *Kindness in Leadership*, Londres, Routledge, 2018.

HATCH, Mary Jo; SCHULTZ, Majken *Taking Brand Initiative: How Companies Can Align Strategy, Culture and Identity Through Corporate Branding*, Chichester, John Wiley, 2008.

HECK, Gene W. *Islam Inc.: An Early Business History*, Riyadh, King Faisal Center for Research and Islamic Studies, 2004.

HERTZKE, Alan D.; McRorie, Chris. "The Concept of Moral Ecology", em Peter Lawler e Dale McConkey (Orgs.), *Community and Political Thought Today*, Westport, CT, Praeger, 1998.

HERZBERG, Frederick. *Work and the Nature of Man*, Cleveland, OH, World Publishing Company, 1966.

HUAN-CHANG, Chen. *The Economic Princples of Confucius and His School*, Nova York, Longmans, Green; reimpr. Bristol, Thoemmes Press, 2002.

IBARRA, Herminia. *Act Like a Leader, Think Like a Leader*, Boston, *Harvard Business Review Press*, 2015.

IBN KHALDUN. *The Muqaddimah*, trad. Franz Rosenthal, Londres, Routledge, 1986.

IMAI, Masaaki. *Kaizen: The Key to Japan's Competitive Success*, Nova York, Random House, 1996.

IMBER, Amantha. "Help Employees Innovate By Giving Them the Right Challenge", *Harvard Business Review*, outubro, 2016. Disponível em: <https://hbr.org/2016/10/help-employees-innovate-by-giving-them-the-right-challenge>.

JAMES, William. Pragmatism: A New Name for Some Old Ways of Thinking, Nova York, Longmans, Green, 1907.

JIA, Fu; GOSLING, Jonathan; WITZEL, Morgen. *Sustainable Champions: How International Companies Are Changing the Face of Business in China*, Sheffield, Greenleaf, 2015.

JOHNSON, Camille S. "Unethical Behaviour Can Become Contagious", *Psychology Today*, 29 de junho 2012. Disponível em: <https://www.psychologytoday.com/us/blog/its-all-relative/201206/unethical-behavior-can-become-contagious>.

JOHNSON, Luke. "Lies, Damned Lies and Running a Business", *Financial Times*, 30 de setembro 2014 Disponível em: <http://www.ft.com/cms/s/0/364f2924-47e1-11e4- -ac9f-00144feab7de.html#axzz3FH4CKRWx>.

JOSEPHSON INSTITUTE OF ETHICS. "Five Steps of Principled Reason", 1999. Disponível em: <https://ethicsalarms.com/rule-book/ethical-decision-making-tools/>.

KANT, Immanuel. *Groundwork of the Metaphysics of Morals*, New York, Harper & Row, 1964.

KELMAN, Herbert C. "Compliance, Identification and Internalization: Three Processes of Attitude Change", *Journal of Conflict Resolution* 2 (1), 1958, pp. 51-60.

KIM, W. Chan; MAUBORGNE, Renée. *Blue Ocean Strategy: How to Create Uncontested Market Space and Make the Competition Irrelevant*, Boston, Harvard Business School Press, 2005.

KLEIN, Naomi. *No Logo: Taking Aim at the Brand Bullies*, Toronto: Knopf, 1999.

KLITZMAN, Susan; Stellman, Jeanne M. "The Impact of the Physical Environment on the Psychological Well-Being of Office Workers", *Social Science and Medicine* 29 (6), 1989, pp. 733-42.

KOTTER, John P. *A Force for Change: How Leadership Differs from Management*, Nova York, The Free Press, 1990.

_____. *Leading Change*, Boston, Harvard Business School Press, 1996.

KOUCHAKI, Maryam e Smith, Isaac H. "The Morning Morality Effect: A

Influence of Time of Day on Unethical Behavior", *Psychological Science*, 2013. Disponível em: <http://journals.sagepub.com/doi/abs/10.1177/0956797613498099>.

LAOZI. *Daodejing*, trad. de John C.H. Wu, Londres, Shambhala, 1990.

LAWLOR, John; GOLD, Jeff. "Leadership and the Paradoxes of Authenticity", em Richard Bolden, Morgen Witzel e Nigel Linacre (Orgs.), *Leadership Paradoxes*, Londres, Routledge, 2016.

LAZONICK, William; O'SULLIVAN, Mary. "Maximizing Shareholder Value: A New Ideology for Corporate Governance", *Economy and Society* 29 (1), 2010, pp. 13-35.

LEE, John. "The ethics of industry", palestra na Rowntree Management Conference, 23 de setembro 1923.

LEITE, Eduardo. "Why Trust Matters in Business", agenda do Fórum Econômico Mundial, 19 de janeiro 2015. Disponível em: <http://www.weforum.org/agenda/2015/01/ why-trust-matters-in-business/>.

LEVITT, Steven D.; DUBNER, Stephen J. *Freakonomics*, Nova York, William Morrow, 2005.

LEVITT, Theodore. "Marketing Myopia", *Harvard Business Review*, https://hbr. org/2004/07/marketing-myopia, 1960.

LEWIS, John Spedan. *Fairer Shares*, Londres, Staples Press.

LOWENTHAL, Eric. "The Labor Policy of the Oneida Community Ltd.", *Journal of Political Economy* 35, 1927, pp. 114-26.

LOWES-DICKINSON, Arthur. "The necessity for greater publicity in management accounts", palestra na Rowntree Management Conference, 25 de setembro 1924.

MACINTYRE, Alasdair. *A Short History of Ethics: A History of Moral Philosophy from the Homeric Age to the Twentieth Century*, Londres, Routledge, 1998.

MARKKULA CENTER FOR APPLIED ETHICS, "A Framework for Ethical Decision Making". Disponível em: <https://www.scu.edu/ethics/ethics-resources/ethical-decision-making/a-framework-for-ethical-decision-making/>.

MARQUARDT, Michael J. *Optimizing the Power of Action Learning*, Londres, Nicholas Brealey, 2011.

MARTIN, Iain. *Making It Happen: Fred Goodwin, RBS and the Men Who Blew Up the British Economy*, Londres, Simon & Schuster, 2013.

MILL, John Stuart. Utilitarianism, reimpres. Oxford, Clarendon, 1998.

MINTZBERG, Henry. *The Nature of Managerial Work*, Nova York, Harper & Row, 1973.

MINTZBERG, Henry. "Crafting Strategy", *Harvard Business Review*, julho, 1987. Disponível em: <https://hbr.org/1987/07/crafting-strategy/ar/1>.

MONK, Ray. *Robert Oppenheimer: A Life Inside the Center*, Nova York, Doubleday, 2012.

MUNCHINSKY, Paul, M. *Psychology Applied to Work*, Summerfield, FL, Hypergraph Press, 2012.

NASH, Laura. "Ethics Without the Sermon", *Harvard Business Review*, novembro, 1981. Disponível em: <https://hbr.org/1981/11/ethics-without-the-sermon>.

NAYAK, Ajit. "Wisdom and the Tragic Question: Moral Learning and Emotional Perception in Leadership and Organisations", *Journal of Business Ethics*, 137, 2016, pp. 1-13.

NAYAR, Vineet. *Employees First, Customers Second: Turning Conventional Management Upside Down*, Boston, Harvard Business Review Press, 2010.

NOYES, Pierrepont. *My Father's House: An Oneida Boyhood*, Londres, John Murray, 1937.

OHMAE, Kenichi. *The Mind of the Strategist*, Nova York, McGraw-Hill, 1982.

PERPICH, Diane. *The Ethics of Emmanuel Levinas*, Stanford, CA, Stanford University Press, 2008.

PHILLIPS, Robert. *Stakeholder Theory and Organizational Ethics*, San Francisco, CA, Berrett-Koehler, 2003.

PORTER, Michael. *Competitive Advantage: Creating and Sustaining Superior Performance*, Boston, Harvard Business School Press, 1985.

PRABHUPADA, A. C.; SWAMI, Bhaktivedante (Org. e trad.). *Bhagavad-Gita As It Is*, Nova York, Collier, 1972.

PUDNEY, John. *The Thomas Cook Story*, Londres, Michael Joseph, 1953.

RADJOU, Navi; PRABU, Jaideep; AHUJA, Simone. *Jugaad Innovation: Think Frugal, Be Flexible, Generate Breakthrough Growth*, Chichester, Wiley, 2012.

RANK, Otto. *Art and Artist: Creative Urge and Personality Development*, Nova York, W.W. Norton, 1932.

RAPPAPORT, Alfred. *Creating Shareholder Value: The New Standard for Business Performance*, Nova York, The Free Press, 1986.

RAWLS, John. *A Theory of Justice*, New York, Belknap, 1971.

RESICK, Christian J. et al. "A Cross-Cultural Examination of the Endorsement of Ethical Leadership", *Journal of Business Ethics* 63, 2006, pp. 345-59.

ROBBINS, Lionel. *An Essay on the Nature and Significance of Economic Science*, Londres, Macmillan, 1935.

ROSS, W. D. *The Right and the Good*, Oxford, Clarendon, 1930.

SCHWEITZER, Maurice E.; GIBSON, David E. "Fairness, Feelings, and Ethical Decision--Making: Consequences of Violating Community Standards of Fairness", *Journal of Business Ethics* 77, 2008, pp. 287-301.

SEGAL, Ronald. *The Black Diaspora*, Nova York, Farrar, Strauss e Giroux, 1995.

SEMLER, Ricardo. *Maverick*, Nova York, Warner Books, 1993.

SEN, Amartya. *On Ethics and Economics*, Oxford, Blackwell, 1987.

SHELDON, Oliver. *The Philosophy of Management*, Londres, Pitman, 1923.

SIROTA, David; MISCHKIND, Louis A.; MELTZER, Michael Irwin. "Why Your Employees Are Losing Motivation", Harvard Business School Working Knowledge, 2006. Disponível em: <https://hbswk.hbs.edu/archive/why-your-employees-are-losing-motivation>.

SLOTE, Michael (Org.). *Essays on the History of Ethics*, Oxford, Oxford University Press, 2010.

SMITH, Adam. *The Theory of Moral Sentiments*, Edimburgo; reimpr. Londres, Forgotten Books, 2010.

SOM, Ashok. "Volkswagen in China: Running the Olympic Marathon", *European Business Forum* 30, 2007, pp. 46-9.

STYLES, John. *Titus Salt and Saltaire: Industry and Virtue*, Saltaire, Salts Estates, 1990.

TOLSTÓI, Leon. *War and Peace*, trad. de Rosemary Edmonds, Londres, Penguin, 1957.

TSAHURIDU, Eva. "How Unethical Behaviour Can Harm Our Health", *Intheblack*, 1 de setembro 2016. Disponível em: <https://www.intheblack.com/articles/2016/09/01/how-unethical-behaviour-can-harm-our-health>.

TUCHMAN, Barbara W. *The Guns of August*, New York, Macmillan, 1962.

WATSON, Burton. *Han Fei Tzu: Basic Writings*, Nova York, Columbia University Press, 1964.

_____. *The Analects of Confucius*, Nova York, Columbia University Press, 2007.

WHITEHEAD, Thomas North. *Leadership in a Free Society*, Londres, Oxford University Press, 1936.

WILSON, Charles. *The History of Unilever: A Study in Economic Growth and Social Change*, Londres, Cassell, 1954.

WITZEL, Morgen. *Tata: The Evolution of a Corporate Brand*, Nova Deli, Penguin India, 2008.

_____. "The Leadership Philosophy of Han Fei", *Asia Pacific Business Review* 18 (4), 2012, pp. 1-15.

_____. *Site: Spotting Signs of Corporate Failure and Fixing Them Before They Happen*, Londres, Bloomsbury, 2016.

_____. *A History of Management Thought*, Londres, Routledge, 2ª ed, 2017.

WOOD, Allan W. "Kant's History of Ethics", *Studies in the History of Ethics*, junho, 2005. Disponível em: <http://www.historyofethics.org/062005/062005Wood.shtml>.

ZAK, Paul J. "Neuronomics", *Philosophical Transactions of the Royal Society, B: Biological Sciences* 359, 2004, pp. 1737-48.

_____. *The Moral Molecule: The Source of Love and Prosperity*, Nova York, Dutton, 2012.

ZEITHAML, Valarie. *Driving Customer Equity: How Customer Lifetime Value Is Reshaping Corporate Strategy*, Boston, Harvard Business School Press, 2007.

Leia também, de Morgen Witzel:

GERENCIANDO O SUCESSO

Driblando a incompetência e o fracasso para se tornar um líder melhor

Todos os anos, a incompetência de gerentes causa um prejuízo de dezenas de bilhões às empresas. E o que é pior: esse comportamento costuma ser acobertado e as causas do fracasso são varridas para debaixo do tapete. A maioria dessas falhas poderia ser evitada se os sinais de incompetência fossem detectados com antecedência e as medidas corretas tomadas. Prevenir é melhor (e muito mais barato) do que remediar.

Arrogância, dependência excessiva de planos, falta de comprometimento, educação e treinamento de negócios equivocados: Morgen Witzel aborda esses problemas de maneira brilhante, explorando os fatores políticos, culturais e psicológicos que levam à incompetência em todos os níveis de negócios.

Ouça este e milhares de outros livros no Ubook.
Conheça o app com o **voucher promocional de 30 dias.**

Para resgatar:
1. Acesse **ubook.com** e clique em **Planos** no menu superior.
2. Insira o código **#ubk** no campo **Voucher Promocional.**
3. Conclua o processo de assinatura.

Dúvidas? Envie um e-mail para contato@ubook.com

*

Acompanhe o Ubook nas redes sociais!
ubookapp   ubookapp   ubookapp